本书受教育部人文社会科学研究项目"实现个案正义的法律修辞学进路研究"（15YJC820046）资助

实现个案正义的
法律修辞学进路研究

SHIXIAN GEAN ZHENGYI DE
FALÜ XIUCIXUE JINLU YANJIU

沈 寨 著

中国政法大学出版社

2020·北京

图书在版编目（ＣＩＰ）数据

实现个案正义的法律修辞学进路研究/沈寨著. —北京:中国政法大学出版社,2020.4
ISBN 978-7-5620-9557-6

Ⅰ.①实… Ⅱ.①沈… Ⅲ.①法律语言学－修辞学－研究 Ⅳ.①D90-055

中国版本图书馆 CIP 数据核字(2020)第 062946 号

出 版 者　　中国政法大学出版社

地　　址　　北京市海淀区西土城路 25 号

邮寄地址　　北京 100088 信箱 8034 分箱　邮编 100088

网　　址　　http://www.cuplpress.com（网络实名：中国政法大学出版社）

电　　话　　010-58908586(编辑部) 58908334(邮购部)

编辑邮箱　　zhengfadch@126.com

承　　印　　固安华明印业有限公司

开　　本　　880mm×1230mm　1/32

印　　张　　8.75

字　　数　　220 千字

版　　次　　2020 年 4 月第 1 版

印　　次　　2020 年 4 月第 1 次印刷

定　　价　　49.00 元

　　如何实现个案正义是当代司法裁判领域关注的一个中心议题。由于人们对个案正义的需求产生于"法律文字不能照顾具体个案的特别情况"[1]之下，这就决定了司法裁判不再仅是将法律规范与案件事实进行对应的逻辑涵摄过程，而是包含了对个案具体情况和社会情境等因素进行综合考虑的价值判断过程。而当司法裁判必须面对价值判断这一关涉主体主观情感问题时，如何排除裁判主体的恣意以使价值判断理性化就成为我们不得不思考的问题。对于此问题，以往理论多从法官入手，将价值判断的理性化交由法官的"内心确信"来完成。然而，法官的"内心确信"过程对于外界来说是一个"黑箱"，尽管存有很多外部制度条件可以用来限制法官的武断和任意，但心理"黑箱"的存在仍然为法官恣意留下了空间。相比于以往理论，修辞学因强调主体之间的论辩性说服而能够促使法官打开心理的"暗箱"，因而在个案正义寻求上具有不同于以往理论的独特优势。

　　在我国，修辞作为一种法律方法进入法学研究视野是近十余年的事情。由于文化传统的影响，人们一直认为修辞就是指文辞修饰，这无疑是对修辞的误解。文辞修饰只不过是对修辞

----

〔1〕　范文清："试论个案正义原则"，载城仲模主编：《行政法之一般法律原则（二）》，三民书局1997年版，第401页。

的狭义理解，除此之外，修辞还指理性劝说的艺术。作为一种理性劝说的艺术，修辞不仅强调主体之间的言语沟通和交流，最关键的在于它还强调言说必须以理性的方式展开，即对或然性领域这一非科学研究的对象，它也试图采用相对理性的方式来处理。实现个案正义的关键在于价值判断，而价值判断关涉人的主观性。由于理性精神的缺失，对于人的主观性问题的处理，我们总是不能理性化地处理，而是比较擅长争吵和压服。司法裁判只有阐释裁判结论的形成过程和正当性理由，才可能提高裁判的可接受性。修辞说服所具有的理性特征正好为裁判可接受性证成提供了理性力量。因此，作为与逻辑相对的修辞，并非是对裁判理性化的消解，而只是"用拓展理性主义的方式来维护理性主义"[1]，用相对弱化的理性来寻求裁判的合理性。非常遗憾的是，因对修辞内涵的误解，我国还未充分意识到法律修辞的理性力量，从而使得法律修辞对于实现个案正义的意义也未得到应有的重视。沈寨博士的论著《实现个案正义的法律修辞学进路研究》正是通过对各种修辞理论的详细分析来展示修辞对于个案正义寻求的功能和局限，希望通过此篇论著能够让人们对法律修辞的理性力量有一定程度的认识，以减少人们对法律修辞的误解。

作为一种说服的艺术，修辞的理性力量来自于其论辩因素。从哲学角度来看，任何事物都存在正反两方面都说得通的观点，这意味着对于任何事物都可能存在着对立的双方和对立的两个观点。当对立的双方围绕着同一事物分别从两个对立的观点来展开争辩时，一方面，双方之间的对抗地位决定了他们之间必然处于相互监督博弈的状态，而相互间的监督和博弈必然促使

---

[1] 童世骏：《批判与实践：论哈贝马斯的批判理论》，生活·读书·新知三联书店2007年版，序言，第2页。

两者在言辞活动中尽力建立平等理性的言说关系；另一方面，对立的双方要想在相互对立的观点碰撞中达到说服对方的目的，他们为了不给对方造成可以攻击自己的漏洞，必须尽力完善自己的观点，这样也就能够消除修辞活动中的非理性言说。由此可见，正是有了论辩的加盟，修辞才走上了理性发展的道路。另外，修辞的理性力量还来自于其对确定性事物的尊重。修辞适用于"意见"这一或然性领域，而"意见"具有流动性。只有为流动性的"意见"找到确定性的根基，修辞活动才会以理性的方式展开，而不至于沦为主观性意见的随机碰撞。那如何才能为流动性的"意见"找到确定性的根基呢？首先，确定事实作为修辞论辩的前提和基础。事实是确定性的载体，从确定性的事实为出发点才能为修辞活动提供可靠的论辩基础。其次，将共识作为论辩的出发点。事实的基础和前提性地位来源于其客观性，虽然除事实以外的共识其客观性不及事实，但作为言说者和听者共同认同和接受的观点，其仍具有相对的确定性，能够为论辩提供相对可靠的基础和前提。最后，把逻辑作为评价修辞好坏的标准和工具。修辞的情境性容易导致价值判断过度的相对主义，追求普遍有效性的逻辑此时可以成为检验修辞好坏的标准和工具，以避免修辞对相对主义的过度关注。总之，修辞是从论辩和对确定性事物的尊重中获得理性力量的，沈寨博士的论著《实现个案正义的法律修辞学进路研究》正是通过对修辞这两方面因素的深度思考和挖掘来阐释修辞对于实现个案正义的功能和局限的。

当然，作为一种法律方法，法律修辞研究不仅仅在于对诸如争议点理论、论题学、图尔敏论辩模式和佩雷尔曼新修辞学的检讨和反思。它在司法裁判中的运用首先必须明确要把法律当作修辞，即我们在运用具有实践面向的修辞时，不能仅仅着眼于"现实世界"问题的权宜性解决，还得注重用"法的世界"（法律）来改造"现实世界"，只有这样，我们才会摆脱法律的工具性命运，最终走向法治。其次，注重法律修辞方法和修辞规则的提炼和总结，而不仅仅是对修辞理论的探索。法律修辞的方法性决定了法律修辞学研究必须走向技术性和方法性研究，否则难于承担其作为法律方法的使命。或许沈寨博士已经意识到了此篇论著在这方面的不足，而将该论著命名为《修辞学进路而非修辞学方法》，希望她此后的研究能够从进路研究进入到对方法的细致研究中。最后，修辞适用于不确定性领域，而量子力学的出现颠覆了自 19 世纪以来牛顿力学对物理世界的确定性预设，将自然界重新认定为是不确定性的[1]。对自然世界不确定性的重新认定，为人工智能发展提供了广阔的空间。修辞的或然性与自然世界的不确定性特征的重合决定了修辞研究与面向不确定性人工智能研究的结合。随着人工智能的发展，探索司法人工智能领域里的修辞推理模式应该是法律修辞学研究非常重要一个的内容。

陈金钊于上海

2019 年 12 月 27 日

---

[1] 统计力学指出，对于一个群体事物来说，能够用牛顿定律进行确定性描述的，只有总体上的规律，而群体中的任何个体，是不可能进行确定描述的，只能给出个体行为的可能性，给出这种行为的"概率"。参见李德毅等：《不确定性人工智能》（第 2 版），国防工业出版社 2014 年版，第 3 页。

目录

导　论

一、研究缘起与研究意义

自有法以来，无论东方还是西方，司法的目的皆是实现个案正义。这首先是由司法活动的性质决定的。司法活动面对的都是一个个具体的案件，法官裁判虽然要遵从法律的普遍正义，但在司法活动中，法律规范所内设的普遍正义只是法官裁判活动的"前见"，法官的主要任务是在遵从法律普遍正义的前提下，确保其所经手的每一个案件得到公正的处理，以保证司法公正。其次，个案判决的社会影响力也决定司法必须以个案正义为目标。"公正是个体权利的理性感受，是正当权利顺利实现的理念评价"，[1] 公民个体权利的理性感受一般情况下并不是来自于对法律制度和规范的抽象评价，而是来自一个个具体的案件裁决。近些年来，公民正是通过"张扣扣案""彭宇案""许霆案""于欢案""呼格案"和"天津老太涉枪案"等诸多个案形成了对我国法律和司法品性的认知和评价。因此，要树立法律的公正形象必须从保证个案正义做起。最后，"法律的尊严来自个案被切实的实践"。[2] 立法公正为社会正义提供了制度条

---

〔1〕　徐显明："何谓司法公正"，载《文史哲》1996年第6期，第90页。

〔2〕　转引自范文清："试论个案正义原则"，载城仲模主编：《行政法之一般法律原则（二）》，三民书局1997年版，第386页。

件，但立法无论如何公正也只是字面意义上的公正，要使字面意义上的公正转换为现实意义上的公正，这有赖于法官在司法实践中对每一个案件都进行妥善地探索和处理，即通过个案正义来捍卫法律的尊严。

当司法的基本目标是个案正义，那么"如何在司法过程中实现个案正义"就成为现代司法裁判理论研究中的一个中心议题。对于这一问题，学者们从不同角度提出了各自不同的理论主张或研究进路。在西方，法律现实主义主张应充分发挥法官的主观能动性来获取个案裁判的公正；哈特提出在保留法律普遍规范性前提下应让法官行使自由裁量权来保证个案正义的实现；法律诠释学认为个案裁判的公正应依赖于法官的"前理解"或"理解的先前结构"；德沃金则指出法官在进行司法推理时应遵循"司法整体性原则"，以此来获得对案件裁判的"唯一正解"等。在我国，近些年，为了实现个案正义这一司法基本目标，司法界和学术界也进行了不懈的探索和研究。1999年，最高人民法院提出了"司法要实现法律效果与社会效果统一"的司法政策，[1]2009年又提出了"能动司法"的司法理念，[2]试图以政策方式来促成个案正义的实现。2010年，最高人民法院建立案例指导制度，[3]尝试对法官个案公正裁判形成具体指导

---

〔1〕 1999年12月，最高人民法院时任副院长的李国光大法官在《党建研究》上发表了《坚持办案的法律效果与社会效果相统一》一文，自此以后"法律效果与社会效果统一"的提法便在司法系统出现。

〔2〕 2009年，最高人民法院时任院长的王胜俊大法官在宁夏、河北、江苏等地调研时先后明确提出了"司法能动"的号召，由此司法能动概念便进入我国司法主流话语，成为我国司法的基本理念。

〔3〕 2010年11月26日，最高人民法院根据《人民法院组织法》等法律规定，就开展案例指导工作制定了《最高人民法院关于案例指导工作的规定》（法发〔2010〕51号令）。自2011年至2019年2月25日，最高人民法院已发布了21批共112个指导性案例。

等。学术界除了对司法界提出的方法和进路进行深化研究外，
也阐述了实现个案正义的其他方法和进路。有学者指出，个案
正义的实现离不开法官自由裁量权的行使，并对自由裁量权的
基准、限制条件和限度等进行了分析；[1]有学者分析了法律原
则对于个案正义实现的功能、意义和适用方法等；[2]还有一些
学者从法律制度和法律解释、利益衡量等法律方法的角度探索
了个案正义实现的进路[3]等。

　　上述各种方法和进路对实现个案正义无疑具有非常重要的
作用和意义，然而都存在着一定的缺陷。法律现实主义者认为
法官不是根据法律而是以在具体案件事实上形成的"公正"感
觉为基础来进行个案判决的，这种将个案裁判过分寄托于法官
对个案特殊因素的考量必将导致法官权力的随意运作，这不仅

　　〔1〕　如江必新的"论司法自由裁量权"（载《法律适用》2006 年第 11 期）、
陈景辉的"原则、自由裁量与依法裁判"（载《法学研究》2006 年第 5 期）、陈瑞
华的"脱缰的野马 从许霆案看法院的自由裁量权"（载《中外法学》2009 年第 1
期）、周佑勇的"裁量基准的正当性问题研究"（载《中国法学》2007 年第 6 期）
和"裁量基准个别情况考量的司法审查"（载《安徽大学学报（哲学社会科学版）》
2019 年第 5 期）及张军的"法官的自由裁量权与司法正义"（载《法律科学（西北
政法大学学报）》2015 年第 4 期）等探讨了法官自由裁量权对个案正义的功能及其
运用问题等。
　　〔2〕　如舒国滢的"法律原则适用中的难题何在"（载《苏州大学学报》2004
年第 6 期）、胡玉鸿的"法律原则适用的时机、中介及方式"（载《苏州大学学报》
2004 年第 6 期）、林来梵、张卓明的"论法律原则的司法适用——从规范性法学方
法论角度的一个分析"（载《中国法学》2006 年第 2 期）、陈林林的"基于法律
原则的裁判"（载《法学研究》2006 年第 3 期）、葛洪义的"法律原则在法律推理中
的地位和作用——一个比较的研究"（载《法学研究》2002 年第 6 期）、彭诚信的
"从法律原则到个案规范——阿列克西原则理论的民法应用"（载《法学研究》2014
年第 4 期）等论述了法律原则对个案正义的意义、功能和适用方法等。
　　〔3〕　如龙宗智在其"影响司法公正及司法公信力的现实因素及其对策"（载
《当代法学》2015 年第 3 期）一文中论述了法律制度对实现个案正义的重要性；朱
福勇在其《个案公正实现的路径依赖：以〈最高人民法院公报〉民事案例为样本》
（法律出版社 2016 年版）一书中论述了法律解释和利益衡量等法律方法对实现个案
正义的功能及运用情形。

无法保证个案判决的公正，也破坏了法律体系的稳定性。法律诠释学试图通过情境主义的方式把理性置入历史的传统关联之中来解决个案正义问题，这是一种不同以往的研究进路，但它对情境的关注仅仅依托于法官一人的"前理解"，这必然会在一定程度上导致法官的任意和武断，而"在实现理解的视域融合中每个人都会持有不同的立场，法官据其前理解而形成的判断对他人来说可能就是意识形态甚至是偏见"，[1]也无法保证法的确定性。哈特将规则空缺结构所导致的疑难案件交由法官自由裁量，以期寻求对个案的公正裁判。对于哈特的这一主张，德沃金进行了严厉的批评，他说如果允许法官在缺少规则的情况下不受任何限制地进行自由裁量，必将陷入司法恣意。德沃金将个案裁判的正义寄希望于"具有超人智识力量与耐性"的赫拉克勒斯式法官，希冀他们能够依据整全性原则对当前案件作出"唯一正确的判决"。德沃金的这种设想无疑具有相当理想的色彩，因为在现实的司法实践中根本不可能出现这种"超人"式法官。法律效果与社会效果统一论虽然表达了司法的良好愿望，但因对作为评价尺度的社会效果如何获得客观性这一关键问题缺乏具体的操作方法，使得在司法实践中容易出现"以'社会效果'的名义塞入个人的或者政治上的某种要求"，[2]从而对个案正义的实现并无大的裨益。司法能动观要求法官超越司法权来"能动"，这一方面因法官"能动"范围过大，从而为法官恣意和任性创造了契机；另一方面也因违背了司法权自身的性质而为法官裁判受制于立法和行政提供了机会。案例指

---

〔1〕 刘兵："作为修辞的法律——法律的修辞性质与方法研究"，中国政法大学 2011 年博士学位论文，第 23～24 页。
〔2〕 陈金钊："被社会效果所异化的法律效果及其克服——对两个效果统一论的反思"，载《东方法学》2012 年第 6 期，第 46 页。

导制度虽然为法官裁判提供了相对具体的个案指导，但裁判要点形成于审判程序之外，其创制过程也具有强烈的行政性特征，再加上对基本案情和裁判理由的简化，这些在相当程度上限制了指导性案例的指导意义，弱化了对法官自由裁量权的规范作用。

　　法律现实主义者、法律诠释学者、哈特、德沃金及我国法律界虽然都意识到了个案正义的实现离不开人的主体性作用，但他们却犯了一个共同的错误：都将个案正义的实现完全寄托在法官一人的内心独白上，而无视裁判过程的实际情形。正如德沃金所言，"法官是法律帝国的王侯"，[1]法官在司法裁判中的主导性地位是毋庸置疑的，但这只是实现个案正义的必要条件而非充分条件。从裁判的实际情形来看，一方面，判决首先必须能够被各方当事人所认可和接受，这决定了司法裁判并不纯粹是法官的个人思辨或自由心证，还存在法官与当事人之间的说服论辩；另一方面，尽管案件最终判决是由法官凭借其专业化的知识和方法作出的，但判决理由绝非法官单方提出就可以构成判决前提的，判决理由还必须是社会大众认为是合理可接受的，这就决定了法官只有在与他人的对话和商谈中去寻找和发现判决理由，[2]而说服论辩和对话商谈则为修辞的运用提供了空间。质言之，裁判实践实际上就是一种修辞论辩实践，相应地，裁判过程实际上也就是一种修辞论辩过程。由此，学者们便纷纷转向了修辞学，开始探讨从修辞学进路来寻求个案裁判的正义。

---

〔1〕　[美]德沃金：《法律帝国》，李常青译，中国大百科全书出版社1996年版，第361页。
〔2〕　刘兵："作为修辞的法律——法律的修辞性质与方法研究"，中国政法大学2011年博士学位论文，第33页。

作为一种言说方式，修辞以排除独断和暴力为运用前提，[1]这就意味着修辞活动只有在平等民主的氛围下才能展开。在这种氛围下，各个言说者通过平等的言说机会来发表自己的意见和主张，通过相互间的论辩来进行说服或被说服。在这样的情形下，各言说者尽可以充分释放自己的主观性，而在相互之间的话语对抗和博弈中，各言说者主观性中夹杂的武断和恣意又能得到限制和消除。由此，修辞的运用既充分展现了人的主体性，又限制了人作为主体所具有的主观任意性。从修辞学进路来寻求个案正义，就是将裁判过程置于论辩之中，通过法官与各当事人和社会大众之间进行沟通、对话和商谈来寻求案件的公正解决。在围绕案件进行沟通、对话和商谈的过程中，案件各当事人和社会大众获得了充分表达的权利和机会，由此，他们的主观性得以充分体现，并且他们通过享有与法官平等的论辩机会从而对法官主观任意形成充分的约束和限制。而法律现实主义者、法律诠释学者、哈特、德沃金和我国法律界将实现个案正义的希望完全寄托于法官一人的主观性发挥上，至于如何将法官的主观性限制在一个合理的限度之内而不形成恣意，他们主张要么依靠"常人"式法官的良心和理性，要么依靠"赫拉克勒斯"式法官的无穷能力等这些难于保障或难于实现的因素。相较于法律现实主义者、法律诠释学者、哈特、德沃金和我国法律界所主张的法官独白式进路，修辞学进路在个案正义寻求上具有巨大的优势。

---

[1] 佩雷尔曼认为，修辞的运用必须排除下列两种情形：一是某一个论题在人们心中被公认为是自明的，这时不需要论辩的理由，因为当真理显而易见时，当自明之理未给任性选择留下空间时，一切修辞皆为累赘。二是某一论题是独断的，无任何理由予以支持时，它只能通过暴力来强制人们服从，这时也无需修辞。参见[比利时]佩雷尔曼："法律与修辞学"，朱庆育译，载陈金钊、谢晖主编：《法律方法》（第2卷），山东人民出版社2003年版，第146页。

　　修辞学进路在实现个案正义问题上所具有的独特优势，使得当代西方裁判理论非常注重对修辞学理论和方法的采用。如哈贝马斯的法律商谈理论和阿列克西的法律理性论辩理论都在不同程度上吸收和借鉴了修辞学的理论和方法。在当下中国，虽然法治发展的背景和程度与西方存在较大差异，对修辞的理解与西方也迥然不同，但从修辞学视角来研究个案正义的实现在我国当前仍显得十分必要和迫切，其对完善我国法治建设具有非常重要的意义。从法治层面来看，一方面，我国个案正义与西方一样都是需要通过解决司法价值判断问题来实现的。然而，众所周知，传统司法所崇尚的演绎逻辑对于解决司法价值判断问题毫无助益。既然依靠演绎逻辑难于解决价值判断的难题，那么必须发展出一种价值判断的进路和方法，以排除价值判断上的武断和任意，赋予价值判断以理性品质。修辞学便是赋予价值判断理性品质的一种进路与方法。因对或然性因素的关注，修辞学将司法价值判断中可能涉及的激情、偏见和情感等非理性因素纳入理性思考的范畴；因对情境性因素的考量，修辞学将司法实践由于侧重形式理性而导致偏废的实质正义列入重点关注的对象；因对主体间性模式的倡导，修辞学将价值判断视为主体间的论辩过程，从而有利于排除法官独白式思维所导致的价值专断。另一方面，从思维上看，我国司法实践中存在专断和任意的主要原因在于价值判断上的直觉思维习惯，这种"喜欢以直觉的、整体的方法认识世界，喜欢跳过详尽的归纳或演绎过程，而直接获得结论"〔1〕的思维方式是理性思维方法缺失的体现，更是理性精神缺失的体现。然而对于司法实

---

〔1〕　郭建：《古代法官面面观》，上海古籍出版社1993年版，第156页。转引自侯欣一："中国传统社会轻视程序法原因再探"，载《华东政法学院学报》2005年第5期，第81页。

践来说，这种思维习惯的改变不能仅仅依靠形式理性思维的培养来完成，还需依托于修辞学这种论证思维方法的培养来实现。原因在于，讲究形式有效性的逻辑思维并不完全适宜真实的司法活动，真正主导司法活动的思维是一种实践理性思维，这种实践理性思维通过修辞学得以具体展现。修辞学为司法价值判断提供了一套切实可行的方法，它以"可信"的和"深得众望的"公共意见作为自己的出发点，以未必经过严格验证，而一般人都相信是正确的常识理性作为自己的推理基础，[1]以推导出具有可接受性的结论为最终目的。这种注重从前提、理由到结论的推论方法完全不同于我国传统的直觉性思维，它将一切判断都建立在推理和分析之上，而非以主观感觉为基础，从而为排除价值判断上的武断与任意提供了有章可循的技术和方法。

　　从修辞学研究的角度来看，尽管中西方修辞学研究传统存在较大差异，但在我国并非完全缺乏从修辞学视角研究司法问题的语境。一方面，从传统上来看，和西方修辞一样，我国修辞历来不缺乏辩证思维，早在春秋战国时代，诸子中就有人指出任何事物都包含着相互对立关系的两个方面，而且对立的两个方面相互依存、相互包含、相互转换。这种辩证观似一条红线贯穿在古代修辞论述中，只是这种辩证观仅仅反映在诗词章法里，未将辩证与论证弥合。当前我国司法提倡主体地位平等和对权利的充分保护，在司法制度中也设置了利益冲突各方就相互对立的论点进行论辩和博弈的机制。辩证思维的存在加上现行司法制度对主体间博弈关系的肯认，为修辞学在当代司法实践中的运用提供了资源和契机。只要秉持理性，修辞学便会在司法领域得到良好运用。另一方面，随着当前我国修辞学研

---

　　〔1〕　刘亚猛：《追求象征的力量：关于西方修辞思想的思考》，生活·读书·新知三联书店 2004 年版，第 49 页。

究的发展，修辞学在我国不再仅仅局限于美文研究层面，修辞活动也不再单属于个体行为，学者们已开始关注修辞的说服功能，并非常重视对修辞中论辩因素的挖掘。修辞学研究上的这些变化对于修辞实践朝着理性的方向发展具有十分重要的意义，从而对其在裁判领域的运用也有所裨益。

综上所述，随着我国法治程度的加强，人们对司法的要求越来越高，相应地，司法裁判也应该满足人民的要求，努力做到"让人民群众在每一个司法案件中都感受到公平正义"，而实现个案正义的关键是如何妥当地进行价值判断。在我国司法传统偏于缺乏理性思维而惯于直觉思维的背景条件下，从修辞学视角来研究司法裁判问题对于限制司法恣意，理性地进行司法价值推论具有重要意义；而我国修辞学研究的传统资源和现状又为从修辞学视角研究司法问题提供了条件。据此，我们说在我国当前从修辞学视角来研究个案正义实现问题不仅合乎适宜，而且十分必要，其对规范我国司法价值推理，夯实我国法治基础具有非常重要的意义。

二、研究现状

在西方，根据修辞史学家乔治·A.肯尼迪等人的考证，修辞起源于古希腊时期的庭审论辩。古希腊早期缺乏专业司法从业人员，公民大会是最主要的审判机构，修辞由此成为捍卫公民权益，实现个案正义的最有效手段。于是，自那时人们就开始研究如何运用修辞学来实现个案正义的问题。如考拉克斯和提西阿斯曾编撰出了最早的修辞手册，就人们应该怎样在法庭上和议事会中雄辩地发言概括出一些原则和方法；亚里士多德将庭辩修辞列为与政治修辞和仪典修辞相并列的三大修辞类型之一，并论述了庭辩修辞的特征、形式和目的。作为古希腊文化的继承者，古罗马发展了古希腊庭辩修辞的理论和艺术，如赫尔玛格拉斯专门针对法庭论辩总结出了其著名的"争议点"理论；西塞罗在其多篇修辞学著作中阐释了他对论辩、争议点和论题等的看法和观点，并结合大量法律案例展示了它们在裁判实践中的运用等。在此要特别指出源自于古希腊的争议点理论。如上所述，争议点理论最早由古希腊修辞学家赫尔玛格拉斯阐发，他以法律修辞为范例将争议点分为四大类：事实（conjecture）、定义（definition）、品质（quality）和程序（prodecure），并认为修辞者应沿着事实、定义、品质和程序这四个基本方向来依次搜寻具体的意见冲突之处。赫尔玛格拉斯的争议点理论后来受到古罗马学者赫摩根尼的进一步发展，他在赫尔玛格拉斯四大争议点的基础上，确认了13个基本争议点。争议点理论对后世修辞论辩理论的发展具有十分重要的意义，后世的图尔敏论辩模式在很大程度上都受到了它的影响。总体来件，古希腊罗马的学者对于裁判的研究多着眼于个案判决的胜负，对修辞的研究也多强调其在技巧上的运用。尽管如此，他们所阐发的各种理论和观点仍为后世学者的相关研究提供了丰富资源和有益启发，当代盛行于裁判研究领域的各种修辞理论和观点都能从他们那里觅得踪迹和源头。

后来，随着古希腊民主政治的消亡，修辞学逐渐式微，修辞在司法裁判领域里的运用也走向衰落。相应地，修辞与个案正义之间的内在关联也被漠视。在近代，受到理性主义哲学的贬抑，修辞成为仅存于文学、诗歌等领域里的一种语言修饰技术，加之这一时期法律和司法对形式化的高度崇尚，法律修辞学研究被边缘化，自然地，其研究也就偏离了追寻个案正义的方向。20世纪下半叶，面对层出不穷的社会问题和道德问题，人们开始反思理性主义，由此古典修辞学被重新提起并获得了新发展。修辞学研究的复兴也波及了法学领域。法律学者们将修辞引入法律和司法之中，试图通过修辞的社会性和人文性来克服法律形式主义的缺陷，保障个案正义的实现，这一时期，法律修辞学研究的一些代表著作，如比利时学者佩雷尔曼的《新修辞学：论论辩》和《法律逻辑学·新修辞学》、英国学者图尔敏的《论辩的应用》和《推埋导论》、德国学者菲韦格的《论题学与法学——论法学的基础研究》等，都对后世产生了深远影响。北美学者于 20 世纪 80 年代以来也兴起了对此问题的研究，如波斯纳（1988 年）、安迪·布恩、Teresa G. Phelps（1986 年）、Balkin（1996 年）、Austin Sarat（1999 年）、Linda L. Berger（1999 年至 2010 年）和 Walton（2013 年）等从法律与文学、法庭语言学、法律话语和法律推理等角度，对修辞之于个案正义实现的意义、功能及运用方法等展开了研究。经过麦考密克、佩策尼克、阿尔尼尔和阿列克西等人的研究，法律修辞成为司法论证理论中的重要内容，而司法论证的中心任务就是思考如何在现行法体系下实现个案正义。不过，作为司法论证方法之一的修辞论证，其理论来源主要表现为图尔敏的法律论辩模式、菲韦格的论题学和佩雷尔曼的新修辞学这三种理论形态。这三位学者都特别论述到了法律论辩，而他们关于修辞学的思想和观点本身也成了现代修辞学理论的核心内容。

　　英国学者图尔敏从古典修辞学知识中获取了灵感，发展出了著名的法律论辩模式。在《论辩的应用》一书中，他指出形式逻辑有效性的标准不适于以日常语言为主的法律论辩，法律论辩的评价标准应具有双重性，即在程序方面是场域永恒的，而在实质方面则是场域依存的。基于此，他详细阐述了法律论辩模式。图尔敏认为，法律论辩模式通常由主张、根据、正当理由、担保、反驳和例外等 6 个要素构成，这些要素之间可以不同方式进行组合，以应对各种不同的法律论辩。在后来的《推理导论》一书中，他与 Richard Rieke 和 Allan Janik 一起，详细说明了他的论辩模式是如何运用于法律语境的。图尔敏的法律论辩模式一经提出便在法学界引起了持久的讨论和关注。在有关法律论辩的著作中，许多学者使用了图尔敏的法律论辩模式。他们或对图尔敏法律论辩模式中的一些专门术语进行分析、检讨和修正，或是对整个法律论辩模式进行反思、改造和完善。如 James B. Freeman、James F. Klumpp 和 Robert C. Pinto 等人在对图尔敏的"正当理由"概念进行反思和批评之后，[1] 又对其进行了新的诠释和理解；佩策尼克将图尔敏的术语用于自己的主张，他认为法律裁决总是来自于与作为一个推论规则的保证相联系的各种事实的陈述；Olaf Tans 在《正当理由的流动性：运用图尔敏分析实践话语》一文中，对图尔敏的整个法律论辩模式进行了完善和改造，使之更能反映法律论辩的动态性特征；阿列克西和菲特丽丝也分别在自己的专著中对图尔敏法律论辩模式进行了全面的反思和检讨，等等。

德国学者菲韦格在对概念法学进行反思的过程中，受到维柯著作的提示，[2] 转而从古典修辞学理论（特别是亚里士多德和西塞罗的论题学思想）中寻求一种适合法律思维的技术。

---

〔1〕 See David Hitchcock & Bart Verheij, *Arguing on The Toulmin Model: New Essays in Argument Analysis and Evaluation*, Springer, 2006.

〔2〕 文艺复兴时期的著名学者维柯，曾于 1708 年写过一篇题为"论人文教育的本质与方法"的演讲词，在此演讲词中，他主张将近代的科学方法与古代的修辞论题方法进行融贯统一。按照维柯的观点，科学方法的优势在于清晰精确，但它的弊端在于不关注人的精神，从而导人人文精神的萎缩，而修辞论题学则无此弊端。由此，他认为应将古老的修辞论题学思想置于科学方法之前。维柯的这一观点对菲韦格形成了提醒和启示，从而激发他对论题学的地位进行了重新深入的思索。参见〔德〕特奥多尔·菲韦格：《论题学与法学——论法学的基础研究》，舒国滢译，法律出版社 2012 年版，第 4~9 页。

1953 年，他撰写了《论题学与法学——论法学的基础研究》一书，第一次将论题提升到法学思维模式的高度，他指出人们思考法律问题并非是对法律体系进行演绎推理，而是以问题为中心，围绕问题寻找适合于当前情境的各种前提，以此来寻求问题的最佳解决方法，这种以问题为定向的思维便是论题学思维。菲韦格的法学论题学也对法学界产生了不小的影响，很多学者对论题学在法学中的运用都进行了探讨。如拉伦茨在《法学方法论》中，曾专用一节对论题学方法进行了精到的阐述和评价，并深入分析了论题学在法律论证程序中的意义及限度。魏德士在《法理学》一书中也对论题学进行了介绍，并指出论题在法律运用上的界限。他认为，论题学法理面临的最大问题是如何有效保证法律规范的约束力，等等。

另一位杰出的修辞学者佩雷尔曼也从修辞学视角对裁判问题进行了独到地研究。1958 年，他在其《新修辞学》一书中系统阐发了他的新修辞学理论。与图尔敏一样，佩雷尔曼认为形式有效性的逻辑标准不是评价日常语言论辩的充分基础，一个论辩只有获得了它所指向的听众的接受，它才能被视为是正当的。这也是他独特的修辞合理性观点，即将论辩的正确性交付于听众的接受。以此为基础，他系统描述了论辩者可以用来说服听众的各种论辩起点和论辩方法。依佩雷尔曼的见解，法律是新修辞学运用于实践的一个重要范例，因此，他非常关注法律论辩的实践。1976 年，他撰写了《法律逻辑学·新修辞学》一书，在书中，他描述了用于说服法律听众的各种起点和论辩方法。佩雷尔曼的新修辞学在法学界引起了巨大反响。在法律论证的著作中，佩雷尔曼的理论经常被人们所提及和运用。如在 Golden 和 Pilotta 主编的《人类事务的实践理性：纪念佩雷尔曼的研究文集》中，Haarscher、Makau 和 Rick 等人讨论了佩雷尔曼理论在法学中的应用。他们分别探讨了佩雷尔曼的正义理论，法律论辩模型以及新修辞学对于司法裁决中的论证分析所起到的作用；阿列克西在《法律论证理论》一书中对佩雷尔曼的合理性概念、听众理论和论辩技术等进行了系统的考察，指出了它们在法律论证中的局限；在弗里德曼和迈耶主编的《切姆·佩雷尔曼（1912—2012 年）：从新修辞学到法律逻辑》一书中，Brunet 和弗里德曼等人专门探讨了佩雷尔曼论辩理论在法律逻辑中的运用；美国学者舒茨（Shuetz）在运用佩雷尔曼的听众概念和修辞术语对一个墨西哥刑事审判中的论辩进行分析后，指出佩雷尔曼的论辩理论为分析法律文本提供了概念框架。[1]菲特丽丝在《法律论证原理——司法裁决之证立理论概览》一书中也对佩雷尔曼的新修辞学及其在司法领域的运用进行了分析和总结，她认为佩雷尔曼的理论只是为法律推理提供了很多有趣的想法，并不具有法律实践上的可操作性。[2]

受上述西方法学研究影响，我国法理学界在近些年也开始重视从修辞学视角来研究个案正义问题。虽然他们很少直接探讨修辞学与个案正义的关联，但法律论证研究的中心任务就是思考如何在现行法秩序下实现个案正义，因此他们从法律论证角度的研究都是具有个案正义指向的。近年来，一批优秀的学者以专著和论文的形式对司法修辞学及相关问题的研究作出了重要贡献，这主要体现在三种研究方式上：一种是从整体视角研究修辞学对于实现个案正义的意义，比较有代表性的为陈金钊的专著《法治思维及其法律修辞方法》（2013 年）、谢晖的专著

---

〔1〕 ［荷］伊芙琳·T. 菲特丽丝：《法律论辩导论——司法裁决辩护理论之概览》，武宏志、武晓蓓译，中国政法大学出版社 2018 年版，第 97 页。

〔2〕 ［荷］伊芙琳·T. 菲特丽丝：《法律论证原理——司法裁决之证立理论概览》，张其山、焦宝乾、夏贞鹏译，商务印书馆 2005 年版，第 59 页。

《制度修辞论》（2017 年）、焦宝乾的著作《法律修辞学导论——司法视角的探讨》（2012 年）和《法律修辞学：理论与应用研究》（2015 年）、陈林林的专著《裁判的进路与方法——司法论证理论导论》（2007 年）、刘兵的博士学位论文《作为修辞的法律——法律的修辞性质与方法研究》（2011 年）、侯学勇的专著《中国司法语境中的法律修辞问题研究》（2017 年）、彭中礼的专著《法律修辞论证研究——以司法视野》（2017 年）、蔡琳的论文《修辞论证的方法：以两份判决书为例》（2006 年）、徐红军和孙冠豪的论文《法律修辞与司法运作的功能衔接——以基层司法为视域》（2017 年）、杨铜铜的论文《作为一种说服过程的法律修辞的作用场域及其限制》（2015 年）、熊明辉和卢俐利的论文《法律修辞的论证视角》（2015 年）、张华的论文《法律修辞与指导性案例的功能融合——以提升司法的正当性为目标》（2018 年）等。我国台湾地区的研究以廖义铭为代表。在《佩雷尔曼之新修辞学》（1997 年）一书中，他首先对佩雷尔曼的新修辞学进行了全面地阐述和介绍，在结合具体案例对佩雷尔曼的理论在司法中的运用进行分析之后，他又对佩雷尔曼的听众理论和论辩方法进行了检讨，并对新修辞学的未来发展进行了展望。

　　另一种研究方式是从论题学、图尔敏论辩模式和新修辞学为视角展开的专题研究。在以论题学为视角展开的研究方面，有代表性的研究成果有舒国滢的论文《寻访法学的问题立场——兼论"论题学法学"的思考方式》（2005 年）、徐国栋的论文《从"地方论"到"论题目录"——真正的"论题学法学"揭秘》（2015 年）、焦宝乾的论文《论题学及其思维探究》（2010 年）、张传新的《法律论题学的逻辑基础》（2010 年）及戴津伟的博士学位论文《法律中的论题及论题学思维研究》（2012 年）、何卫平的论文《论题学与解释学》（2018 年）、韩振文的论文《论题学方法及其运用》（2017 年）、高伟伟的论文《法律论证之论题学进路》（2017 年）和《在"开放体系中论证"——论题思维的作用与限度》（2015 年）等；在以图尔敏论辩模式为视角展开的研究方面，有代表性的研究成果有舒国滢的论文《法学实践知识之困与图尔敏论证模型》（2018 年）、武宏志的论文《法律逻辑和论证逻辑的互动》（2006 年）、杨宁芳的论文《图尔敏模型在当代法律论证中的应用》（2010 年）、孙光宁的论文《图尔敏论证模型在指导性案例中的运用及其限度——以指导性案例 23 号为分析对象》（2017 年）、武晓蓓的论文《法律论辩的落脚点：法律辩护的原型论辩模式》（2018 年）、张学庆的硕士学位论文《图尔敏论证模型述评》（2006 年）等；在以佩雷尔曼新修辞学为视角展开的研究方面，有代表性的研究成果有沈宗灵的论文《佩雷尔曼的"新修辞学"法律思想》（1983 年）、徐国栋的论文《佩雷尔曼与提特卡的地方理论和论式理论》（2015 年）、刘旺洪的论文《佩雷尔曼的法律思想述论》（2001 年）、李杨和武宏志的论文《佩雷尔曼新修辞学的论式系统》（2014 年）、侯学勇的论文《佩雷尔曼修辞论证理论研究》（2005 年）、杨贝的论文《合法律性论证与合理性论证——从南京彭×撞人案一审判决书谈起》（2008 年）、雷磊的论文《新修辞学理论的基本立场——以佩雷尔曼的"普泛听众"概念为中心》（2013 年）、蔡广超的博士学位论文《佩雷尔曼的论证理论及其理性观研究——以论证型式为中心》（2017 年）等。

上述两种方式总体上属于对国外理论的介绍、梳理和解读。除此之外，我国学界还对修辞学展开了具有中国问题意识的研究。如舒国滢在《追问古代修辞学与法学论证技术之关系》（2012 年）一文中通过梳理和分析西方古代修辞学理论资源后，指出了其对我国当前法律方法论研究的影响和意义；廖美珍在其专著《法庭语言技巧》（2009 年）和《法庭问答及其互动研究》（2003 年）中对大量法庭语料进行细致研究，并以此为基础阐述了法庭互动话语和庭审语言的修辞技巧；刘燕在其专著《法庭上的修辞：案件事实叙事研究》（2017 年）中专门探讨了案件事实叙事和修辞活动对于案件事实认定和形成所起到的作用，指出修辞在事实文本的形成过程中具有建构性功能；张纯辉在其专著《司法判决书可接受性的修辞研究》（2012 年）中探讨了修辞对判决可接受性的影响，阐释了司法判决中深层修辞的结构机制及具体表现，并分析了修辞对判决正当性的强化作用和不当修辞的表现形式；郑东升在其专著《中国法庭语用学研究》（2018 年）中专门分析了法官在整个庭审过程中所涉及的语言使用问题，并在此基础上试图建构符合中国司法实践的法庭语用学规范；吕玉赞在其《法律修辞方法的选择、运用与布局——以甘露案再审判决为例》（2017 年）、《法律修辞规则的运用——以甘露案再审判决书为例》（2015 年）和《案件说理的法律修辞方法选择——以甘露案再审判决书为例》（2015年）等文中以"甘露案"再审判决书为例分析了修辞运用的具体方法；张德淼、康兰平在《法律修辞的司法运用：案件事实叙事研究》（2015 年）一文中以"夏俊峰案"为例阐释了修辞在案件事实形成过程中的建构作用；针对我国裁判文书说理不充分的现象，赵朝琴（2010 年）、魏胜强（2012 年）等人提出应加强修辞在裁判文书中的应用等。

　　上述成果极大地丰富了我国法律修辞学的研究，同时也为我国个案正义的实现提供了一种新的视角和进路，但是仍存在一些不足：一方面是在对修辞内涵的理解进行理论探讨时，将法律修辞作为一种合理性论证方法，而在应用研究时又将其视为一种语言技巧；另一方面是对修辞之于个案正义实现的进路和方法缺乏系统、深入、细致地研究和反思。基于此，本书在对修辞的内涵进行界定的基础上，对现有各种修辞理论和方法之于个案正义实现的功能和限度进行系统深入地探讨。

三、本书的研究思路与结构安排

个案正义是指在尊重法律普遍正义的前提下，通过对案件的具体分析，作出具有可接受性的判决。判决的可接受性关涉人的情感感受、主观愿望与目的等问题，因此在司法过程中，它的获得是建立在妥当的价值判断基础之上的。由此可见，实现个案正义的关键环节，就在于如何妥当地进行价值判断。为了解决此问题，学者们提出了自由裁量权理论、法律诠释学、法官行为中心论、司法整体性原则、法律效果与社会效果统一论、司法能动观和案例指导制度等方法和进路。通过对这些方法和进路的分析，笔者发现，虽然它们都注意到了价值判断对个案正义的影响，但它们都将价值判断的重任交由法官一人来承担，希望通过法官一人的良心和理性——这个相对公众来说是个"暗箱"的心理过程——来实现个案正义。从人性的角度来说，这显然是不可靠的。修辞学强调主体间的论辩，这正好可以将法官价值判断的心理"暗箱"打开，从而对个案正义的形成及实现作出独特贡献。过度的修辞会使真理丧失，使正义掩盖在非正义的迷雾之下，因此必须对法律修辞的运用进行限定。法律修辞属于法律方法论体系中的一员，它和其他法律方法一样，具有维护法治的基本功能和属性，由此，将法律修辞理解为一种司法语言技巧，并不有助于个案正义的实现，相反，有时甚至会成为个案正义的破坏性力量。从方法层面来看，法律修辞真正有助于个案正义实现的关键，在于其内含的论辩因素。基于此，本书将法律修辞界定为"论辩的修辞"。论辩修辞的或然性、情境性及听众顺应性，使得法律修辞和个案正义之间产生了关联。

法律修辞学是基于人类对个案正义的渴求而出现的，然而已有的法律修辞理论和方法对于个案正义的实现究竟起着多大的作用，需要认真探讨。法律修辞理论和方法内含在争议点理论、图尔敏论辩模式、论题学和佩雷尔曼新修辞学中，而个案正义实现的关键在于能否在现行法秩序内妥当地进行价值判断。由此，须以能否尊重现行法秩序和妥当地价值判断为双重衡量标准来分析争议点理论、图尔敏论辩模式、论题学和佩雷尔曼新修辞学之于实现个案正义方面的功能与限度。为了从总体上呈现出修辞学进路对于实现个案正义的意义，明确修辞学方法在整个法律方法论中的地位，本书又以对上述四个专题的探讨为基础，对修辞学方法在实现个案正义中的功能和限度做出了总结性分析，并对修辞学运用于司法裁判领域的基础和制度条件进行了阐述，对其未来发展也做了展望。基于上述研究思路，本书的结构安排如下：

首先，笔者在导论部分交代了本书的研究缘起和研究意义，介绍了与本书论题相关的研究现状，并说明了本书的研究思路和论述框架。

第一章首先通过与普遍正义的对比研究，分析个案正义的内涵、特征及正当性，提出实现个案正义的限制条件、需考量的因素及关键环节；其次从实现个案正义的关键环节，即价值判断入手，分析实现个案正义的内在理路；然后以实现个案正义的内在理路为基准，分析自由裁量权理论、法律诠释学、法官行为中心论、司法整体性原则、法律效果与社会效果统一论、司法能动观和案例指导制度等已有的个案正义实现进路，阐释它们共有的缺陷；最后以上述已有进路的共有缺陷为切入点，结合修辞学在价值判断上所具有的"心证公开"优势，分析法律修辞学对于实现个案正义的独特功能。

第二章先是通过梳理古希腊古罗马时代、中世纪、近代及现当代司法裁判领域里修辞学发展的兴衰历史，指出修辞中的论辩因素对于能否实现个案正义具有重要意义；然后分析个案视域下法律修辞的内涵和特征，将其内涵界定为"论辩的修辞"，阐释其或然性、情境性和听众顺应性等特征，并揭示其与个案正义之间的内在关联；最后在前述历史梳理和内涵特征界定的基础上，对司法领域里的修辞学进行总结，提出司法裁判视域下法律修辞学的内容主要包括：争议点理论、图尔敏论辩模式、论题学和佩雷尔曼新修辞学。

第一章和第二章是本书的基础性内容。

第三章聚焦于争议点理论对实现个案正义意义的分析和探讨。本章在对争议点理论基本内容进行概述的基础上，从论辩骨架和论辩技术这两个角度分析了争议点理论对于实现个案正义的意义，指出争议点理论的优势在于其对"事实"基础性地位的尊重及具有论辩性、思维情境性、论辩方向和顺序上的指引性等；最后分析了争议点理论在解决个案正义问题上所具有的局限性，认为它所具有的描述性特征和只关注于原被告双方之间论辩的缺陷，使得它在适用于现代司法裁判时存在一定的困难。

第四章着力于论题学及其思维对实现个案正义意义的阐释和探讨。首先是系统阐释了论题学的历史渊源、特征以及论题学思维的程序；然后从个案正义实现角度分析了它对个案正义寻求所具有的优势和缺陷，认为论题学思维——强调对个案具体情形的关注和主张在情境理解中寻求问题的定位和解决——这种以个案为意识的论题学思维非常有助于个案正义的实现，然而，论题学把前提作为证立个别判断的基础和依据以及主张通过对所有有助于问题解决的主张和理由进行讨论和争辩之后再来做出解决问题的结论，这在技术和实践上并不能担保个案正义的实现。最后从论题学思维与体系性思维相融合的角度探讨了论题学思维在保证现行法秩序约束方面所具有的功能限度。关于两者之间的融合，目前学界主要发展出三种解决方法和进路：①在开放的体系下进行论证；②概念思维转向类型思维；③"动态系统论"。本书主要从这三个方面分析了两种思维融合的可能与限度，以此来窥探论题学对于实现个案正义的意义和局限。

　　第五章是对图尔敏论辩模式的分析和探讨。本章在对图尔敏论辩模式进行介绍的基础上，先是从评价性推论角度分析了它在寻求个案正义方面所具有的优势和缺陷，认为图尔敏论辩模式"正当理由""支援""反驳"和"论辩场域"等概念的提出，为价值判断进入司法裁判提供了一种具体的路径和方法，但是它自身理论和概念的模糊性却使得它所构建的方法和路径存在很多问题；然后从裁判适用角度分析了它在解决疑难案件和保证现行法约束方面的不足。图尔敏论辩模式将注意力主要集中于它的六大构成要素，并将这六个构成要素都当作可以扩充的变量，试图以此来应对任何复杂程度的论辩。这一构想对于理清论辩思路具有重要意义，但是它仅仅是对论辩过程的一种静态描述，缺乏一套体现、分析和评价论辩动态性、论辩结构以及论辩结论的方法、标准和工具，从而在技术上对解决疑难案件和保证个案正义的实现没有太大的实质性意义。

　　第六章是对佩雷尔曼新修辞学的阐释和分析。本章首先将佩雷尔曼新修辞学的核心观点概括为作为正义的说服，然后分别从听众、论辩的出发点和论辩技术等三个部分介绍了新修辞

学的主要论辩思想，最后又以听众、论辩出发点和论辩技术为
视角分析了新修辞学在实现个案正义上的优势和缺陷。从表面
看来，新修辞学满足了人们对个案正义的所有想象，然而在实
际上，新修辞学是一种描述性而非规范性理论。一方面，听众
理论在实践上难以保证个案判决合理性的实现；另一方面，其
论辩方法因为缺乏分析性工具而并不完全适合用来解决个案正
义问题。

第三章至第六章是本书的核心内容。

第七章是对全书的总结性阐释。为了使我们对修辞学有一
个全面总体的认识，本章先是以前四章的分析为基础对修辞学
之于实现个案正义的贡献与制约进行了总结性阐释。从总体上
来看，将修辞学引入司法裁判为司法价值判断寻找到了一条可
行路径，但因其对情境性因素的强调和缺乏一套评价与分析的
工具，从而在保证现行法约束和实现个案正义方面表现出相当
大的缺陷；接着分析了逻辑方法之于修辞学运用的必要性，本
书提出由于修辞学在保证现行法秩序约束方面的缺陷，我们在
把修辞学运用于司法裁判时应注重发挥逻辑方法的基础性作用，
逻辑方法在法律方法论中仍处于基础性地位；再接着指出了修
辞学运用于司法裁判的外部条件，认为只有在民主的制度环境
下和理性的言谈环境中，作为个案正义寻求进路的修辞学之运
用才能发挥其功用；最后对我国司法裁判中的修辞学运用进行
了阐释，并对修辞学的未来发展进行了展望。

第一章

个案正义及其实现进路选择[1]

法律最重要的价值在于实现正义。为了使法律的正义价值能够得到落实，立法者尽力制定出兼具规范性和一般性的法律规范，以使所有不同案件都能得到妥善照顾。但与立法通过法的规范性和一般性来寻求法的普遍正义不同，司法的目的是"当具体个案发生时，应将该个案事实适用于法律之中，以求得每个个案皆能妥慎地被处理"，[2]一言以蔽之，就是使个案正义得到落实。当个案正义成为司法裁判的基本目标时，如何实现个案正义便成为当代司法裁判领域研究的一个中心议题。本章首先阐释个案正义的内涵及基本要求，然后对个案正义实现的内在理路和各种理论进路进行深入地探讨和分析，最后在此基础上指出修辞学进路对于实现个案正义的独特意义。

第一节　个案正义的内涵与基本要求

"法的概念除了规范性、最低程度的社会实效性两项要求

---

〔1〕　本章部分内容参见沈寨："裁判合理性及其寻求进路选择"，载龚廷泰等主编：《社会法治研究》，法律出版社 2018 年版，第 61~75 页。

〔2〕　范文清："试论个案正义原则"，载城仲模主编：《行政法之一般法律原则（二）》，三民书局 1997 年版，第 386 页。

外，尚须包含伦理上最低程度的可正当化之性质。"〔1〕法律应具有伦理上的正当性，即法律对正确性的诉求，能够使法律沿着正义的轨迹发展，从而避免了实证主义法概念因过分强调法律的形式特征而可能导致法律实质非正义情形的出现。法律对正确性的诉求将法律置于了对道德开放的境地，而道德领域问题的解决离不开价值判断，因此，法律不可能价值无涉。然而，法律除了具有一定限度的道德内容以外，还具有技术性内容。为了确保法律秩序的形成，法律发展出了一套逻辑严密的规则体系和精确可靠的适用程序，而为了实现相同情况同样对待，法律规则体系和适用程序必须具有相对的确定性，不能朝令夕改。这就意味着法律在道德向度上所不得不依靠的价值判断必须在现有的法秩序体系内进行，以免对法律的确定性形成冲击。法律对正确性与确定性的双重诉求反映在司法裁判领域，就是法庭判决必须"既具有内部自洽性又具有合理的外在论证"。〔2〕

在个案裁判的场景下，"既具有内部自洽性又具有合理的外在论证"则意味着法官在裁决个案时必须既能实现个案判决结果的公正，又能尊重现行法秩序，简言之，就是要实现个案正义。对于个案正义的上述理解，道出了个案正义的内涵和本质，学者们基本都是从这两个方面来阐明个案正义概念的。例如，陈兴良将个案正义称为个别公正，并指出"个别公正是指在一般公正的指引下，对个别人、个别案件处理的公正"。〔3〕我国台湾地区学者范文清从行政法角度将个案正义界定为"在法秩序

---

〔1〕 ［德］卡尔·拉伦茨：《法学方法论》，陈爱娥译，商务印书馆 2003 年版，第 11 页。

〔2〕 ［德］哈贝马斯：《在事实与规范之间：关于法律和民主法治国的商谈理论》，童世骏译，生活·读书·新知三联书店 2003 年版，第 246 页。

〔3〕 陈兴良："刑事司法公正论"，载《中国人民大学学报》1997 年第 1 期，第 89 页。

之下，由于法律文字不能照顾具体个案的特别情况，因此在法律赋予行政机关裁量权限之情况下，执法者如何考虑其特别的构成要素，以使正义在个案中有实质的落实"。[1]周佑勇认为，个案正义与形式正义是法律正义的两个重要内容，一般而言，抽象的、一般的规范并非当然可以满足个案正义的要求，因此在法律适用过程中，应根据个案情况的需要作出公正适当的决定和裁判。[2]胡玉鸿提出，个案正义是指在整体正义的指引下，对个别案件进行处理所体现的正义，详言之，即指法官根据个案所存在的特定情形，依据法律和事实作出最适合于案件具体情况的判决，或指"量身定造"出针对双方当事人而言最佳的权利义务配置，从而保证个案处理上的最佳效果。[3]通过对上述观点的考察，可以发现，尽管表述各异，但意思基本一致，都包含了以下双重含义：一是普遍规范的有效性不能完全保证个案正义，个案正义要求裁判必须对个案特殊情况进行考虑以获得个案判决结果的公正；二是虽然个案判决结果的公正要求具体案件具体处理，但都必须尊重现行法秩序，不得破坏法律的形式正义。由此可见，既能实现个案判决结果的公正，又能尊重现行法秩序，是个案正义的内涵，也是个案正义所包含的两个基本要求。

一、实现个案判决结果的公正

个案正义问题产生于"法律文字不能照顾具体个案的特别

---

〔1〕　范文清："试论个案正义原则"，载城仲模主编：《行政法之一般法律原则（二）》，三民书局1997年版，第401页。

〔2〕　周佑勇："行政裁量的治理"，载《法学研究》2007年第2期，第122页。

〔3〕　胡玉鸿："论司法审判中法律适用的个别化"，载《法制与社会发展》2012年第6期，第55页。

情况"[1]之下，这就决定了司法裁判不是将法律规范与案件事实进行简单对应的逻辑涵摄过程，而是包含了对个案具体情况和社会情境等因素进行综合考虑的过程。当司法裁判必须考虑个案具体情况和社会情境等因素时，如何在尊重现行法秩序的前提下将这些因素理性地引入到司法裁判之中，以获得个案判决结果的公正便成为个案裁判要考虑的关键问题。

　　应当说，对于上述问题的回答，从个案具体情况和社会情境因素本身入手是无法获得答案的。个案正义要求案件判决结果必须是公正的，但何谓公正的判决结果，其具体含义从未得到过明确界定。上述列举的关于个案正义的阐释中，只有胡玉鸿提出对于双方当事人而言达到了最佳权利义务配置的判决就属公正的判决结果。根据拉伦茨对正义的讨论，我们还可以归纳出公正判决的以下指向：①判决必须是依具体事理本身而作出的；②判决必须使每个人得其所应得之物。[2]然而，无论是最佳权利义务配置，还是依事物本质和使每人得其应得之物，这些对公正判决所作的实质性阐述都无法为具体的个案裁判提供可操作的答案。什么是最佳的权利义务配置？什么是具体事理本身？以及什么是每个人所应得之物？对这些问题的回答离不开问题发生时的情景或背景，即离不开法官和当事人所处的具体文化环境或所享有的生活方式和价值观念。换言之，对于上述关涉公正判决的判断问题，我们无法从实质层面提供一个普遍有效的答案或判断标准，唯一的出路是从形式层面来对此问题进行思考。

---

〔1〕　范文清："试论个案正义原则"，载城仲模主编：《行政法之一般法律原则（二）》，三民书局 1997 年版，第 401 页。

〔2〕　[德] 卡尔·拉伦茨：《法学方法论》，陈爱娥译，商务印书馆 2003 年版，第 50~60 页。

于是，对于法官如何在"法律文字不能照顾的情形"下获致个案判决结果的公正，学者们纷纷从方法或程序层面来寻求解答。德国学者约瑟夫·埃塞尔认为，在实际的司法裁判过程中，为了获取正当而又适法的个案判决，法官并非如实证法学家所想象的那样总是求助于法律文字，而是先以其他方式发现解答，然后从法律文字中寻找该解答的"适当"论据。埃塞尔把以其他方式发现解答的过程叫作"裁判的发现"，其主要涉及个案的适当裁判；把从法律文字中寻找该解答的"适当"论据称为"嗣后的说理"，其主要是为了证实事先取得的裁判与实定法的一致。在他看来，在嗣后说理阶段，法官才会考虑到实定法的约束，而在先于说理的裁判发现阶段，法官通常是通过未实证化的法律原则和法律外的评价标准两种途径来发现其认为正当的裁判。他认为，法官裁判应"毅然采择先于体系的评价""主观认可的优先规则""共同认可的价值""先于法律的规整模式及典范"以及"外于法律的期待和确信立场"。[1] 上述各种裁判的发现途径，以及"法官在诉讼程序中从争论的问题本身所获得，并且被他并入其规范理解中的一些标准及事理上的论据"[2] 两者共同决定了法官的认识，法官正是凭此来面对个案问题的。

与埃塞尔反对涵摄模式和重视前实证的价值判断不同，菲肯切尔在设定了正当裁判的评价标准之后，[3] 主张法官在个案

---

[1] Josef Esser, Grundsatz und Norm in der richterlichen Fortbildung des Privatrechts, 1956, 4. Aufl. 1990，S. 162ff，转引自［德］卡尔·拉伦茨：《法学方法论》，陈爱娥译，商务印书馆 2003 年版，第 21 页。

[2] Josef Esser, Grundsatz und Norm in der richterlichen Fortbildung des Privatrechts, 1956, 4. Aufl. 1990，S. 144，转引自［德］卡尔·拉伦茨：《法学方法论》，陈爱娥译，商务印书馆 2003 年版，第 21 页。

[3] 菲肯切尔将正义分为平等的正义与事理的正义两种，即平等的正义是指同样的案件同样处理，事理的正义则涉及适用于该案件事实之裁判规范的适当性。他认为只有综合了平等的正义与事理的正义，才是正当的裁判。

裁判中应运用不断使法律规范与案件事实相互接近、交互澄清的"诠释的程序",即法官一方面应考量等待判断的具体案件事实,依次以具体化及特殊化其由法律或法官法中取得之标准及评价观点;另一方面,法官亦应其认为适切的法律观点为据,以补偿必要的案件事实,使之更趋精确;两者必须一直持续进行,直到不能再为正当的个案裁判寻获任何新观点为止。[1] 在菲肯切尔看来,个案裁判离不开涵摄模式,即只有将具体案件归属于该规范的构成要件之下才能实现平等的正义,但单凭涵摄模式还不济事,尚需在考量裁判个案情况的前提下对该法律规范进行具体化以形成裁判规范,从而保证事理的正义。菲韦格在认识到依涵摄方式适用法律来裁判并不能保证个案正义的实现之后,提出了论题学的思维方式。所谓论题学,即问题定向的思维技术,[2] 它以"问题"为出发点,将对于问题的正当解决有所助益的所有观点都列入考量,借此以使有关当事人能达成合意。依菲韦格之见,司法裁判单凭逻辑涵摄的方式进行根本行不通,要想获得正当的个案裁判,应从广为接受的观点、看法和意见出发,围绕个案所争议的问题本身来展开尽可能充分的讨论,以获致当事人都能接受的判决。

尽管埃塞尔、菲肯切尔和菲韦格等人对如何获致个案判决结果的公正所持的观点不同,但从他们的阐述来看,要获致个案判决结果的公正均无法回避价值判断问题。在"法律文字不能照顾具体个案的特别情况"之下,法官不能仅严格依法来裁判,还必须诉诸法律之外或超越法律的价值标准,以保证法律

---

〔1〕 参见〔德〕卡尔·拉伦茨:《法学方法论》,陈爱娥译,商务印书馆2003年版,第22页。

〔2〕〔德〕特奥多尔·菲韦格:《论题学与法学——论法学的基础研究》,舒国滢译,法律出版社2012年版,第26页。

正义和个案判决结果公正的实现。当裁判涉及法律之外或超越法律的价值标准时，它便带有价值判断的性质了。埃塞尔认为，正当裁判的发现途径有未经实证化的法律原则及法律外的评价标准两种，然而他所提及法官裁判的渊源，无论是"先于体系的评价""间主观认可的优先规则"和"共同认可的价值"，还是"先于法律的规整模式及典范""外于法律的期待和确信立场"，均属于法官价值评判的活动领域。菲肯切尔虽然强调裁判中涵摄方法的应用，但他所称之为的"诠释程序"，即适切的法律观点与具体案件事实之间不断地相互接近和澄清，也是须在不断的价值评判过程中才能进行的。菲韦格的论题学观点似乎更关注的是一种裁判的程序，然而，他将正当裁判的获致交付当事人之间的讨论来完成，且将裁判正当性的判断依据设定为当事人的接受，这些都离不开价值判断活动，毕竟讨论是一种交流，交流是为了理解，而理解则伴随着主体间不断的价值冲突和价值选择与尊重；当事人的接受也必须建立在价值共享与宽容的基础之上。

二、尊重现行法秩序

价值判断是实现个案正义的一个关键环节。正是通过价值判断，法官裁判才填补了法律漏洞和空白，保证了个案判决结果公正的实现。然而，价值判断需要法官发挥一定程度的主观意志才能进行，这不免引起人们的另外一种忧虑，即法官在发挥主观意志的同时会不会产生恣意，从而破坏个案裁判的公正性？此外，价值判断对个案具体情形的重视会不会使司法裁判陷入"一事一议"的境地，从而破坏法律适用上"同案同判"的公平性？对这些问题的担忧使得学者们在追寻个案正义的同时不得不转而诉求现行法秩序，希冀以现行法秩序来限制法官恣意和保证法律适用上的平等性。

尊重现行法秩序，即维护现行法秩序的约束力。应该如何维护现行法秩序的约束力，历来是裁判理论研究的一个重要问题。传统裁判理论认为，以三段论推理为主导的逻辑涵摄方法是维护法律拘束力的最有效手段。它以既定的法律规范作为大前提，以法律事实作为小前提，以逻辑推理的方法得出确定的裁判结论。这种方法意味着所有的案件事实都能够归属在某一法律规范的构成要件之下，法官在面对具体个案时，只需对照法律按图索骥便能得出恰当的判决结论。逻辑涵摄方法以法律体系的完备性为前提预设，以法官对法律规则的严格服从为条件，以此来保证法律的拘束力。然而，在实际的司法裁判过程中，逻辑涵摄方法的意义并非如想象那般重大：一方面，就裁判规范的发现来说，相对于具象多维的个案事实，法律体系的完备性只是一个虚幻，每个案件事实并不总能从现行法律规范中找寻到合适的裁判依据；另一方面，就裁判的正当化来说，完全借助逻辑涵摄由法律推导的裁判在获取法律普遍正义的同时，却容易淹没个案裁判的正义。其实，在裁判的正当化方面，法官工作的重心向来是集中于对价值因素的考量上，而这是单纯依靠逻辑涵摄方法根本无法做到的。

为了克服上述逻辑涵摄方法的不足，在裁判实践和研究中出现了法律解释的理论和方法。解释论者认为法官的任务就是基于眼前的个案事实根据法律作出裁判，当法律并未提供明确规定的情况下，法官可以根据立法者所铺陈的法秩序之意旨来进行裁判。立法者所铺成的法秩序之旨意往往体现或蕴含在法律文本中，因此，法律解释的对象是法律文本，法律解释的目标就是对法律文本所规定的内容进行更具体的说明，使其能够适用于具体的案件事实。在解释论者看来，无论是根据法律文本原意来解释，还是根据立法者意图来解释，解释过程都毫无疑问地融入了法官的主观意志。正是这种对法官主观意志的释放，赋予了法官对个案具体情形考量的空间，从而保证了个案正义不被淹没在法律的普遍正义之下。但解释方法又将法官主观意志的释放限制在现行法拘束的范围之内，因为现行法律内容始终是法官解释的依据和蓝本。此外，为了更进一步保证法律对法官裁判行为的约束，解释理论还阐发了诸如语法解释（约束在法律规范的词语含义上）、体系解释（约束在相关法律条文的意义关联上）、历史解释（约束在具体的立法者在对有疑问的规范上所遵循的目的上）、目的解释（约束在有疑问的规范中表现出的客观目的上）和合宪解释（约束在宪法的原则性价值判断上）等解释规则。"这类规则指引的法律范围，可能确保减少法官选择的可能性，因而增强法律对他的约束力"，[1]从这个层面来说，解释方法既让个案裁判的正当化成为可能，又保证了现行法秩序的拘束力。然而，解释方法在裁判中的运用也面临着严重挑战。首先，解释方法的运用是以实证法上及理性上的可正当化及二者之间具有的内在联系为前提预设的，但在裁判实践中，还有很多问题从法律文字中不能也不可能找到答案，对于这些问题的裁判需要考量诸如社会伦理和实践理性等超法律之外的因素才能获取，而这单凭对法律文本的解释是无法完成的。因此，单凭解释方法并不能保证法官从现行法中寻找到关于个案的裁判规范。其次，解释建立在理解的基础之上，而"理解经常是评价因素"，[2]总是包含有人的主观性成

---

〔1〕 ［德］阿尔图·考夫曼、温弗里德·哈斯默尔主编：《当代法哲学和法律理论导论》，郑永流译，法律出版社2004年版，第283页。
〔2〕 ［德］卡尔·恩吉施：《法律思维导论》，郑永流译，法律出版社2004年版，第146页。

分。解释方法在裁判中的运用意味着对具体事实行为的推论是通过评价而发生的，既然评价是个人主观性的一种活动，不同的主体对同一行为会产生不同的评价，要证明一种评价比其他评价更适宜作为个案裁判的理由和依据，这不是仅仅依靠对法律文本的解释就能实现的，它还需要以综合诸多因素考量的说理方式来进行。从这个意义上来说，解释方法并不能使法官完全从现行法中找到最为适宜的个案裁判规范。最后，解释规则也不可能保证将法官令人信服地约束在法律之下。在司法裁判实践中，根本没有所谓的解释规则的元规则存在，不同的解释规则通常会产生有关"正确的"规范理解的不同结果，法官可以根据个案具体情况来自由地选择解释方法，[1]因此，解释规则也无法完全保证现行法秩序对法官的有效约束。

法律解释方法所具有的上述缺陷促使论证理论和方法的出现。所谓论证，是指"提出一些似乎可以正当化某项主张，或使其至少看来值得讨论的理由"。[2]在司法过程中，法官所要做的不仅是法律判断，还涉及正义或道德方面的价值判断。在涉及正义或道德的价值评断中，法官如何客观解决立场各异的双方当事人之间的意见冲突问题？显然，这仅凭法官一人依照法律做涵摄推理或独断式的解释是无法进行的，毋宁交给由各方参与的讨论（论辩）来完成。在讨论（论辩）的过程中，各方均可提出一些可以正当化其主张的理由，来克服对方可能提出的反对理由，以达到说服对方的目的。通过各方理由之间的交锋和对比，最后根据理由是否具有合理性来确定裁判结论。

〔1〕 [德] 阿尔图·考夫曼、温弗里德·哈斯默尔主编：《当代法哲学和法律理论导论》，郑永流译，法律出版社2004年版，第283~284页。

〔2〕 [德] 卡尔·拉伦茨：《法学方法论》，陈爱娥译，商务印书馆2003年版，第31页。

相较于解释方法，论证方法的特点在于其更偏重于个案判决结果公正的考量，并为个案正义获致所需的价值评判提供了一条切实可行的路径。然而在司法实践中存在一个常见的事实："法官为了填补既有法律之空缺以及寻求公正的个案裁决，迫不得已会偏离既有法律标准作出裁判。"[1]这一事实对法律论证理论显然提出了一个挑战，即司法裁判的目的在于获取个案判决结果的公正，且个案判决结果公正的获致不仅应考量法律之内的因素，还应考量法律之外的因素，既然作出一个正当的判决还需考量法律之外的因素，那么论证方法如何能做到在获取个案判决结果公正的同时尊重现行法秩序？对此问题，论证理论者认为，如果将现行法秩序视为开放的体系，司法裁判便能做到在获致个案判决结果公正的同时又不违背现行法秩序。在他们看来，现行法秩序虽然是体系性的，为一些典型案件准备好了部分标准，但从各种规范体系的实际情况来看，没有一种体系可以演绎式地支配全部问题，现行法秩序也不例外，因此，现行法秩序必须保持其开放性，只有在开放的法秩序里，法官才能为疑难案件寻找到合适的裁判规范，进而作出合理的司法裁判。将现行法秩序视为开放的结构，不仅使超越法律之外的因素进入司法裁判领域成为合法的正当行为，从而更有利于个案判决结果公正的获致，而且还使个案判决结果公正的获致是以尊重现行法秩序的方式进行，从而弥合了个案正义与法律普遍正义之间的冲突。至于法官在凭借超越法律之外的因素进行裁判时是如何限制自己的任意以免破坏法律的拘束力的，论证理论者认为，虽然法官裁判可以诉诸非法律的标准和理由，但必须对这些标准和理由进行说理。说理即给出理由，给出理由就是推理过程，它可以有效地阻止法官的专断和恣意，以维护现

---

〔1〕　孙海波："越法裁判的可能、形式与根据"，载《东方法学》2019年第5期。

为如工业化生产线上的操作流程，法官仅为操作流程上的一个机器，它在装入案件事实和法律规范之后，便会自动生产出判决结果。然而，伴随着社会的发展和人类对自身活动认识的深入，人们发现，这种企图通过将人异化为机器以促进裁判客观性的设想在现实中越来越行不通，实际的裁判过程并非如工业化生产线上的操作流程，仅仅依照给定的规则经过逻辑演绎便能够得出客观的判决结果，它还包含着人类主体的价值判断。而当裁判不得不容纳价值判断的时候，对裁判客观性的获取便集中到了对价值判断的客观性寻求上。

首先，对于裁判者来说，价值判断的客观性意味着：其一，裁判者必须超越自己的主观偏好，裁判过程应当是非个人化的、不偏不倚的；其二，判决必须从一般性的角度考虑评价或价值问题，并且裁判者除考虑当下判决的可能结果外，还须考量判决对可能出现的同类案件所产生的影响；其三，裁判者必须尊重相关的客观资料，并且在评判资料的相关性和重要性时，还须受一系列职业和学科规则的约束；其四，解释结果不能抵触行业共同体的一般性意见。[1] 由此可见，价值判断的客观性首先意味着排除私人性和情感上的直觉主义，避免价值判断成为个人偏见或主观情感所左右的内心独断。"尽管价值具有主观性，其形成在很大程度上却是基于外在力量的压力。价值，包括那些看起来最个性化的价值，也是社会的产物，集体生活的

---

　　〔1〕 Ota Weinberger, Objectivity and Rationality in Lawyer's Reasoning, ed. in *Theory of Legal Science*, by Aleksander Peczenik etc., D. Reidel Publishing Company, 1983, pp. 217~218. 和 Owen M. Fiss, Objectivity and Interpretation, 34 *Stanford Law Review*, 1982, p. 744, 转引自陈林林：《裁判的进路与方法——司法论证理论导论》，中国政法大学出版社 2007 年版，第 57 页。

产物。"〔1〕价值因与个体情感密切相关而曾被许多人认为是纯粹主观性的东西，由此价值判断也被推定为私人性的内在知觉状态或个人内心的一种独断。然而，从心理学的角度来说，情感的产生必定有刺激来源，它是主体对外界刺激做出的反应，是主体对外界客观事物是否能够满足自己的需要而产生的态度体验，它反映的是外界客观事物和个体需要之间的关系。从发生的角度来看，情感是主体与外在世界相互作用的结果，它不仅和主体的社会性需要紧密相连，还体现在主体社会性的行为之中，因而它的内容是社会性的。情感的这些特征表明价值具有社会认知内容，而非个人性的或非理性的纯主观偏好。作为规范性的价值判断，司法价值判断并不仅是指涉判断者与被判断者之间的关系，还涉及判断者行为对他人判断或行为的要求或指导。要使判断者的价值判断对他人行为产生约束力，价值判断则不能是判断者个人主观偏见的反映。价值的社会性特征，加上司法价值判断的规范性要求，使得司法价值判断在寻求客观性的过程中对私人性和情感直觉性的排除具有可行性和必要性。

其次，价值判断的客观性还意味着价值判断必须以客观事物为基础，尊重客观事实。尽管价值判断是为了阐释社会中人们的愿望，而非事物的自然属性，但是"价值判断是判断主体根据价值主体的需要，衡量价值客体是否满足价值主体的需要，以及在多大程度上满足价值需要的一种判断"。〔2〕可见，价值判断所关注的主体愿望的满足并非是对对象的随意性建构，而是建立在对客观事物或事实尊重的基础之上。因此，价值判断

---

〔1〕 ［美］本杰明·N. 卡多佐：《法律的成长 法律科学的悖论》，董炯、彭冰译，中国法制出版社 2003 年版，第 123 页。

〔2〕 卓泽渊：《法的价值论》，法律出版社 1999 年版，第 616 页。

要遵循评价对象特有的本质、属性和规律，尊重客观事实。在司法裁判中，价值判断的客观性要求裁判者在进行价值评价时必须以案件事实为基础，以对案件事实的客观认识为前提。尽管客观自在的绝对事实在整体上不可能完全把握和还原，人们只能根据相关证据资料在经验感官中构建出适用于法律的事实，但是案件事实所具有的"一经发生就不可改变的性质"和社会关联性决定了其具有超越主体意识的客观实在性。因此，在司法裁判中，裁判者必须以案件事实为基础，以排除主体意识建构的随意性，从而保证价值判断的客观性和个案裁判的公正性。

最后，价值判断的客观性意味着价值判断必须是基于一定的社会公共价值而作出的，具有广泛的社会可接受性。法律规范的有效性要求司法价值判断不能是个人意志的偶然表达，而是主体同相应世界建立合理关系的普遍必然要求。这就意味着价值判断不能立足于个人化的特殊观察结果，而必须对此有所超越，而"一个主观的价值，在某种程度上与社会价值相连，甚或转变为社会价值时，就是现实的，就具有了客观的基础"。[1]因此，价值判断只有从社会公共价值或主流价值出发才能超越个人立场，获取社会的广泛认同。在司法裁判领域，这就要求法官适用的不能是自己的价值标准，而是在阅读社会观念时所揭示的价值标准。[2]价值判断基于社会公共价值而作出，以使其具有广泛的社会可接受性，其对于客观性的意义在于，一方面能使公共意志抵制个人意志，以约束裁判者的主观任意；另一方面，也使价值判断的客观性有了衡量标准，广泛

---

〔1〕 Wilbur Marshal Urban, *Valuation*, *Its Nature and Laws*, Kessinger Publishing，1909, p. 388, 转引自［美］本杰明·N. 卡多佐：《法律的成长 法律科学的悖论》，董炯、彭冰译，中国法制出版社2003年版，第124页。

〔2〕 ［美］本杰明·N. 卡多佐：《法律的成长 法律科学的悖论》，董炯、彭冰译，中国法制出版社2003年版，第125页。

的社会认同意味着主体间的认同，而"主体间的认同则是客观性的标志"。[1]在此要特别指出的是，广泛的社会认同并不等于要求一种价值判断具有绝对意义上的普遍性，而恰恰相反，它是具有场域依存性的。一方面，从价值的本源来看，价值源于情感，而情感最主要的来源是兴趣和欲望，但无论是兴趣还是欲望，都是在具体情境有"问题"时才会出现的，也就是说，在经验事实中，如果脱离了特定的产生背景是无法谈论兴趣和欲望的，因此，与情感密切相关的价值判断也必须放在具体情境中才能得以考察。另一方面，从价值的特性来看，价值具有多样性特征，不同的民族、不同的社群拥有不同的文化认同和价值观念，即使他们"拥有可以相互翻译的正义、勇敢、善良等道德评价的语词，但是却可以拥有完全不同的正义、勇敢、善良的内涵。真正有意义的不是那些抽象的道德评价词，而是背后有着特定社会历史基础的内涵"。[2]因此，价值判断不可能脱离具体情境来抽象地探究，而只能结合"地方性知识"才能得以妥善对待。

二、获取价值判断客观性的内在理路

无论是排除私人性和具有广泛的社会可接受性，还是以客观事实为基础，价值判断的客观性问题本身是针对主观心理意识而言的，客观性的目的不是对外在事实的印证和对事物原貌的再现，而是在于排除认识上的主观偏见，保证主体之间对同一个对象的观点或意见达成一致。在寻求这种观念和意见领域的客观性时，价值判断的主体不可避免地具有主导性地位，人

〔1〕 ［美］鲍斯特玛："适于法律的客观性"，载 ［美］布赖恩·莱特编：《法律和道德领域的客观性》，高中等译，中国政法大学出版社2007年版，第117页。
〔2〕 蔡琳：《裁判合理性理论研究》，法律出版社2009年版，第251页。

之主体性因素随之也突显出来，正因为此，价值判断也会遭遇人之主观任意，从而影响价值判断的客观性。故此，价值判断客观性寻求的关键在于允许裁判者发挥主观性的同时还必须有效限制其主观上的任意。一直以来，在允许裁判者进行主观创造性的同时更有效地限制其恣意以保证价值判断的客观性，始终是司法价值判断所遵循的内在理路。

那么，该如何限制裁判者恣意以保证价值判断的客观性？对此问题，传统方法一般从笛卡尔的"我思"观念出发，分别从主客体二分维度来探究限制主体恣意的路径。笛卡尔的"我思"从个人主义出发，将"他思"排除在价值判断的范畴之外，认为价值判断完全是"我思"的结果，[1]是主体"我"内心的一种省思。以笛卡尔的"我思"观念为基础，传统裁判理论也将价值判断看成是主体内心的一种独断，且这种内心独断的过程是一个"暗箱"，外界无人知晓。因此，对于限制主体恣意的路径，从主体维度来看，只能从外在制度上来保证裁判者的良心和理性能在"内心独断"时占据心理主导地位，以保证价值判断的客观性。在这种思路的指导下，裁判实践中便出现了诸如司法独立、价值中立以及法官职业伦理制度等各种规范和约束裁判者行为的司法制度、原则和标准，以从外部条件上来约束和限制裁判者恣意；从客体维度来看，则出现了各种保证案件事实客观再现的证据诉讼制度，来限制裁判者的主观随意。

裁判理论和方法为规范裁判者行为设置了多重制度和标准，且这些制度和标准对约束裁判者恣意以保证价值判断的客观性具有重要意义，然而它们对于限制裁判者恣意和保证价值判断的客观性都只具有外部功效，无法从根本上对裁判者的心理恣

---

[1] 参见陈郭华："价值判断是不可证实的吗？"，复旦大学2006年博士学位论文，第32~34页。

意进行约束。为了从根本上限制裁判者恣意，获取价值判断的客观性，应放弃笛卡尔的"我思"观念，引入"他思"视角，即将"我思"视角下价值判断上的"独断性"置换成"我思"与"他思"之间在价值判断上的"可沟通性"。在司法裁判中，就是放弃法官独白式的裁判模式，引入论辩，让多方主体参与到裁判中来，通过他们之间的公开论辩和对话来寻求价值判断的客观性。在这个公开论辩和对话的过程中，各方主体提出与命题相关联的论据或理由来证明自己判断的正确性。于是，论辩使得价值判断以公开的形式展开，而给出理由便成了公开论辩的关键。给出理由，并且给出的理由得到清晰的表达和公开的评价，这是排除专断、限制恣意最有效的方法和途径。由此，论辩便可从根本上避免独白式法官在面对价值判断时仅凭良心和理性的心理独白而可能出现的主观任意和武断。

三、价值判断的客观性与个案正义的逻辑关联

价值判断客观性的目的在于排除认识上的主观任意，以使主体之间对同一事物的观点或意见达成共识。为了排除任意从而达成共识，价值判断必须有充足的理由支持，并且这些理由能够得到清晰的表达和公开的评价。而当一个有理性和有能力的人在一个完全公开的讨论过程中，对某个判断进行了清晰的表达和评价，综合了各种原因，形成了自己的观点，并且这些原因和观点最大化地支持了该判断，那么该判断就是正确的。[1] 由此可见，通过排除任意和达成共识所获取的价值判断的客观性是以正确性为依据和目标的，这种正确性一方面要求结论能够得到理由的支持，另一方面要求理由的提出是在公开

---

〔1〕 ［美］鲍斯特玛："适于法律的客观性"，载［美］布赖恩·莱特编：《法律和道德领域的客观性》，高中等译，中国政法大学出版社 2007 年版，第 126 页。

状态下进行的。

个案正义既要求裁判实现个案判决结果的公正，又要求尊重现行法秩序。个案判决结果的公正要求意味着个案裁判包含了对法的正确性诉求，法的正确性诉求又包含了对道德正确性的诉求，[1]而道德的正确性诉求离不开价值判断，因此，法的正确性取决于价值判断的客观性。"法的正确性"不是传统法学认识论中的法律真理观，即主张法律的绝对唯一正确性，而是对法律真理观的弱化。[2]这种真理弱化意义上的正确性包含着多重尺度，其中蕴含着正义和法的合目的性等，但就裁判而言，正确性意味着正当性证立（justifiability）。[3]正确性诉求强调所有的裁判参与主体都有权利提出一种主张，并且在提出主张的同时必须提供证立该主张正确性的理由。可见，正确性取决于可用于证立的理由，理由为正确性提供担保。经由对正确性的担保，"理由"也实现了对合理性的保证。正因为此，哈贝马斯将命题的"正确性"总结为由好的理由所支持的可接受性。[4]

价值判断的正确性是价值判断客观性的依据和目标，而个案正义所要求的判决结果的公正又取决于价值判断的正确性。由此推论，在价值判断层面，以正确性为依据和目标的客观性寻求是实现包含正确性诉求的个案正义的可靠路径。如果说"正确性"只是在理论上反映了客观性与个案正义的内在关联，那么"理由"则在方法层面阐释了以客观性实现个案正义的可

---

〔1〕 参见［德］罗伯特·阿列克西："法律的双重性质"，张霄爽译，载《中外法学》2010年第3期，第342页。

〔2〕 参见刘兵："作为修辞的法律——法律的修辞性质与方法研究"，中国政法大学2011年博士学位论文，第17页。

〔3〕 参见［德］阿列克西：《法：作为理性的制度化》，雷磊编译，中国法制出版社2012年，第3页。

〔4〕 ［德］哈贝马斯：《在事实与规范之间：关于法律和民主法治国的商谈理论》，童世骏译，生活·读书·新知三联书店2003年版，第278页。

行性。在价值判断的客观性寻求上，价值判断的正确性与否取决于是否"给出理由"以及给出理由的公开性，也就是说，在客观性寻求的过程中，给出理由以及理由的公开性更多是为了排除专断和限制任意，主要是针对客观性寻求的过程而言的，从这个角度来看，"理由"对正确性主要担负过程性证明作用。不过，对价值判断主体的特质限定（上文所述的有理性和有能力的）以及"给出理由"的公开性要求足以保证所给出的理由为"好的理由"。因此，在价值判断的客观性寻求上，"理由"既保证了推理过程的可靠性，又被赋予了价值意义上的正当性，从而对正确性形成了形式和实质意义上的双重担保。而在个案正义的寻求上，价值判断正确性与否取决于理由的品质，正确性意味着好的理由，"理由"为正确性提供了实质意义上的担保。既然在价值判断的客观性寻求上，理由对正确性形成形式和实质意义上的双重担保，而在个案正义的寻求上，价值判断的正确性也需理由来保证，那么经由"给出理由"，通过价值判断的客观性寻求足以保证个案正义寻求中对法的正确性诉求的实现。

在司法裁判中，为了获取价值判断的客观性和正确性，所给出的"理由"不仅相对于个案判决来说必须真实有效，立论充分，还得相对于现行法律秩序来说具有合法性，即理由必须比它所解释或论证的判决结果更具法律上的一般性。[1] 换言之，在个案适用上，所给出的理由与判决结论在实质意义上必须具有充分的支持关系，而在法律形式上，所给出的理由必须能够从法律体系或命题中找到依据。在价值判断客观性寻求的过程中，"给出理由"既能保证个案判决结果的公正，又能保证

---

〔1〕 See Frederick Schauer, Giving Reason, 47 *Stanford Law Review*, 1995, p. 635.

公正的个案判决是在尊重现行法律秩序的前提下作出的，由此可见，价值判断的客观性寻求是实现个案正义的可靠路径。

第三节　寻求个案正义的既有进路

个案正义要求法官以尊重现行法秩序的方式来获致个案判决结果的公正，一方面，获致个案判决结果公正所需要的价值判断要求法官主观能动性的发挥；另一方面，尊重现行法秩序的要求又需将法官主观能动性的发挥约束在现行法秩序的限度之内。于是，如何恰当地发挥法官的主观能动性而又能限制主体恣意便成为解决个案正义问题的关键和核心。从裁判理论和实践的发展历程来看，从"机械司法"的桎梏中摆脱出来的法官分别从现实主义法学、哈特的自由裁量权理论和法律诠释学等那里为自己的"权力解放"找到了观点支撑。虽然这些理论为法官主观能动性的释放提供了不同的理论依据，但它们在法官的主观能动性发挥与约束之间未能实现良好的平衡，致使其在解决个案正义问题上总是顾此失彼：要么忽视个案判决结果的公正，要么难以保证现行法秩序的约束。为了避免这些理论的缺陷和片面性，德沃金提出了"整体性司法原则"。德沃金的整体性司法原则超越了前面的各种理论，对于个案正义的寻求具有重要的启示意义，但其中法官独白式视角能否完成其所说的整体性诠释的任务，仍然是值得怀疑的。本节将对既有的各种理论进路进行细致分析，以充分展示它们对于实现个案正义所具有的优势和缺陷。在此要特别交代的是，虽然我国根据自己的司法实践也提出了寻求个案正义的各种方法和进路，但从思想渊源上来看总体上并未超越上述所及各种理论学说的范畴，因此，为了避免重复，针对我国所提的各种方法和进路，本书只对司法界提出的法律效果和社会效果统一论、司法能动观及案例指导制度进行审视和反思。

一、法律现实主义的"法官中心"论

近代西方在法律形式主义思潮的影响下，"某特定国家及阶段的实在法被视为一个体现于法典中的自足的整体"，[1]该整体能为社会生活中的各种纠纷提供无尽的裁判依据，法官裁判只需根据案件事实，从现存的法律体系中找到正确的法律条款，然后以逻辑涵摄方式得出法律结果就行了。法律现实主义对法律形式主义所倡导的这种"售货机"式的裁判模式进行了猛烈的批评，认为其夸大了法律形式理性的作用，过于强调逻辑的力量，将法律推理过程完全技术化，忽略了法律所担负的社会责任和历史使命，严重割裂了法律与社会、法律与现实之间的联系。并且这种裁判模式严重忽视了法官的能动作用，否定了司法的造法功能。

针对法律形式主义的这些弊病，法律现实主义提出了以法官为中心的法律理论。他们指出，法律与社会现实密切相关，故应强调法的社会目的性，强调法和社会的不断变化。而法与社会现实连接的纽带在于法官，法官应充分发挥自己的主观能动性，以使法律顺应社会变迁和现实需求。具体到裁判实践中，法官应该根据与个案相关的各种情境的现实因素来裁决案件，而不是根据法律规则对案件的逻辑涵摄关系来进行判决。霍姆斯说，"法律的生命不在于逻辑，而在于经验"，[2]"法律事实

---

〔1〕 韩世远："论中国民法的现代化"，载《法学研究》1995 年第4 期，第28 页。

〔2〕 Holmes, *The Common Law*, Boston, 1923. p. 1.

上就是对法院事实上做什么的预测".〔1〕在他看来,法官判决首先并非是根据法律,而是以他们在具体案件事实上根据经验所形成"公正"感觉为基础;法律与其说是白纸黑字的法条,还不如说是对法官将如何裁判案件的预测。弗兰克把霍姆斯的观点推向了极端,他提出,法律不是固定的规则,而是法官的行为;法律不是一个规则体系,而是一批"事实",法官通常是通过感觉而不是判断来判决的。在裁判的过程中,除了规则和原则在刺激着法官的感觉外,法官的性情、偏见和习惯都会影响判决的作出。总之,在法律现实主义看来,法官裁判并不以法律规范为指导,而是依据各种观念或直觉来进行,并不存在一种东西能够约束法官作出"唯一正确"的判决,法官可以在自己意志的支配下作出多种判决。

"法官往往可以根据自己的政治或道德偏好来决定案件,然后选择合适的法律规则来合理化自己的行为",〔2〕这种无视法律的存在而将裁判过程视为法官主观因素和社会现实因素共同作用过程的观点,显然使法律的拘束力变得毫无意义。而它对法官在自由意志支配下随意判决的肯定,实际上是对判决正确性预设的否定,从而也否定个案正义裁判存在的可能性。既否定了法律的拘束力,也否定了个案正义裁判存在的可能性,在解决个案正义问题上,法律现实主义的"法官中心论"无疑会使人们走向歧途。

---

〔1〕　张文显:《二十世纪西方法哲学思潮研究》,法律出版社 1996 年版,第136 页。

〔2〕　Ronald Dworkin, *Taking Rights Seriously*3 (1977),转引自 Brian Leiter, Rethinking Legal Realism: Toward a Naturalized Jurisprudence, *Texas Law Review*, Volume 76, 1997.

二、哈特的自由裁量权理论

法律现实主义"法官中心论"所蕴含的极端自由裁量权观点遭到分析实证主义法学派学者哈特的抵制。哈特提出，法律的基本要素是规则，法律是主要规则和次要规则的结合，这种结合居于法律制度的核心，能够解释法律的很多问题，但不是全部。由于语言本身具有模糊性，由语言构成的法律规则也具有模糊性，这种模糊性导致法律规则存在"空缺结构"，从而不能为所有案件判决提供答案。在法律规则存有"空缺结构"时，法官是可以行使自由裁量权来弥补法律的漏洞和缺陷的。哈特承认了自由裁量权存在的合理性，但为了防止法官的任意行使，他对其做了严格限制。他说，在词语的开放结构处，没有唯一正确的答案，法官必须行使自由裁量权；但在词语的一般核心地带处，规则的适用是自动的，法官不能进行自由裁量。[1]

从哈特的观点可以看出，他所主张的自由裁量权是在保留了法律普遍规范性前提下的自由裁量权，因为，相对于规则的"空缺结构"，规则的意义"内核"十分明确，足以限制法官的自由裁量权。[2]因此，他的自由裁量权主张似乎既保证了法官在面对规则"空缺结构"时能够发挥其主观能动性，以获取公正的判决，又能使法官主观能动性的发挥在法律限度内进行，以保证法律对法官的约束。但哈特的法律规则理论并不能确保法官在自由裁量时不陷入司法恣意，从而难以确保案件裁判的

---

〔1〕 参见［英］H. L. A. 哈特：《法律的概念》（第2版），许家馨、李冠宜译，法律出版社2006年版，第130页。
〔2〕 参见［英］H. L. A. 哈特：《法律的概念》（第2版），许家馨、李冠宜译，法律出版社2006年版，第140页。

正义。而他赋予法官法律空缺结构时的自由裁量权无疑也会导致法律约束力的毁损，因为他"把诠释法律规范的必要性归结为自然语言的根本上开放的结构所引起的，并且得出了抉择主义的结论。只要现行规范不足以对案件做出精确说明，法官就必须根据他们自己的自由裁量来进行判决。法官用法律外的偏好来填补他们的自由裁量空间，并且在必要时，运用不再出法律权威覆盖的道德标准来确定其判决的方向"。[1]

三、法律诠释学的"前理解"观点

法律现实主义将法律视为"法官的行为"，否定了法律的确定性；以哈特理论为代表的分析实证主义偏重于法律的确定性，而将法律的正确性要求置于次要地位。这两种理论在法的确定性与正确性问题处理上的顾此失彼，致使它们都难以保证个案正义的实现。从根本上看，造成这两种理论如此缺陷的原因在于它们都对规范和事实进行了区分，只不过法律现实主义认为裁判应从事实出发，主张规范顺应事实，而分析实证主义认为裁判应从规范出发，主张事实应服从规范。法律诠释学则试图冲破规范与事实的二分，提出裁判活动的起点既不是规范也不是事实，而是一种"前理解"或"理解的先前结构"。

诠释学被称为是"解释和理解的学问"，它试图通过研究和分析理解的基本条件以找出人的经验世界，从而发现人类与世界的根本关系。诠释学认为，"真正的历史对象根本就不是对象，而是自己和他者的统一体，或一种关系，在这种关系中同

---

〔1〕〔德〕哈贝马斯：《在事实与规范之间：关于法律和民主法治国的商谈理论》，童世骏译，生活·读书·新知三联书店 2003 年版，第 250~251 页。

时存在着历史的实在以及历史理解的实在"。[1] 由此可见，诠释学摈弃了认识世界的主客体图示，主张通过理解来实现"自己和他者的统一"。在诠释学看来，理解不是一种主体性的行为，而是置身于传统过程中的行动，在这个过程中过去和现在经常地得以中介，因此，一切诠释学条件中最首要的条件是前理解，正是这种前理解规定了什么可以作为统一的意义被实现，并从而规定了对完全性的先把握的应用。[2] 受哲学解释学的影响，法律诠释学认为，裁判活动不是法官以规范为出发点或以事实为出发点来寻求规范和事实之间的主客观对应，而是"目光在规范与事实之间不断往返流转"，[3] 以实现规范与事实之间的诠释性统一。也就是说，裁判实践中的案件事实不是客观的事实，而是经过法律规范甚至法律文化选择过的事实，这种事实已经带上了裁判者对于给定案件事实的"前有、前见和前把握"。更进一步地说，建立规范和事实之间联系的出发点不是理性，而是先于法官的"前理解"。所谓"前理解"，是指法官在进入裁判之前就已经具有的对理解法律规范和案件事实有着导向作用的文化、历史、情感、经验、思维方式和价值观念等因素的综合。从这种事先具有导向作用的因素出发之后，法官才能出于法律的逻辑将法律规范和案件事实关联起来。前理解在法律诠释学中的运用书是讲，法官不是出于规范的考虑，也不是出于事实的考虑，而是出于从"前理解"出发对法律与事实之间相互诠释的考虑来作出判决的。

---

〔1〕［德］汉斯-格奥尔格·加达默尔：《真理与方法——哲学诠释学的基本特征》（上卷），洪汉鼎译，上海译文出版社1999年版，第8页。

〔2〕［德］汉斯-格奥尔格·加达默尔：《真理与方法——哲学诠释学的基本特征》（上卷），洪汉鼎译，上海译文出版社1999年版，第7页。

〔3〕［德］卡尔·恩吉施：《法律思维导论》，郑永流译，法律出版社2004年版，第78页。

法律诠释学诉诸"前理解"来解决判决的正确性和判决之规范有效性问题，然而，它能否兼顾判决的正确性和判决之规范的有效性呢？哈贝马斯指出，"法律诠释学之所以在法律理论中有一个独特的地位，是因为它通过以情境主义的方式把理性置入历史的传统关联之中来解决个案正义问题。根据这种解决方案，法律的前理解受到一种伦理传统情境之传统主题的影响。这种前理解根据得到历史确证的种种原则来协调规范和事态之间的相互关联"。[1]"前理解"赋予了法官进行情境主义思考的立场和视角，从而使得法律诠释学在保证判决的实质正义方面具有独特的优势。然而，就判决的正确性而言，仅凭法官一人的"前理解"并不能杜绝法官的任意和武断，从而无法充分保证判决的可接受性。而就判决之规范的有效性而言，"前理解"并没有为人们提供一个令人信服的基础，因为"对一个人来说作为一种被历史做确证的传统主题而有效的东西，对另一个人来说却是一种意识形态，或一种纯粹的偏见"。[2]由此可见，法律诠释学在解决个案正义问题上依然存在一定的缺陷。

四、德沃金整体性司法原则

面对法律现实主义、以哈特为代表的法律分析实证主义和法律诠释学在解决个案正义问题上的缺陷，德沃金提出了整体性司法原则，以超越这三种理论。他不同意法律现实主义无视法律自身内部确定性的观点，也不同意哈特自由裁量权理论漠视法律之外的原则、背景和情境的观点，对于法律诠释学的

---

〔1〕［德］哈贝马斯：《在事实与规范之间：关于法律和民主法治国的商谈理论》，童世骏译，生活·读书·新知三联书店2003年版，第247页。

〔2〕［德］哈贝马斯：《在事实与规范之间：关于法律和民主法治国的商谈理论》，童世骏译，生活·读书·新知三联书店2003年版，第247页。

"前理解"观点进行了吸收并做了更加灵活的理解，使得"前理解"能够作为反思的对象得到法官的重构。基于此，他的整体性司法原则可以表述为：法律体系是由规则、原则、政策和其他标准组成的完整系统，而"作为整体性的法律"要求"建构性的解释"，即法官在进行司法推理时"不能仅仅停留在证明法律与社会实践之间的联系上，而是必须继续审查与批评社会实践，以反对牢固的独立标准和观点"，[1]以此来获得对案件裁判的"唯一正解"。

德沃金提出了独具特色的自由裁量观。他区分出两种意义上的自由裁量权：弱式自由裁量和强式自由裁量。前者是指在一定标准限定内的裁量，如当官员不能机械地将某一标准适用于某个具体情况时，他必须运用判断力，或者对于作出一个决定而言，官员享有即使是上级官员也不能干涉的最终权力。这种弱式裁量在法律中经常出现，对于普通案件，法官们一般都能在法律规定的范围内进行恰当的裁判。强式自由裁量是指官员不受一定标准约束而进行的裁量，如在法律实证主义者眼里，对于疑难案件，法官享有不受任何规则约束的裁量。德沃金认为，弱式自由裁量的存在及其必要性是毫无疑问的，但强式自由裁量已经不是自由裁量，而是恣意了。为了限制法官在"规则空缺"时可能出现的恣意，他建议在规则穷尽的时候，法官可以通过原则、政策或其他标准来裁判。在他看来，法律除了规则之外，还有政策和原则，政策和原则足以弥补规则的局限，从而不会让任何案件结果空缺。

德沃金非常强调法律原则的作用，他认为当一个案件没有可以适用的规则时，法官必须寻找某种道德理论，借从其中导

---

〔1〕［美］罗纳德·德沃金：《认真对待权利》，信春鹰、吴玉章译，中国大百科全书出版社1998年版，第27页。

出的原则来作出判决。当然，道德理论并非是法官凭一己好恶随意选择的，也不是法官个人的道德原则，而是法制一向秉持的原则，是早已制度化纳入法律体系的价值。在德沃金看来，原则之所以会成为法律的一部分，并且具有拘束力，并不是因为这些原则如实证法所主张的那样，是由立法者所发布或被法官所采纳的，而是因为它们来源于具有普遍可接受性的道德原则，由此，判决正当与否是由道德价值判断所决定的。而在司法裁判的过程中，为了获取裁判的正当化，法官必须进行"建构性解释"，即根据以往对法律实践特点的理解，建构出一套能为整体法律实践提供道德上最佳证立的原则，并根据这些原则来判断裁判正当与否。但不同法官对法律实践特点的信念不同，对正义的理解也不一样，因此，对一个裁判是否能够在道德上证明其正当性，往往存在争议。如何在争议中获得一个一致认同的裁判结论？对此问题，德沃金认为，一些共享的价值或信念会调和这些争议，协力促成同一结论出现。为了增强人们对同一结论获取的信念，他预设司法裁判存在"唯一正解"。德沃金通过将原则引入到法律体系来解决裁判的正当性问题和法律对法官的约束问题：在裁判的正当性方面，他通过引入原则概念将法律与道德联系起来，使得司法裁判从道德原则中来获取正当性；在法律对法官的约束方面，他抛弃了法律实证主义所秉持的法官对于疑难案件的裁判享有不受规则约束的自由裁量观念，主张在规则空缺时，原则、政策和其他标准对法官裁判也具有约束力。

　　尽管德沃金的整体性司法原则具有某种程度的超越性，但对于解决个案正义问题，他的理论仍存在一定的缺陷。德沃金坚称个案判决的公正取决于道德，道德对于法律的渗透主要是通过法律原则来实现的。而在一个道德多元的社会，哪一种道德理论才能被转译为法律原则来作为裁判的理由和依据？他认为，当疑难案件可以被多个道德理论解释得通的时候，法官可以依照自己的意思从中选择自己认为最佳的道德理论来导出价值原则以作出判决。德沃金将道德选择的重任交由法官一人来完成，认为法官由于其专业知识技能和个人德行理所当然地有资格作为公民的代表来表述普遍公共的道德，这显然赋予了法官过高的期望，众所周知，道德论证只能建立在一种可普遍性的原则基础之上，在一个开放的社会，这无疑需要公众或多方主体参与公开论辩才能进行，任何单个的主体在做道德声称时都不免会陷入一种主观武断。而为了避免道德对法律的渗透有可能引起法律体系确定性的丧失，德沃金设想了整体性解释的司法原则，并将能够进行整体性解释司法的希望也寄托在法官（且是全知全能的赫拉克勒斯式法官）一人身上。他相信，只有赫拉克勒斯式法官根据自己对道德原则的理解，完美地对现行法律进行整体性建构解释，才能完成对案件公正判决的重任。然而，德沃金所预设的全知全能的赫拉克勒斯式法官，是一个上帝般的人物，这在现实生活中是不存在的，因此他的法官独白式的裁判思维只是创造了一个听诉判决活动的理想典型，并不具有实践意义和现实可行性。

五、法律效果与社会效果统一论

在学术界对如何实现个案正义问题进行热烈探讨的同时，我国司法界也基于自身裁判实践的需求提出了各种寻求个案正义的进路和方法。1999 年，最高人民法院提出了司法要实现法律效果与社会效果统一的司法政策。所谓法律效果与社会效果的统一是指"将法律效果与社会效果有机结合起来，强调法律适用中的社会价值考量"。[1]应当说，这一司法政策的提出顺应了"当今社会经济关系的高度复杂化和极强的变动性"，捕捉到了法律的滞后性与社会发展之间的矛盾。然而，对于如何实现"法律效果与社会效果的统一"这一问题，孔祥俊在肯定依规则裁判重要性的基础上，提出了"社会效果是举足轻重的评价尺度"。具体而言，就是"以法律的'确定性、统一性、秩序和连贯性'为基本价值"，当"社会效果具有更大的价值时，对法律规范进行适当的变通或者背离，而不刻板地执行法律"，法律解释方法是实现法律变通的具体方式和手段。[2]而在把社会效果作为评价尺度时，孔祥俊指出"社会效果的判断必须具有客观性"，"否则社会效果就会成为司法者玩弄法律游戏的工具"。[3]

　　由上述可知，法律效果与社会效果统一的关键在于作为评价尺度的社会效果如何获得客观性。然而对于如何获得社会效果的客观性问题，我国在提出"两个效果统一"的司法政策时并未提供具体的操作方法，而是交由法官根据具体情况来处理。虽然这种统一论表达了司法的良好愿望，但在社会实际中很容易出现"以'社会效果'的名义塞入个人的或者政治上的某种要求"，[4]从而对个案正义的实现并无助益。毋庸置疑，法官在整个裁判中居于主导地位，司法裁判最终要靠法官来决断，然而要想获得社会效果的客观性，必须在法官判断与大众判断之间建立一个沟通机制，通过两者之间的沟通来达成社会效果评

---

〔1〕　孔祥俊："论法律效果与社会效果的统一——一项基本司法政策的法理分析"，载《法律适用》2005年第1期，第26页。
〔2〕　孔祥俊："论法律效果与社会效果的统一——一项基本司法政策的法理分析"，载《法律适用》2005年第1期，第29~31页。
〔3〕　孔祥俊："论法律效果与社会效果的统一——一项基本司法政策的法理分析"，载《法律适用》2005年第1期，第29页。
〔4〕　陈金钊："被社会效果所异化的法律效果及其克服——对两个效果统一论的反思"，载《东方法学》2012年第6期，第46页。

价上的一致。毕竟社会效果本身必须在社会共识下才能产生，[1]相应地，社会效果的客观性也必须通过公众理性论辩才能获得。但是"统一"论却将这一任务交由法官一人来进行，凭借法官内心的良心和理性来完成，这从人性角度上来说本身就是不可靠的，而在我国目前法官素养还不够高，司法独立制度还不够健全的背景下，这一进路则更容易为法官恣意和司法专断提供契机。由此可见，法律效果与社会效果统一的司法政策对于如何解决社会效果客观性问题并未获得有效的解决途径，而是将此问题"打包"给法官一人来承担，单靠法官个体化的领悟和渗透来决断何为社会效果，然后以此来替代法律效果。这一进路和方法在社会效果缺乏客观性证立的条件下将其用来充当法律效果，会非常轻易地破坏法律的确定性，另一方面法律的正确性也会因法官恣意和专断空间没有得到方法上的规制而无法得到有效保障，从而使得统一论在实践操作上对于个案正义的实现并无太大助益。

六、司法能动观

除了法律效果与社会效果统一论外，司法界还提出了司法能动观来作为寻求个案正义的一种进路。作为司法裁判的一种态度、方式或立场，司法能动于 20 世纪 50 年代在美国出现，它"是对美国法院尤其是美国联邦最高法院在司法审查过程中所选择的积极制衡立法或行政行为的司法哲学的概称"，[2]其基本涵

---

〔1〕 吕忠梅："论实现法律效果和社会效果的有机统一"，载《人民法院报》2008 年 11 月 4 日。

〔2〕 刘练军："比较法视野下的司法能动"，载《法商研究》2011 年第 3 期，第 23 页。

义为：法官可以根据自己对公共政策的理解来作出判决，[1]通过坚持此种裁判态度、方式和立场，有利于发现法律是否违宪或判决是否遵循先例。在美国的司法实践中，通常"只有在司法诉讼过程中启动了司法审查，司法能动才有用武之地，并最终产生违宪无效之判决结果"。[2]也就是说，当依照已有成文法或司法先例来进行司法裁判会出现个案判决不公正时，法官可以基于自己对公共政策的理解来作出判决，而为了保证现行法秩序的约束力，他们通常会从宪法或自然法角度来进行正当性和合法性论证，以此来替代既有成文法或司法先例的作用。从裁判视角来看，司法能动观注意到了法律的确定性和正确性之间的张力，并赋予法官自由裁量权来处理两者之间的关系。在法律的正确性诉求上，司法能动观将希望寄托于法官对公共政策、宪法或自然法理念的理解上，而在法律的确定性诉求上，它则将希望寄托在宪法这一"绝对命令"对整个现行法秩序统领的效力地位之上。由此可见，无论是对法律的正确性诉求，还是对法律的确定性诉求，美国语境下的司法能动其实将希望都寄托在法官对于宪法的理解之上。虽然其司法独立制度及法官遴选制度在一定程度上保证了法官对于宪法理解的客观性和正确性，但将宪法理解的客观性和正确性完全寄托在司法独立制度和法官遴选制度下形成的法官素养上，显然并不十分可靠。宪法作为类似于自然法的"绝对理念"，对它的理解就是一种道德评判和价值判断，而道德评判和价值判断的主观性决定了单靠法官一人的良心和理性来对宪法进行理解不免会陷入主观武

---

[1]　Bryan A. Garner eds. , *Black's Law Dictionary*, The ninth edition, West/Thomson Reuters, 2009, p. 922.
[2]　刘练军："比较法视野下的司法能动"，载《法商研究》2011 年第 3 期，第 25 页。

断的境地。在此种情形下，即使是法官精英的素养也无法充分保证对宪法理解的客观性和正确性。从这个层面来看，法官通过司法能动所获得的判决之所以具有正确性，并不全在于法官对宪法做出了客观和正确的理解，很大一部分原因则在于司法独立制度赋予了法官权威的地位。

随着 2008 年全球金融危机的爆发，美国司法能动的概念被引入中国。2009 年，时任最高人民法院院长的王胜俊大法官在调研时提出了"司法能动"的司法理念。自此之后，我国司法进入到了"能动"新时代。与美国宪法审查语境下的司法能动不同，我国的司法能动在本质上是一种社会治理方式，司法主体是党领导下的国家审判机关，司法权属于至关重要的执政权，[1]司法的主要任务在于通过主动性来服务国家大局，以促进司法裁判实现法律效果与社会效果的统一。因此，从实际情况来看，我国司法能动已经突破了司法裁判的意义，而更多具有了政治和社会治理的功能。此种语境下的司法能动能够提升民众对于司法的信任，从而也更有利于个案纠纷的处理和社会矛盾的化解。然而，从裁判视角来看，这种司法能动在个案正义寻求上仍然存在一定的问题。一方面，我国在法律传统上对个案纠纷的处理向来以纠纷背后的全部问题解决为目标，只有把关涉个案的全部事情处理妥当才能达到"案结事了"的效果，这就意味着虽然司法能动的引入要求法官在遵守法律的前提下进行"能动"司法，但是法官裁判要想达到"案结事了"的效果，他必须考虑关涉个案的所有现实要素，而非仅仅是法律要素，这自然会导致法官在进行裁判时经常会超越法律的约束，而更倾向于从社会综合的角度考虑来做出判决。以逻辑为基础

---

〔1〕 公丕祥："坚持司法能动　依法服务大局——对江苏法院金融危机司法应对工作的初步总结与思考"，载《法律适用》2009 年第 11 期，第 3 页。

的法律是以对错为基本判断标准的，法官超越法律的约束而过多从社会综合角度对个案所做的考察通常会对法律行为的是非对错和案件事实进行模糊化处理，从而导致其所做出的判决并不能充分尊重事物本身的事理，由此个案裁判的公正也就难以真正实现。另一方面，司法能动强调司法的政治功能，这使得司法在"能动"时不免会出现一定程度的偏向，偏向于从政治角度来考虑裁判结果。当法官过多偏向于从政治角度考虑案件裁判时，这不仅为立法权和行政权干预司法提供了契机，这种偏向本身也损害了司法裁判的公正性。总而言之，我国司法能动虽然在很大程度上发挥了社会安抚的功能，但由于司法能动超越了司法权应有的界限，从而导致其在个案正义的寻求上既不能保证个案判决结果的公正，也不能保证现行法秩序的约束。

　　综上所述，虽然美国的司法能动和我国的司法能动在内涵和适用语境上均存在一定的差异，但在寻求个案正义的进路上是相同的，即都将个案裁判正义的希望寄托在法官一人身上，只是法官"能动"的权限范围有所差异。美国的司法能动是将司法权置于与立法权和行政权相抗衡的地位来要求赋予司法"能动"的，法官"能动"并未超越其司法权限；而我国的司法能动则是将司法置于立法权和行政权"帮手"的地位，法官"能动"超越了司法权。在宪法审查的语境之下，美国依托法官对宪法精神或正义观念的理解来获取个案正义，这虽然在一定程度上能够保证判决的公正性，但仍给法官恣意和任性留下了空间。我国的司法能动则要求法官超越司法权来"能动"，一方面，法官"能动"范围过大，必然为法官恣意和任性创造契机；另一方面，在司法独立相对薄弱及司法权具有天然消极性的背景下，这种"能动"其实为法官受制于立法和行政提供了机会。因此，通过这种司法能动来寻求个案正义是难以实现的。

七、案例指导制度

2010 年，最高人民法院法颁布了《关于案例指导工作的规定》（以下简称为《规定》），明确要求各级人民法院审判类似案例时应该参照最高人民法院发布的指导性案例，自此标志着案例指导制度在我国正式启动。我国设立案例指导制度的目标在于统一法律适用标准，监督和控制法官自由裁量权，这与此前旨在发挥法官能动性的"法律效果与社会效果相统一"的司法政策和司法能动的司法理念是大相径庭的。在我国司法传统下，单从政策和理念层面来提出一种司法倾向，很容易走向治理技术的贫困，从而最终导致所提出的司法政策和司法理念流于虚无或被歪曲执行。无论是法律效果与社会效果相统一的司法政策，还是司法能动的司法理念，它们在一定程度上对公正裁判确实发挥了积极作用，但是由于缺乏具体技术和方法的支持，这种积极作用的出现高度依赖法官个体的修养和品行，具有相当程度的偶然性。与它们相比，"指导性案例在结构上将基本案件事实、原判决与裁判要点结合为一体，并通过裁判要点所确立的裁判规则的形式及时弥补法律的漏洞"，[1]为法官规范裁判提供指引，因而具有强烈的技术和方法特性，故此，案例指导制度对于实现个案正义而言具有更为明显的优势。然而就对法官裁判行为的规范作用而言，案例指导制度仍然具有多种局限，从而使得其在个案正义方面力所不逮。《规定》明确指出，指导性案例的适用仅参照裁判要点，但裁判要点并非在原裁判文书中已经具备，而是最高人民法院在创制指导性案例过程中从原案件中精心提炼出来的抽象规则。裁判要点作为抽象

---

［1］ 付玉明、汪萨日乃："刑事指导性案例的效力证成与司法适用——以最高人民法院的刑事指导性案例为分析进路"，载《法学》2018 年第 9 期，第 167 页。

规则对于个案指导固然重要，但裁判要点在形成上的特点使得对它的参照适用并非有利于个案指导。一方面，裁判要点产生于审判程序之外，欠缺指导性案例原审法官的切身经验总结，这样可能会遗漏指导性案例具有指导意义的内容；另一方面，裁判要点的创制过程具有强烈的行政性，这也可能使后案法官在探索裁判要点法律意义的同时，也会尽力揣摩上级人民法院的意图。另外，指导性案例对基本案情和裁判理由的简化也限制了指导性案例的指导效力。指导性案例的编写体例为标题、关键词、裁判要点、相关法条、基本案情、裁判结果加裁判理由。此种编写体例方便了法官对指导性案例参照适用的操作，但"案情和理由的精简很有可能将裁判法官基于案件事实形成的裁判思维也一并删减。而正是通过案例中细致入微的背景裁量和事实解构，后案法官在参照时才能准确理解案例形成的心证过程"。[1]指导性案例之所以具有上述缺陷，其根本原因在于对法官自由裁量权的规范和限制依旧遵循了传统裁判理论的思路，即将个案裁判正义的希望全部寄托在法官一人身上。相对于前述其他进路而言，案例指导制度并无决定性优势，它最多只是多了指导性案例这一"固架"而已。对法官自由裁量权的规范和限制，最有效的方式还是在于打开法官"自由心证"的过程，而这只有通过主体间的理性论辩才能获得，仅寄希望于法官一方主体的任何想法都是不可靠的。

第四节 修辞学对于实现个案正义的建构功能

尽管法律现实主义、分析实证主义、法律诠释学、法律效

---

[1] 马燕："论我国一元多层级案例指导制度的构建——基于指导性案例司法应用困境的反思"，载《法学》2019年第1期，第187页。

果与社会效果统一论、司法能动观及案例指导制度等在实现个案正义方面表现出各自不同的缺陷和不足，但在这些缺陷和不足的背后折射出了它们的一个共同特征，即将实现个案正义的重任都交由法官一人来承担，并最终寄希望于法官的良心和理性这种心理机制来实现。他们认为，只要法官能在内心自觉地进行意志能动与克制的良性平衡，就能获致个案裁判的公正。然而，从人性和实践的角度来看，纯粹依靠法官的心理活动——这个相对公众来说是个"暗箱"的过程来自觉实现意志能动与克制的良性平衡，显然是行不通的。或许正因为看到了已有理论的这个缺陷，德沃金在主张司法是一个"建构性解释"过程的同时，预设了一个全知全能的法官赫拉克勒斯，企图以他来替代普通法官进行"神级"裁判。但任何制度的设计需以普通人为适用标准，因此，德沃金期冀一个全知全能的法官从整体的角度来对法律进行"建构性解释"也并非是实现个案正义的可行进路。由此可见，无论是法律现实主义和分析实证主义，还是法律诠释学与司法整体性解释原则，它们在解决个案正义问题上的真正缺陷在于它们都持有法官独白式裁判思维。要使法官在意志能动与克制之间获取平衡以实现个案正义，不能寄希望于法官一人心里的独白，而要打开法官心理过程的这个"暗箱"，使之对公众开放。打开"暗箱"，对公众开放就是让多方主体共同参与到裁判中来，通过他们之间的修辞论辩来促使法官在主观能动和克制之间寻求良性平衡。因此，从修辞学进路来寻求个案正义具有独白式进路所无法拥有的长处和优点。

一、法官独白式进路的缺陷

如上所述，已有的各种理论在解决个案正义问题上具有缺陷的根本原因在于它们采用的都是法官独白式的裁判进路。所谓法官独白式裁判进路，是指在整个司法裁判过程中，从判决理由的提出和证立到对具有拘束力理由的识别，直至最后公正判决的做出，这其中复杂的思维过程都是依靠法官个人思辨或自由心证来进行的。这种将公正裁判的获取寄托在法官一人对自己良心和理性的内心自觉运用上的裁判思维，从人性上来说具有很大局限。哈特曾说："即使人类不是恶魔，他们也不是天使，他们是在这两个极端中间。"[1]作为介于恶魔与天使之间的"中间者"，在没有强有力的外部条件的约束下，人类通常具有天然的自我膨胀特性，这一天性对法官也不例外。在法官进行独白式裁判时，尽管诸如法官选拔制度、职业伦理制度以及一系列裁判程序规定等对法官恣意形成了有效地约束，但它将公正裁判的重任最终委任给了裁判者的"个人慎思"或自由心证——这个相对公众来说是个"暗箱"的心理过程。在这个外界无法参与其中或无从知晓的"暗箱"中，具有和"中间者"同样秉性的法官在进行裁判时总会不自觉地出现人性的自我膨胀，而此时寄希望于他们在运用主观能动性的同时再实现自身主观意志的自觉控制，这是难以实现的。另外，"无论是职业法官还是陪审员，其所做出的裁判结论都不可能完全摆脱个体主观因素的干扰，甚至包含着荒诞不经的逻辑和执迷不悟的偏见。心理学的研究已经表明，人类所具有的错觉、疏忽、遗忘、偏见等理性错误在某种程度上是无法克服和避免的"[2]。在实际的裁判过程中，作为普通人群中的成员，法官的司法裁判行为

---

〔1〕　［英］H. L. A. 哈特：《法律的概念》（第2版），许家馨、李冠宜译，法律出版社2006年版，第182页。

〔2〕　封利强："司法证明机理：一个亟待开拓的研究领域"，载《法学研究》2012年第2期，第145页。

毫无疑问地会具有普通人的行为特质，他也会将自己的偏见、情感甚至是错觉带入到裁判中，从而形成错误的判决。因此，将公正裁判的重任完全委任于法官一人的良心和理性这个心理机制，难以保证判决的客观公正与正确。在我国裁判实践中，法官在"佘祥林案""赵作海案"以及"张高平叔侄杀人案"中，运用"自由心证"在证据获取、筛选、鉴别及推理等方面所犯的错误，不断昭示着法官独白式裁判思维的不足和缺陷。

将公正裁判的重任完全委任于法官的心理过程，而法官的心理过程是一个难以捉摸与透视的领域，针对这种情形，法官独白式裁判干脆无视这个过程，将之视为一个静态的事物装入"暗箱"之中，转而将视线集中在静态的裁判制度与规则完善上。然而，从实际情形来看，无论静态的裁判规则与制度发展多么完美，面对一个强势的裁判者，其对裁判者主观能动性的规制力都显得极其有限。因此，与其用静态的裁判制度和规则来规制裁判者的主观心性，不如将"暗箱"打开，正视"暗箱"里裁判者大脑处理案件的动态自然过程，从中找到约束裁判者主观任意的具体技术和方法。

法官独白式裁判的缺陷反映了传统法律主客体思维在解决价值判断问题上的无能与无奈。在主客体二分观念下，传统司法裁判模式预设的是法官对于人与人之间案件纠纷的处理就如人类对于自然界万物的处理一样，只要且只有遵照一定的自然规律或逻辑法则，人类间的矛盾便会如自然界的问题一样得到妥善处理。在这种裁判模式下，法官享有绝对的主体地位，而裁判案件以及与案件相关的当事人则是法官需要处理或考虑的对象，始终处于与法官相对的客体地位。当人们发现按照逻辑法则无法处理裁判中的价值判断问题时，法官独白式理论进路依旧没有走出主客体二分的思维束缚，仍将其他裁判参与人作为法官工作的客体，只是这时依靠的不再是逻辑法则，而是交由了法官的良心和理性这个难以言说的心理过程。至于法官一人内心的独白如何获得法律意义上的普遍有效性，与其说取决于静态裁判规范和裁判制度的理性，不如说更多的是来自于制度的强制。

二、修辞学进路的独特优势

法官独白式裁判的缺陷和不足为修辞学在司法裁判中的运用提供了契机和空间。实现个案正义的关键在于如何理性地解决司法价值判断问题，然而，价值判断不是理性的对象，不属于科学的范畴，故关于价值判断的结论也并不如科学结论那样具有唯一性和精确性，而仅仅具有或然性。详言之，价值判断建立在主体对客观事物美丑或善恶的主观评价基础之上，由于每个主体是思想、情感有别的独立个体，因此，对同一事实的价值不可能得出唯一正确的评价结论。[1] 既然价值判断具有个体主观性，价值判断的结论不具有逻辑推导上的唯一正确性，那么仅凭法官一人的"慎思"这个内心过程所作出的裁判结论也不具有唯一正确性，它最多只是法官个人意见的表达，并不代表其他裁判参与主体的观点，无法要求他人接受和认同。从这个角度来说，法官独白式裁判结论的权威性与其说来自法官的良心和理性，不如说是来自法官的威权地位。

当逻辑规则失灵，依靠法官的良心和理性不能为价值判断的客观性提供保证的时候，修辞则为价值证成提供了理性力量。一方面，以或然性为特征的修辞弥补了以必然性为特征的逻辑法则在裁判运用中的不足。凡是理性分析力所不逮的地方，都

---

[1]　孙伟平：《事实与价值》，中国社会科学出版社2000年版，第4页。

是修辞运用的空间，在司法价值判断这个或然性领域，裁判主
体可以充分运用修辞来说服受众接受自己的裁判意见和结论。
当然，为了保证价值判断的客观性，以最大限度地说服听众，
裁判主体在运用修辞时一般会"用每个人都有的概念，用非正
式逻辑，再借用共同的知识把一些证据同受众的先前信念结构
联系起来，以此来推进他们的论证"。[1] 可见，将修辞运用于
裁判以展示价值判断的推理和说服过程，这比依靠法官独白式
裁判更能避免法官价值判断时的恣意和武断。另一方面，修辞
强调对受众的说服，将受众的认同和接受作为司法价值判断正
确与否的标准，这无疑强化了司法裁判的理性色彩。诉诸受众
的认同和接受有力地阻止了法官个人的专断和恣意，使得价值
判断获得了普遍性和客观性的意义。

　　修辞的运用为司法价值判断提供了一条全新的方法和进路。
然而，作为一种方法和技艺，修辞在为客观公正的裁判结论提
供方法的同时，也会为荒谬错误的裁判结论提供掩饰。修辞的
运用打破了独白式法官在面对价值判断时仅凭其自身心理活动
的"暗箱"式操作模式，有利于排除法官主观上的武断和任意，
但修辞在语言上所具有的修饰性也会为法官的武断和任意提供
托词。因此，为了避免修辞在语言修饰上对裁判的负面效果，
应特别强调修辞中的论辩要素。所谓论辩，是指参与论辩的各
方就同一命题中所持的不同立场进行的显性或隐性的讨论，力
图通过使对方相信某一立场的可接受性以消除意见分歧。[2] 从
认知层面来看，论辩因素使得修辞推理呈现出了形式逻辑推理

---

　　[1]　[美] 理查德·A. 波斯纳：《超越法律》，苏力译，中国政法大学出版社
2001 年版，第 584 页。
　　[2]　[荷] 弗兰斯·凡·爱默伦、斯诺克·汉克曼斯：《论辩：通向批判性思
维之路》，熊明辉、赵艺译，新世界出版社 2005 年版，第 1 页。

所无法具有的优势，即凸显了言说实践的多主体性，克服了传统逻辑中参与对象的单一性和推理过程的静态特征。当论辩活动展开时，多方主体都能参与到言说中来，都能对或然性的事物发表自己的主观意见或看法，都充分享有劝说或反驳别人的机会，并非如传统逻辑那样只能服膺于单个主体的知识垄断和专制；而在这个劝说与反驳的过程中，各个主体之间因对情境和目的等因素的考虑使得论辩推理过程呈现出多维非线性的动态特征，不像传统逻辑那样强调从前提到结论演绎推理的单线静态过程。

修辞中论辩因素的加盟对于裁判的意义，首先在于让参与裁判的多方主体都能参与到裁判过程当中来，利用各主体间的言辞对抗和辩诘来避免独白式法官在面对价值判断时仅凭良心和理性的心理活动而可能出现的主观任意和武断。换言之，论辩要素可将独白式法官进行价值判断的心理"暗箱"彻底打开，使之对公众开放，而开放的方式就是让立场各异的裁判参与各方都参与到价值评价与裁判推理中来，通过他们之间的言辞竞争与对抗来对法官的主观能动性形成规制。与法官独白式裁判思维相比较，论辩的方式显得更为符合人性：首先，它充分调动了其他裁判参与主体的积极性，借用其他参与主体这个可靠的外力对法官的权力进行有效地监督和约束，而非最终依赖于法官的良心和理性。其次，论辩通过多方裁判参与主体主观愿望与目的的表达以及对案件情境因素的考虑充分展现了裁判中价值判断的复杂多维性，从而更加符合司法价值判断的真实状况与实际特征。最后，论辩通过主体之间的对话互动再现了裁判者大脑处理案件的动态自然过程，不再如传统裁判模式那样将裁判活动视为逻辑推理的单线静态过程，从而使得裁判研究全面扩展开来，不再局限于裁判制度与规则探讨的狭窄领域。

总之，从法哲学高度来看，修辞论辩进路摆脱了法官独白式裁判主客体思维的束缚与局限，使得司法裁判走向了主体间性模式。在这种模式下，案件裁判不再像处理自然事物那样，只要依据一定的自然法则便能得到妥善解决，法官不再是"君临一切"的主宰，案件当事人与其他诉讼参与主体也不再是与法官主体地位相对的客体，他们可以分享法官裁判时的心理，与法官一道成为裁判的主体，围绕着案件事实共同进行价值判断与裁决。也就是说，修辞能"使在目的导向的决定过程中起作用的多种因素得以清晰地呈现，从而使人们更容易对不同目的的冲突进行理性的讨论，并发现以最适当的方式最大限度地实现这些目的的解决方法"。[1]

第五节　修辞学对当代裁判理论的影响

最终凭借法官的良心和理性来排除法官价值判断时的主观任意，并以此来实现法律的正确性与确定性，是法官独白式裁判的最主要特征，亦是它最主要的缺陷。正是意识到法官独白式思维的这种固有局限，当代裁判理论纷纷抛弃了这种主客体二分的研究进路，转而汲取修辞学的丰富营养，从主体际间性角度来探索个案正义问题的解决之道。西方法学界自 20 世纪中叶以后就逐渐兴起了从修辞学中汲取有益成分来阐发自己的裁判理论的浪潮。例如，20 世纪 50 年代初，德国学者菲韦格在批判概念法学的基础上，提出应以注重"特殊问题讨论程序"的论题学思维来代替逻辑推演方法在法学中运用的观点；稍后，英国学者图尔敏在对法律程序的运用进行深入研究后，提出论

---

〔1〕〔德〕齐佩利乌斯：《法学方法论》，金振豹译，法律出版社 2009 年版，第 85 页。

证的可接受性并不依赖于逻辑的有效性，而是部分地依赖于一个为支持立场而确定的程序，部分地依赖于这个程序中所提出的该项论辩的内容在特定情境下是否可以接受，[1]并为了阐明不同情境下法律论辩的各种形式，他还总结出了其著名的法律论辩图式；20世纪70年代，比利时学者佩雷尔曼从形式逻辑在司法领域的缺陷窥探出了修辞学对于裁判的实践意义，并结合自己的"新修辞学"理论总结出了各种用于规劝法律听众的论辩起点和论辩方案；等等。无论基于何种不同的背景与出发点，各种裁判理论对于修辞学理论和方法的采用均是看到了体现逻辑涵摄模式的法官心理独白式思维对于实现个案正义的局限，认识到只有通过各个裁判参与主体在一定的法律程序框架下进行相互间对话与沟通才能同时保证个案判决结果的公正与现行法秩序的稳定。

如果说菲韦格的论题学、图尔敏的法律论辩图式以及佩雷尔曼关于法律逻辑的"新修辞学"理论只是为修辞学进入裁判领域提供了厚实的哲学基础与初步的方法和视角，那么阿列克西和哈贝马斯等人则从修辞学中汲取了丰富营养，发展出了相对完善的法律论证理论和法律商谈理论，为理性的法律实践提供了全新的进路。阿列克西认为，所有法概念都来自于对正当制定性、社会实效与实质正确性这三个要素的解释和权衡；制定性和实效性构成了法的现实的或者说制度化的维度，而正确性则构成了法的理想性和商谈性的维度；一个充分的法概念只能来自于这两方面的结合。[2]法概念在制度化维度之外还包含

---

〔1〕　〔荷〕伊芙琳·T. 菲特丽斯：《法律论证原理——司法裁决之证立理论概览》，张其山、焦宝乾、夏贞鹏译，商务印书馆2005年版，第48页。

〔2〕　〔德〕阿列克西：《法：作为理性的制度化》，雷磊编译，中国法制出版社2012年版，第1~2页。

了正确性要素，而任何（包括法律上的）正确性标准的寻求都
必须要经过论证。这种论证主要表现为对规范性命题的证立过
程。所谓证立过程，就是论辩和说服的过程。[1] 在阿列克西看
来，关于法律决定的证立只有在有效的法秩序框架内通过论辩
和说服才能进行，即"通过程序性的技术（论辩的规则和形式）
来为正确性要求提供某种理性的（可靠的、可普遍化的或可接
受的）基础"。[2] 可见，面临法律中的评价因素问题，阿列克
西不再将之委付给法官一人，仅凭他们对于社会伦理的主观见
解来解决，而是从论辩规则的角度去论证，通过各裁判参与主
体之间的论辩与说服来为规范提供理性基础。为了使法律论辩
达致证立判决的正确性与逻辑自洽性的理想目标，阿列克西将
法律论证的结构分为内部证成与外部证成。"内部证成处理的问
题是判断是否从为了证立而引述的前提中逻辑的推导出来；外
部证成的对象是这个前提的正确性问题。"[3] 依阿列克西之见，
内部证成的大前提是一个普遍性规范，对于这个普遍性规范，
应尽可能多地展开逻辑推导步骤，以使某些表达达到无人再争
论的程度。[4] 外部证成的对象是每个具体推导展开步骤所需要
的规则，在证成这个规则时，既需要深入思考事物的特性，也
需要深入思考规范的特性，在这个过程中，所有法律论辩所允

---

[1] 舒国滢："走出'明希豪森困境'"，载［德］罗伯特·阿列克西：《法
律证理论——作为法律证立理论的理性论辩理论》，舒国滢译，中国法制出版社
2003 年版，第 7~8 页。

[2] 舒国滢："走出'明希豪森困境'"，载［德］罗伯特·阿列克西：《法
律证理论——作为法律证立理论的理性论辩理论》，舒国滢译，中国法制出版社
2002 年版，第 7 页。

[3] ［德］罗伯特·阿列克西：《法律论证理论——作为法律证立理论的理性
论辩理论》，舒国滢译，中国法制出版社 2002 年版，第 274 页。

[4] ［德］罗伯特·阿列克西：《法律论证理论——作为法律证立理论的理性
论辩理论》，舒国滢译，中国法制出版社 2002 年版，第 282 页。

许的论述都是可能的。可见，在阿列克西的论证理论中，论辩始终处于法律证成的中心，其核心观点就是通过论辩来实现司法判决的正确性与现行法秩序的稳定性。

与阿列克西一样，哈贝马斯的法律商谈理论也将个案正义的实现置于程序性与制度性的商谈论辩过程之中，而非寄托在法官一人内心的主观确信上。哈贝马斯指出："我们要把对法律理论的理想要求扎根于一个'宪法诠释者所组成的开放社会'的政治理想之中，而不是扎根在一个因为其德性和专业知识而与众不同的法官的理想人格之中。"[1]在哈贝马斯看来，法官由于其专业知识技能和个人德性而极为够格作为公民代表来确保法律共同体的完整性，但法官是面对共同体而体现完整性，并不是代表共同体所拥有的完整性。这种完整性不是奠基于主体的意志与理性之上，而是建立在自然人之间的相互承认关系之上。"要将自然人之间的相互承认关系扩展为法权人之间的相互承认的抽象的法律关系，是由一种反思的交往形式提供机制的。这种反思的交往形式，就是要求每个参与者采纳每个其他人之视角的论辩实践。"[2]在提出将商谈论辩作为实现公正裁判方式的观点之后，哈贝马斯又主张从语用学向度来理解法律论辩。他认为，法律论辩中所提出的实质理由构成了论辩参与者基于"合理地推动的同意"的基础，而这些实质理由在论辩中所具有的说服力只能在语用学而非语义学意义上成立。也就是说，法律论辩并不追求可普遍化特征，而只是在具体情境下展开。当然，在具体情境下展开的法律论辩也追求判决的正确

---

〔1〕　〔德〕哈贝马斯：《在事实与规范之间：关于法律和民主法治国的商谈理论》，童世骏译，生活·读书·新知三联书店2003年版，第274页。

〔2〕　〔德〕哈贝马斯：《在事实与规范之间：关于法律和民主法治国的商谈理论》，童世骏译，生活·读书·新知三联书店2003年版，第274页。

性，只是这种正确性是在论辩过程中实现的，即法官在论辩中将其他参与者视角的思考考虑在内并对现行法律进行合理重构，然后通过契合法律体系的融贯性来证成判决的正确性。可见，哈贝马斯也认为判决的正确性只能在法官与其他裁判参与人的论辩中才能获得，即只有通过各裁判参与主体之间的对话与沟通才能获得公正的判决。

综上，无论是菲韦格的论题学、图尔敏的法律论辩图示与佩雷尔曼的"新修辞学"理论，还是阿列克西的法律论证理论和哈贝马斯的法律商谈理论，现代裁判理论都直接或间接地从古典修辞学或现代修辞学中汲取了营养，不再将个案判决的公正委付给法官个人的良心与理性，而是通过各裁判参与主体之间的论辩来实现。在寻求个案正义的方法上，他们都是通过各裁判参与主体之间的对话与沟通来证立个案判决的正确性，以法律程序框架或理性论辩规则来保证现行法秩序的拘束力的。由此，现代裁判理论走出了以裁判制度与规则来保障个案正义的狭窄研究思维，转向了以具体方法和技术来寻求个案正义的研究进路。

第二章

司法裁判中的修辞学

　　裁判理论的初始内容是对个案的讨论和论辩，这为修辞学的产生和发展提供了机遇和空间。但在近代以后，随着法律走向规制之路，理性以其普遍性、必然性和确定性优势在法律认识论空间夺取了霸权，以或然性和情境性为特征的修辞则被排除到司法裁判领域之外。理性法理念的垄断导致了法律经验与实践的重大损失，造成了司法裁判对合理性的疏离与排斥，进而造成了普遍正义对个案正义的湮没。在此情形下，人们转向了富有人文精神和实践理性特色的修辞学，希望从中找到合适的元素为合理性辩护，以塑造新的裁判模式，释放司法潜能。于是，修辞学得以重回司法裁判领域，并再次引起了人们的高度重视和研究。通观修辞学在司法裁判领域里的"荣辱沉浮"，可以发现，修辞学在司法裁判领域里的兴衰命运与修辞中的论辩因素密切相关：论辩在则修辞学兴，论辩无则修辞学衰。基于此，本章首先对修辞学在司法裁判领域里的历史嬗变进行梳理，然后以此为基础指出修辞学在面向司法裁判时，修辞应被理解为"作为论辩的修辞"，最后结合"作为论辩的修辞"这一观点和修辞学在司法裁判领域的历史嬗变，归纳出司法裁判中的主要修辞学理论。

第一节　修辞学在司法裁判领域里的历史嬗变

伴随着修辞学的兴起、衰落与复兴，修辞学在法律和司法裁判领域也经历了兴起、衰落和复兴的命运。古希腊时期，随着民主制度的发展，法律诉讼领域出现了对修辞论辩技巧的运用，修辞学研究随之也在法律和司法裁判领域兴起并得到了发展。后来，随着民主制度的衰落、宗教神学的兴起以及科学理性的奠基，论辩研究逐渐走向萎缩，修辞学在法律和司法裁判领域也受到冷落。20 世纪以来，伴随修辞学的复兴，修辞学在法律和司法裁判领域中的作用得到了重新反思和评估，司法裁判领域的修辞学研究也逐渐兴盛繁荣起来。

一、古希腊罗马时期修辞学在司法裁判领域里的兴起

早在古希腊罗马时期，修辞就被认为是说服性的论辩演说。作为一门实践艺术，修辞学孕育于古希腊城邦独特的政治与法律活动中。据记载，公元前 5 世纪中叶，当西西里岛上的叙拉古城邦通过推翻僭主成立民主政府之后，很多被放逐的市民为了追回以前被没收的土地和牲畜，不得不聘请修辞家们替他们打官司。因为没有可资利用的书证作为证据，他们不得不从每个案件的"可能性"或"可信性"出发来说服法庭，以维护自己的私有权利。这种起源于法庭论辩的诉讼演说，在古希腊宽松的民主制度下被发扬光大，后来与政治演说和典礼演说一起并称为古希腊三大演说。在诉讼演说中，演说者在法庭上慷慨陈词，发表演说，他们或为原告辩护，或指控被告、犯罪嫌疑人。由于古希腊当时没有专业的司法从业人员，审判一般以公民大会或 500 人议事会的形式出现，在教育不发达的时代，公

民大会或 500 人议事会的成员大多数是文盲，面对这样的群体，诉讼演说者只能通过口头言说的方式来说服他们。于是，说服的技巧和策略就变得十分关键。诉讼演说的频繁进行使得传授诉讼知识和演说技巧的职业应运而生，对法律中的修辞研究也随之兴盛了起来。古典意义上的修辞学并不关心命题的真或必然性，而是以可能性和或然性为基础来展开对论题的说服。

　　古希腊罗马时期先后涌现出了许多杰出的人物。早期的如考拉克斯、提西阿斯与普罗塔哥拉等。后来的如柏拉图、亚里士多德、赫尔玛格拉以及西塞罗等。考拉克斯和提西阿斯曾编撰出了最早的修辞手册，就人们应该怎样在法庭上和议事会中雄辩地发言概括出一些原则和方法；普罗塔哥拉认为任何命题都可以有两个相反的论断，并提出论辩取胜的关键在于掌握变弱论证为强论证的技艺的观点。[1]柏拉图在对以往的修辞理论和实践进行清算之后，试图在心理学和辩证学中找到能赋予言辞以清新、典雅和有说服力等风格的论辩原则；亚里士多德在其修辞学理论中系统阐述了他对论辩问题的看法，从而被称为古典修辞论辩理论的集大成者；赫尔玛格拉在对"修辞发明"的特征进行深入思考后，提出了其著名的"争议点"理论；西塞罗则在借鉴亚里士多德"论题"（Topic）思想的基础上，系统明确地阐述了其"论题"理论；等等。

　　作为古典时期修辞论辩理论的集大成者，亚里士多德的主要贡献在于将逻辑引入到了修辞学中，增强了修辞的理性色彩。古希腊的修辞学不只是研究言辞修饰和遣词造句，还主要研究各种演说和诉讼的论辩技艺，因此，修辞学和论辩术是相应产生和发展的。早期的论辩术在相对主义感觉论的支配下蜕变成了诡辩术，而修辞对"说服"目的的片面追求则导致了欺骗丛

---

〔1〕　汪子嵩等：《希腊哲学史》（第 3 卷），人民出版社 2003 年版，第 123 页。

生。修辞学和论辩术中发生的种种畸变和弊端促使亚里士多德意识到只有从事物本身的事理的角度出发才能进行说服，而发现事物本身的事理只有依靠逻辑才能完成。为了增强修辞的理性说服力，亚里士多德将逻辑推理方式引入修辞学中，从而发展出了修辞理性论辩模式。

在《修辞学》中，亚里士多德开宗明义地指出"修辞学是辩证法的对应物"，[1]两者都是在论辩中运用逻辑论证以对事理形成正确认识，两者都不属于任何一种科学，不限于研究某种确定的对象。亚里士多德批评以往的修辞学研究只注重通过诉诸人的情感和品格来说服听众，认为理性说服才是修辞的最主要方式。他说修辞的目的就是要说服听众接受某一观点，而要说服听众接受某一观点，论辩就必须从前提到结论的每一步骤对听众都具有说服力。详言之，为了达到说服受众的目的，论辩的前提必须对具体听众具有说服力，然后通过演绎或归纳将前提的"说服力"转移到结论上，使结论对于受众也有说服力。亚里士多德曾说："修辞术和论辩术一样，采用归纳法以及真正的和假冒的三段论法来提出真正的和假冒的论证，因为例证法是一种归纳法，修辞式推论是一种三段论法，所以我们称呼恩提墨玛为'修辞式三段论法'，称例证法为'修辞式归纳法'。所有的演说者都采用例证法和修辞式推论而不采用别的方法来证明，以求产生说服力。"[2]当然，与形式逻辑推论不同，修辞式推论的前提是属于人类行动范围内或然性的事务，根据这种前提推出来的证明也是或然性的；例证法中的例子也常常是

---

〔1〕［古希腊］亚里士多德："诗学·修辞学"，载《罗念生全集》（第1卷），世纪出版集团、上海人民出版社2002年版，第147页。

〔2〕［古希腊］亚里士多德："诗学·修辞学"，载《罗念生全集》（第1卷），世纪出版集团、上海人民出版社2002年版，第152页。

可以令听众产生一个普遍的或未知的、似是而非的观点。依此可以看出，亚里士多德认为，说服受众的最有效方式就是对事情进行理性论证，只有事情得到证明才能使人们达到最确实、最大限度的信服。

在希腊化时代，庭辩修辞的实践空间得到极大拓展，这为修辞学的进一步发展提供了契机。这一时期，修辞学理论有一个重要的发展，那就是田诺斯的赫尔玛格拉赋予了源于亚里士多德的说服手段"逻各斯"（logos）于新的含义，即"争议点"（stasis），也就是诉讼论辩双方就关键争议问题进行辩护和解决的方法。他在以法庭论辩为例分析了争议点的重要性之后，还对争议点进行了类型化阐释。他的争议点理论影响深远，除了深受后世（西塞罗和昆提利安等人）青睐之外，古罗马的赫摩根尼还在他的观点基础之上对争议点理论进行了丰富和拓展。

二、古希腊罗马之后至近代修辞学在司法裁判领域里的衰落

古希腊罗马之后，寡头政治取代了民主政治，演说的政治基础不复存在，修辞中的说服和论辩因素被遗忘。此时的修辞学侧重于文体风格的研究，从而表现出极端的形式化倾向。罗马诗人贺拉斯在《诗艺》中认为人们在进行文学创作时应该根据听众的期待和反应来选择合适的辞格、韵律和语调。朗吉努斯在《论崇高》中强调写作原则应关注语言的情感力量，并讨论了各种有助于表达"崇高"的风格。

到了中世纪，基督教占据垄断地位，修辞学继续遭受重创。修辞学仅仅因为奥古斯丁"用修辞去教化、感动民众"的主张而幸存了下来，并成为中世纪时期与逻辑和文法并列的三大人文学科之一。那时的修辞学主要用于布道文和书信的写作。在

布道文方面，修辞学研究的中心是布道的形式和形态，在理论上没有创新，基本体现为在基督教话语的大框架内对古典修辞理论的征用和调制。[1]在书信写作方面，修辞学研究主要限于对书信格式和风格的讨论。由于绝对性的基督教信条只需传播和信仰，无须论证，书信写作的格式和风格也只需以"融洽关系""赢得好感"和"诉情"等为目的，因此，这一时期的论辩理论基本没有什么建树。

从14世纪到17世纪的文艺复兴重新唤起了人们对古典修辞学研究的热情。这一时期的修辞学研究主要表现为人们对古典修辞学文献的重新挖掘，特别是对西塞罗著作的搜罗和钻研。在这股热潮的影响之下，修辞学分析的对象也逐渐从"神道"走向"人道"，开始着重于世俗生活与修辞学的具体应用。虽然那时有学者如培根将修辞学与法学研究和司法实践联系了起来，但就整个文艺复兴时期而言，修辞学更多的还是限于文学领域的辞格研究，论辩因素仍处于被忽视和遗忘的状态。

17世纪至18世纪，随着理性主义的奠基，法律体系和司法实践被构建成为逻辑严密的封闭体系和涵摄推理过程，法律被追求必然性和精确性的科学话语所垄断，从而司法与修辞的联系被中断，修辞也被排除在司法论证的门外。此外，该时期判例法的发展所形成的对证据可采信和判断证据证明力等一系列证据规则也限制了修辞的使用。修辞学研究的这种状况一直持续到19世纪下半叶。在19世纪末，随着人们对现代性和理性的反思，修辞学才逐渐得以复兴。

三、当代修辞学在司法裁判领域里的复兴

20世纪中叶，修辞学研究进入繁荣发展阶段，在这一时期，

---

〔1〕 刘亚猛：《西方修辞学史》，外语教学与研究出版社2008年版，第183页。

很多学者转向对古典文本的研究，希望从中获取灵感和启发。不过，大多数学者只是对古典文本中所探讨的诸如"修辞发明"（invention）或"论辩发现"（discovery of arguments）这样的单个议题进行了关注，有时也会尝试运用古典修辞学原则来分析当代社会的某一议题。[1]但是，现代修辞学家或学者们很少去关注和思考古典修辞学理论应该如何运用于现代法律或司法领域，而比利时学者佩雷尔曼在这方面作出了开创性的贡献。

佩雷尔曼在其《正义观点和论辩问题》中分析了修辞在先例中的司法运用，阐述了古典法律论辩和现代法律论辩之间的关联；在其《新修辞学：论论辩》中通过对古典法律论辩技术的回溯和总结，提出了非形式逻辑能够推出或增强人们信奉的观点。佩雷尔曼认为形式正义的原则满足了实证主义研究的要求，但作为一个原则在对待具体正义问题时就会暴露出缺陷，要从形式正义前进到具体正义就一定离不开价值判断，而新修辞学阐释的就是关于价值判断的逻辑。他指出，法律逻辑不等于形式逻辑，因为在法律领域，它不仅是法律的形式方面的问题，而且与法律的内容有关，而一旦涉及法律思维的内容，就必然产生价值判断问题。因此，他求助于分析内涵价值判断的推理，以便弄清什么是推理的结构。这种法庭的逻辑实际上与法庭以外的背景中的价值研讨过程是极其类似的，且"价值的三段论推理比数学演绎要更像法律辩论得多"。在法律逻辑中，法官在"合理的""可接受的"和"社会上有效的公平"等价值的指示下实现自己的任务，进行着一种理性的权衡，作出判断和

---

〔1〕　Michael H. Frost, *Introduction to Classical Legal Rhetoric: A Lost Heritage*, Ashgate Publishing Company, 1988, p. 14.

价值选择。[1]由此可见，在佩雷尔曼看来，修辞在司法裁判领域的功能就是：当运用涵摄推理无法实现裁判的实质正义时，它就成为一种替代的推理论证方式，以推导出体现个案正义的裁判结论。

除了佩雷尔曼之外，英国学者图尔敏和德国学者菲韦格对修辞学在司法领域中的运用也进行了关注和研究。在《论证的应用》一书中，图尔敏运用法律程序表明了论证的可接受性并不完全依赖于逻辑的有效性，一项主张的可接受性除了部分地依赖于一个为支持立场而确定的程序之外，还部分地依赖于该项论证内容是否具有可接受性。而要论证一个主张在内容方面是否具有可接受性，依靠的不是形式逻辑，而是论辩逻辑。在得出司法裁判需要论辩逻辑的观点之后，图尔敏又以司法推理为模型，总结出了法律论辩的图示。菲韦格在其《论题学与法学——论法学的基础研究》一书中，通过"追寻亚里士多德、西塞罗等人的学问足迹，试图恢复'现今几乎无人知晓的'论题学之本真面貌及其与法学之间的关系"。[2]他认为，法律的"公理—推演体系"不能够为司法裁判提供足够的证成，而必须由"形式论题学意义上的理性讨论程序加以补充"。[3]而所谓论题学，就是以问题为取向的思考技术，这种思考技术运用的是情境思维，尝试将问题放在问题理解的背景中加以理解和解决。

修辞学在20世纪的复兴意味着认识论的一个转向，即由形

〔1〕 公丕详主编：《法制现代化研究》（第7卷），南京师范大学出版社2001年版，第690页。

〔2〕 ［德］特奥多尔·菲韦格：《论题学与法学——论法学的基础研究》，舒国滢译，法律出版社2012年版，代译序，第26页。

〔3〕 ［德］特奥多尔·菲韦格：《论题学与法学——论法学的基础研究》，舒国滢译，法律出版社2012年版，代译序，第26~27页。

式逻辑转向实质逻辑。在司法裁判中，形式逻辑为由"大前提（法律规则）—小前提（案件事实）—结论（法律后果）"组成的三段论涵摄推理过程，最典型的表达莫过于韦伯的"自动售货机"的比喻。然而，司法过程的操作并非如自动售货机那样简单，把事实扔进去就能自动得出唯一正确的判决结论。因为有些问题如人类实际的伦理道德无法简化为真或假的对立，各种不同意见和争论都可以同时并存，并且都是合理的。所以，当司法裁判涉及人类道德和价值判断时，形式逻辑便失去了有效性，这时就需要一种新的论证逻辑。由此，佩雷尔曼、图尔敏和菲韦格等人从古典修辞学理论中汲取了理论和灵感，从而发展出了新的修辞学理论来填补形式逻辑的不足。新的修辞学理论把语言看作一种行为，并受社会语境的制约。他们认为，事实并非决定语义的唯一因素，语义还与使用语言的人有关系，即与使用该语言进行交流的人的社会背景、文化环境和目的意愿等紧密相连。从本质上看，修辞就是关于价值判断的逻辑，它在实践推理中必不可少。尽管新的修辞学理论在司法裁判领域的运用还颇受争议，但它仍为我们认识司法实践和法治理念提供了一个独特的视角。

第二节　面向司法裁判的修辞学

修辞学在司法裁判领域里的历史嬗变表明修辞中的论辩因素是决定修辞学在司法裁判领域里兴衰的关键要素，这也就意味着，在将修辞学引入司法裁判之中时必须要强调修辞的论辩因素。正因为论辩因素的加入才使得修辞学摆脱了"诡辩"艺术的标签，走上理性发展的道路，而这也正好契合了司法裁判对个案判决公正的要求。由此可见，面向司法裁判的修辞学，必须强调修辞中的论辩因素。强调论辩因素的修辞，即作为论辩的修辞，它除了具有或然性和情境性的特征之外，还具有听众顺应性。

一、本书对修辞内涵的理解

从古代到当代，修辞学在司法裁判领域里经历了兴起、衰落和复兴的发展过程。通观这个发展过程，可以发现在其兴起、衰落和复兴的背后暗含着一个规律，即论辩因素的有无决定着修辞学在司法裁判中的起伏。古希腊罗马时期，修辞学的兴起与论辩的存在密切相关，这从当时修辞学家们把修辞和论辩放在一起加以论述就能窥见一斑。亚里士多德在《修辞学》中曾把"修辞术"定义为"一种能在任何一个问题上找到可能的说服方式的功能"，[1]而他所谓的说服方式，指的就是言之成理的论辩方法。西塞罗在《论修辞发明》中将修辞看作论辩的一种形式，并在其后的《布鲁特斯》《话题》和《论言说者》中对各种修辞理论和具体论辩方法进行了深刻地阐述和论证。昆提利安在《演说学原理》中在继承亚里士多德和西塞罗修辞说服观的基础上，将修辞进一步限定为"善言的科学"，并对各种论辩手段进行了深入地阐释和探讨。而在古希腊罗马之后至近代，修辞中论辩因素的消失和遗忘也导致了修辞学在司法裁判领域里的衰落。论辩因素的隐退使得修辞成为修饰语言的手段，失去了在司法裁判领域里运用的价值。20世纪下半叶，修辞学得以复兴，其原因就在于它继承了古典修辞学强调论辩的传统，并对其进行了发扬光大。20世纪的修辞学理论将修辞视为论辩的艺术，并把论辩作为修辞艺术的焦点。如新修辞学的代表人

---

〔1〕［古希腊］亚里士多德："诗学·修辞学"，载《罗念生全集》（第1卷），世纪出版集团、上海人民出版社2002年版，第151页。

物佩雷尔曼于1958年出版了《新修辞学：论论辩》一书，在书中，他对修辞中的论辩因素给予了特别关注。英国学者图尔敏在《论辩的应用》一书中阐述了论辩的一般结构，他的论辩结构具有重要的修辞学价值。美国学者韦恩·布洛克瑞德也指出修辞的价值在于通过论辩形成观点，修辞的实质在于论辩。

　　为什么修辞中论辩因素的有无决定着修辞学在司法裁判领域里的起伏？西方修辞学一直存在着两种研究维度[1]：一种是把修辞看作"言辞的修饰艺术"，另一种是把修辞视为"说服的艺术"。第一种研究维度以挖掘语言的审美功效为目的，探索"优美地说话的技艺"；第二种研究维度主要思考修辞的说服力量和说服目的。虽然"优美地说话"也有助于人们在心理上产生说服效果，但这种说服有可能因为存在言辞的欺骗和情感的蛊惑而出现非理性的后果，为了避免非理性后果的产生，研究说服功效的修辞学将论辩引入了修辞之中。所谓论辩，尽管修辞学家们意见各异，但都有一个共同的体悟，即"如果说每一项议题都始终可能存在双边立场，那么就始终有可能出现对立。潜在可能的对立具有重要意义，'论辩'这个词的模棱两可性质就体现出这一点"。[2] 由此可见，论辩必然包含着对立，只有对立才能激起论辩。同时，论辩还意味着对立中存在观点的交

　　〔1〕　修辞学研究的这两种维度始于古希腊早期，如古希腊早期的修辞学家高尔吉亚曾将修辞界定为"产生说服的能工巧匠"，认为说服是修辞的本质，也是修辞的全部功效。从表面来看，他对修辞的研究似乎可归属为第二种研究维度，但他所说的劝说还包括通过言说对人类情感、态度和行为的操纵，这说明他对修辞的探讨还包括"言辞修饰"研究层面，因此，高尔吉亚虽将修辞与说服联系了起来，但他的研究则涵盖了修辞学的两种研究维度，只是他对这两种维度未做明确区分。修辞学这两种研究维度的奠定者是亚里士多德，他曾将修辞学称为诗学和论辩术，诗学涉及语言的审美功效，论辩术则关涉修辞的说服功效。在他的《修辞学》和《论题篇》中，他主要探讨的就是各种理性说服的手段和方式，而非言辞修饰技巧。

　　〔2〕　〔英〕迈克尔·毕利希等：《论辩与思考》，李康译，中国人民大学出版社2011年版，第54页。

流和分享，否则论辩无法展开。在言说活动中，论辩使得言说者与被言说者之间处于对立状态，并使双方围绕对立点展开争论和辩驳，通过他们之间的博弈消除修辞活动中的非理性言说，从而促使理性结果的出现。"论辩的加盟使修辞学从过分强调劝说和表达的极端中解脱出来并被赋予了创造知识和揭示真理的功能"，[1]"正是它（论辩——笔者注）提升了古代这门学科（修辞学——笔者注），致使其（——笔者加注）超越于广告花招的层次。"[2]论辩因素的加入使得修辞学摆脱"诡辩"嫌疑，走上了理性发展的轨迹，而这正好满足了司法裁判对个案判决公正的要求。因此，修辞中论辩因素的有无决定着修辞学在司法裁判领域里的起伏。

修辞学在司法裁判中里的历史嬗变表明修辞学在面向司法裁判时，应强调修辞的论辩因素。强调论辩因素的修辞，即"作为论辩的修辞"，它主张通过双方的论辩和争论来达致理性说服，而非通过修饰语言来进行非理性说服。从哲学层面来看，作为论辩的修辞，一方面，非常注重言说活动的过程性，主张通过言语对抗的过程来消除修辞活动中的非理性言说；另一方面，非常强调以听众为中心，讲究对听众的说服和顺应，从这个层面上看，论辩为修辞提升了内涵。而从方法层面来看，作为论辩的修辞也意味着利用修辞来进行论辩，在这个意义上，修辞则为论辩提供了方法。

在此要特别辨明的是，在"作为论辩的修辞"之观点中，论辩在为修辞提升内涵的同时，修辞亦为论辩提供了方法，既然如此，这就会涉及当今学者们已经把它与修辞学研究做出区

---

〔1〕 姚喜明等编著：《西方修辞学简史》，上海大学出版社2009年版，第229页。
〔2〕 ［英］迈克尔·毕利希等：《论辩与思考》，李康译，中国人民大学出版社2011年版，第41页。

分，从而针对论辩进行研究。克里斯托弗·廷德尔认为，以实用为导向的论辩理论大致存在三种研究取向：结果取向的非形式逻辑论辩研究、程序—规则取向的语用论辩研究以及过程—听众取向的修辞论辩研究。而这三种研究取向都从古典修辞思想中汲取了理论灵感，并都对话语实践中的或然性、情境性和听众等因素给予了高度关注，从而使得这些论辩理论本质上都是关于修辞的论说。[1]于是，问题就产生了：在这三种研究取向中，它们所涉及的修辞是否都可理解为本书所指的"作为论辩的修辞"？笔者认为，只有以过程——听众为取向的修辞论辩研究中的修辞内涵最适宜被理解为"作为论辩的修辞"。在这三种研究取向中，与形式逻辑方法一样，结果取向的非形式逻辑研究是以论辩主体缺失为预设的，但与形式逻辑方法不同的是，它将研究对象聚焦于自然语言，特别关注发生于日常生活中的非科学性的论辩语篇。这种研究取向注重对静态论辩结果的考察，论辩者从文本和话语中为论辩主张寻求支持性证据，并根据此来判断证据有无效力或效力的强弱。[2]这种研究取向将论辩置于生活世界中来考察，突破了形式逻辑游离于现实情境的研究范式，体现出对修辞学传统的回归，但它未对受众给予充分关注，也未注意到论辩的动态性特征。程序—规则取向的语用研究主张论辩的分析评估应放在具体的语境中进行，强调规范性程序对于论辩的重要性，强调论辩参与各方通过"批评性

---

　　〔1〕　国内很多学者在谈论修辞论辩时往往采用宽泛界定，将结果取向的非形式逻辑论辩、程序—规则取向的语用论辩和过程—受众取向的修辞论辩都涵盖在内，如云红在其博士论文"西方修辞论辩理论与运用研究"中和樊明明在其博士论文"修辞论辩的机制"中对修辞论辩均做如此理解。这种宽泛界定模糊了修辞论辩理论内部之间的差异，不利于对修辞和论辩之间的关系进行全面清晰的理解，从而也影响了对修辞论辩的整体性理解。

　　〔2〕　Christopher W. Tindale, *Acts of Arguing: A Rhetorical Model of Argument*, State University of New York Press 1999, p. 3.

讨论"这一论辩程序和规则来达到消除意见分歧这一论辩目标。所谓意见分歧，就是当某一观点的可接受性受到质疑时就产生了分歧。强调消除意见分歧和立场的可接受性意味着这一研究取向已经关注到了受众和情境，这也反映出了论辩研究的修辞学转向，尤其是近些年来，"策略动机"[1]概念的提出以及加拿大学者沃尔顿对对话类型的详细区分[2]更显示了这一研究取向对修辞学知识的借鉴与引用，然而它对情境和受众的关注由于强调规范程序而显得不够彻底。过程—听众取向的修辞研究取向直接利用修辞来反对形式逻辑传统，它关注论辩中固有的交流过程，强调说者对听众的顺应和说服，主张论辩的具体使用以及论辩的正确性、合理性和可接受性等问题。

通过对上述三种研究取向的描述，可以发现过程—听众取向的论辩研究更为鲜明地体现了论辩的修辞学品性。首先，它直接将修辞作为弥补形式逻辑缺陷的手段，体现了修辞的方法性，而其他两种研究取向只是从修辞学中汲取了部分理论，未将其彻底地作为一种方法。其次，它关注论辩主体之间的交流过程，对交流过程的关注使得修辞和论辩互为渗透关联，本质上成为一体两面，而其他两种研究取向只是关注静态的论辩结果或对论辩规则的尊重，在其中，虽然修辞和论辩存在关联，但均未达成一体两面的程度。最后，它注重顺应听众，这也是

---

〔1〕 对于"策略动机"，艾默伦和豪特卢瑟在其合作的 *"Strategic Maneuvering: A Synthetic Recapitulation"* 一文中进行了详细阐释，其含义就是指将以前因违反"论辩十律"而被确定为"谬误"的话语通过引入情境和受众等修辞因素来"去谬"，以保留现实话语实践中那些合情合理的"谬误"。

〔2〕 沃尔顿在承认批判性讨论是最重要的对话类型的基础上又增加了区分个人论争、审议型论争、探知型论争、寻求信息型论争和谈判型论争等五种对话类型。他认为，每一种对话类型都对应不同的规则体系，因此，在某一类对话类型中被界定为谬误的论证在另外一种对话类型中可能是合理性的论证。从中可以窥探出沃尔顿的听众顺应观。

其他两种研究取向所不具有或不大注重的。而在内涵为"作为论辩的修辞"之修辞学理论中，修辞论辩特性的最主要体现就是其听众顺应观，为了突出修辞主体之间的平等对抗，以防止说者的修辞恣意，强调论辩的修辞学理论非常注重对听众的顺应，强化听众的地位，如佩雷尔曼提出了听众中心论。综上所述，只有在第三种取向的论辩理论中，修辞的内涵才最适宜被理解为"作为论辩的修辞"，这个取向的论辩理论在本质上就是关于论辩的修辞学理论，也是本书所指的面向司法裁判的修辞学理论。

二、修辞的特征[1]

作为论辩的修辞，它一方面主要运用于日常生活领域，对具有不确定性特征的论题或主张进行合理性维护和论证；另一方面非常注重论辩生发的真实情境和论辩过程，非常强调对听众的顺应和说服。正是因为其具有或然性、情境性和听众顺应性等特征，修辞才实现了对价值判断的合理性论证。

（一）修辞的或然性

亚里士多德曾将论辩分为证明性论辩、辩证性论辩和修辞性论辩三种，这三种论辩分别通过逻辑学、辩证法和修辞学来实现。逻辑学利用严格的演绎三段论，由真实可靠的前提推出可靠的结论；辩证法利用归纳、类比等推理方法来达到求真的目的；修辞学则在或然性领域利用劝说和说服来影响听众的大脑。亚里士多德的这种区分为后世论辩研究者所继承，修辞一直被认为是解决非必然性和可能性领域中人类行为问题的手段，以区别于确定性领域以必然性证明为特征的逻辑论辩。在面对

---

〔1〕　此部分内容撰写参见沈寨："修辞方法对司法的贡献与制约"，载《法学论坛》2013年第1期。

不确定的、存在争议的问题时，修辞以或然性事物为根据，采用或然性的推理方法，以为有争议的问题找到解决结论或方法。所谓或然性的事物，是指"经常会发生之事，但并非如有些人所说的是在绝对的意义上，而是允许有另一种可能的事物"，[1]或然性事物多存在于"意见"领域，常常包含了价值判断，能对做出某一行动或结论提供评价和参考。因此，可用作论辩根据的或然性事物常常是普遍流行的观点和意见，或者是公认的常识，它们不具有绝对意义上的真，但在多数情况下是真实可靠的事理。或然性推理，就是盖然性推理，它表征的是前提和结论之间不一定存在必然的联系，而是盖然性关系。通过或然性的推理，人们可以减少或消除未知事物的不确定性，使其转化为修辞意义上的确定性，从而为无法定论的问题提供最佳解决方案或结论。利用或然性推理，从或然性前提中推出的结论自然也具有或然性。修辞的结论不像科学证明那样具有绝对意义上的正确性，它的证立与否取决于论辩双方对结论的态度。在或然性领域，不存在命题"真"与"假"的区分，只存在"好"与"坏"的判断，因此，以或然性为基础的修辞不是知识求真的活动，而是对主张或论题进行合理性维护的一种实践。

（二）修辞的听众顺应性

作为一种直接面向实践的活动，修辞具有强烈的目标指向，那就是通过顺应听众，以说服和影响听众为最终目的。在传统修辞理论中，顺应听众以说服和影响听众始终是修辞活动的核心目标。如亚里士多德将修辞的功能确定为"发现存在于每一

---

〔1〕 ［古希腊］亚里士多德：《修辞术·亚历山大修辞学·论诗》，颜一、崔延强译，中国人民大学出版社 2003 年版，第 12 页。

事例中的说服方式"，[1]他所说的说服方式，按照现代的理解自然也包括顺应听众这种方式；西塞罗认为言说者的成败得失最终是由公众说了算，言说要想或者成功非要赢得听众认同不可。显然，顺应听众，以说服和影响听众也是西塞罗对修辞行为的目标定位。现代修辞学理论仍将修辞看作为以说服和影响听众为目的，寻求最佳说服方式的一种言辞活动。如佩雷尔曼认为"所有的论辩均是为了赢得受众思想的服膺"，[2]依据他的看法，论辩成败的关键取决于论辩者能否通过与听众的接触和交流，以赢得听众的认同，促使其采取行动。修辞这种以说服和影响听众为目标的定位充分体现了它对听众的核心关注。为了说服和赢得听众，论辩者的基本任务就是使自己不断顺应听众，满足其要求。一方面，论辩要充分考虑听众的具体情况，清楚听众的年龄、职业、阶级、教育背景等特征，以此来确定论辩的策略、内容、结构和风格等；另一方面，论辩者要根据听众的价值取向，选择听众都能接受的观点和意见作为自己论辩的出发点。只有使自己顺应了听众，才能说服听众，赢得听众的认同。对听众的核心关注表明了修辞具有强烈的实践面向。古今修辞理论中的听众含义无论怎么变化，皆指具有鲜活生命体验的个人或群体，而非指称一个符号。因此，对听众的关注保证了修辞能够始终围绕具体生活实践而展开。

（三）修辞的情境性

形式推理以前提的可靠性来保证结论在普遍意义上的真实性和有效性，而无视事物产生的真实情景和论说过程，因此，

---

〔1〕　[古希腊]亚里士多德：《修辞术·亚历山大修辞学·论诗》，颜一、崔延强译，中国人民大学出版社 2003 年版，第 7 页。

〔2〕　Perelman &Olbrechts-Tyteca, *New Rhetoric: A Treatise on Argumentation*, John Wilkinson & Purcell Weaver, University of Notre Dame Press, 1969, p. 19.

它难以保证结论在实质意义上的正当性和有效性，进而也对解决诸如正义、道德这样的价值问题束手无策。形式推理这种缺陷使得当代修辞学家们注意到了修辞所具有的情境性特征，他们主张以修辞的情境性来弥补形式推理的不足。所谓"情境"，按照杜威的观点是指"不是一个单独的对象或事件，或者一系列单独的对象或事件，因为我们从来不是孤立地经验或判断对象或事件，而是在整体背景的联系中经验和判断的"，[1] 这个整体背景联系就是"情境"。一方面，"情境"表征的不是单纯的外部存在，而是注意到了主体的主观心理活动过程，从而对人之主体性因素进行了正视和关注；另一方面，"情境"不是对生发过程的静态描述，而是包含了与社会道德和伦理规范紧密相联的评价性因素。因此，"情境"不是指单独的一个或一组对象或事物，而是将这一个或一组对象或事物置于和它相联系的一个立体结构之中，这个立体结构包括了时间、地点、人物、事件、自然环境和社会环境等多种因素。对情境的关注有利于人类进行价值评价活动，因为"所有的评价和所有的评价判断都发生在遍及行动着的个人相互联系的世界以及与环境的关系正在进行着的生活过程的情境中"。[2] 评价与特定问题情境的紧密关联性使得修辞在价值推理活动中具有形式推理所不具有的优势，它对情境的关注使得人们将价值推理视作动态而非静态的过程，从而有利于对各种因素进行全面考量和权衡，以最大程度地实现个案正义。修辞对情境的关注，一方面表明修辞活动对内容的关注超越了对形式的重视，具有内容决定形式的

---

〔1〕 John Dewey, *Logic*: *the theory of Inquiry. In the later works of John Dewey (1925~1953)*, Vol12 Southern Illinois University Press, 1986, p. 72, 转引自陈郭华："价值判断是不可证实的吗?", 复旦大学 2006 年博士学位论文, 第 44 页

〔2〕 ［美］A. 塞森斯格：《价值与义务——经验主义伦理学理论的基础》, 江畅译, 中国人民大学出版社 1992 年版, 第 63 页。

特征；另一方面表明修辞具有赋予论辩者目的和意图的特性，从而大大释放了人的主体性。

　　修辞的或然性特征使得修辞常常被用于非确定性领域问题的解决，对于有理性的人类而言，对不确定性问题的最佳解决方式就是为某一问题找到合理的答案，而所谓合理性是基于生活常识和实践经验的理性；修辞的听众顺应性使得修辞必须以具有鲜活生命体验的个人或群体为核心关注，对世俗个体或群体的核心关注又促使修辞必须围绕具体生活实践而展开；修辞的情境性也使得修辞必须对论辩过程中的诸如情感、道德和价值等各种实质因素进行全盘思量和考虑，而这与人类的生活实践密切相关。由此可见，无论从修辞的或然性还是从其听众顺应性和情境性来分析，修辞都是针对现实生活而言的，具有强烈的实践面向。而修辞的实践品性表明了修辞是以日常语言为介质的活动，而非如形式推理那样在人工语言之内处理事务。日常语言根植于日常生活和社会语境，人们往往根据语言在日常生活和社会实践中的具体使用来确定语言的意义。以日常语言为工具的修辞论辩对于弥补逻辑推理在价值判断上的缺陷具有重要意义。

第三节　司法裁判中的主要修辞学理论

　　从古希腊到当代，各个时代的修辞学家们提出了为数众多的修辞学理论，如古典时期的修辞"五艺"说、诉求理论、[1]亚里士多德的缺省三段论、争议点理论和论题理论等；现当代的博克戏剧五元素说、比彻的修辞情境说、图尔敏的论辩模式

---

〔1〕　亚里士多德认为，人们可以通过诉诸理性（logos）、情感（pathos）或人品（ethos）三种方式来说服听众。

和佩雷尔曼的新修辞学等。然而，通观修辞学在司法裁判领域里的历史嬗变，司法裁判中的修辞学理论主要包括争议点理论、论题学、图尔敏论辩模式和佩雷尔曼的新修辞学。与其他修辞学理论相比，这些理论十分关注修辞中的论辩因素，且在法律和司法领域里具有较强的适用性。

一、争议点理论[1]

古希腊早期修辞学家普罗泰戈拉曾提出"针对一切事物都存在着两种相反（又都讲得通）的说法"这一修辞基本原则。这一原则在公元前 2 世纪被另一位修辞学家赫尔玛格拉斯运用于对觅题选材的思考之中，从而提出了著名的争议点理论。赫尔玛格拉斯认为，在进行觅题选材时，修辞者首先应该确定论辩双方的争议所在，然后围绕争议点展开论辩。所谓争议点，通俗点说就是双方意见冲突之处。通常情形下，人们在搜寻争议点时应按照事实（conjecture）、定义（definition）、品质（quality）和程序（procedure）这四个基本方向依次进行。赫摩根尼在赫尔玛格拉斯四大争议点的基础上将争议点细化为 13 个，为修辞者进行觅题选材提供了更为具体详细的指导。

源自于古典庭辩修辞的争议点理论充分注意到了论辩对于修辞的重要性，从而将论辩作为其自身关注的焦点。一方面，争议点理论认为每一个案件至少存在一个争议点，否则就不会产生争端或论辩，这正如西塞罗所说，没有争端就不会有争辩，

---

〔1〕 舒国滢教授在其论文"'争点论'探赜"（载《政法论坛》2012 年第 2 期）中，将其称为争点论。本书采用争议点理论这个称谓，只是沿用了国内大多数学者的用法，两者之间并无差别，仅为翻译不同。

没有争辩就不会存在案件。[1]另一方面，争议点理论认为争议点产生于控辩双方之间的对立或对抗。希腊语"争议点"（stasis）的词根意思为"站在某地"（to stand in place），除此之外，它还有"旋风"（whirlwind）之意。所谓"旋风"，在此喻指从相反方向——控方和辩方——吹来的两股强劲的风发生碰撞之后产生的"回旋"——冲突所在的位置。"争议点"这个词语本身就意为两者之间的冲突和对立之处。由此可见，争议点理论非常强调论辩主体之间的对抗，主张通过论辩双方之间的争辩和讨论来寻求问题的解决之道，在这样的修辞学理论中，修辞中的论辩因素受到特别关注和强调，以至于修辞与论辩相互渗透，成为一体两面。

　　尽管争议点早在古希腊时期就已经产生，然而它并未随着岁月流逝而被时间所湮没，无论是在实践上还是在理论上，它一直都焕发着持久的魅力。从实践上来看，争议点理论在现在仍被广泛地运用于法庭论辩之中，在庭辩实践中，控辩双方通常仍是沿着事实、定义、品质和程序的方向依次搜寻论题来为自己进行辩护；从理论上来看，在当今的修辞学理论中仍能见到争议点理论的踪迹，如图尔敏论辩模式就明显地体现出了争议点理论的影响。对论辩的关注和强调，再加上其在司法裁判领域里的适用性，使得本书将争议点理论视为司法裁判中的主要修辞学理论之一。

二、论题学

　　作为一种关于思维方法的理论，论题学在修辞学中占据着

---

　　[1]　[古罗马]西塞罗：《西塞罗全集·修辞学卷》，王晓朝译，人民出版社2007年版，第148页

相当重要的位置。论题学源自于古希腊的论题理论。"论题"在古典修辞学中指"觅题选材的仓库",即可以帮助我们找到诉求内容的地方和线索。在这个地方或依照这样的线索,我们可以发现证明论题的材料。论题概念首先由亚里士多德阐发,在《论题篇》中,他构建了论题理论和寻求论题的方法。西塞罗则在《论题》一书中对论题的分类、含义和每一个具体论题进行了阐释,使得论题研究从注重理论建构转向了对实践技巧的探索。亚里士多德和西塞罗的论题理论在经历了相当长时间的沉寂之后,于 20 世纪 50 年代受到德国学者菲韦格的重新发现,他将其上升成一种思维方式。按照菲韦格的观点,论题学是一门问题定向的思维技术,[1] 具体来说,它强调围绕问题展开论辩讨论,通过多方主体参与论辩与讨论来获取个案的最佳解决方案。从它的运行来看,它是明显有别于体系性思维的一种技术。

与争议点理论一样,论题学也充分关注到了修辞中的论辩因素。第一,论题学是以问题为导向的思维技术,而它所说的"问题",是指存在两种或两种以上答案的提问,也就是说,在依靠逻辑方法无法从既有前提中推导出唯一正确答案时,问题便存在了。既然问题出现于或然性领域,而在或然性领域想要获得具有可接受性的、合理的解决答案,论辩是最好的实现方式。第二,论题学主张应通过多方主体参与论辩和讨论来获取个案最佳解决方案,这是对论辩最为明确的关注和强调。因此,论题学本身就是一种关于论辩的修辞学理论。作为一种思维技术,论题学被广泛地运用于司法裁判之中。司法裁判是面向日常生活的一种实践活动,而日常生活中的大多数问题都不是能够依靠逻辑方法得到唯一正确处理的,它包含了主体的价值判

---

〔1〕 〔德〕特奥尔多·菲韦格:《论题学与法学——论法学的基础研究》,舒国滢译,法律出版社 2012 年版,第 26 页。

断，这是需要通过论辩才能获得妥当处理的或然性问题。因此，菲韦格指出："（实用）法学必定被理解为一种问题争论的特定程序，这种程序本身可以构成法律科学的（研究）对象。"[1]正因为此，本书将论题学也看成了司法裁判中的主要修辞学理论之一。

三、图尔敏论辩模式

面对现代哲学用分析性论证取代实践性论证，用绝对主义取代相对主义的普遍化倾向，英国学者图尔敏一直在努力寻找一条拒斥绝对主义同时又避免相对主义的道路。1958年，他出版了《论辩的应用》一书，在书中，他在吸取古典修辞学理论的基础上，以法学为模型创建出了一个能够面向日常生活实践的论辩图示。图尔敏论辩图示展现的主要是由六个基本要素构成的论辩过程。他认为论辩是从事实出发，通过正当理由到达主张的过程，而事实、正当理由和主张是任何一个论辩都必需的组成部分，它们构成了论辩的基本模式。除了基本模式之外，图尔敏认为还存在一个增加了支援、模态限定词和反驳三个要素的扩展模式。支援是对正当理由权威性的强化，模态限定性显示正当理由对结论的保证力度，而反驳则是阐明例外情况，它的存在有可能使结论不成立。

图尔敏论辩模式是关于论辩的理论，人们一般从其名称中就可以做出如此判断，然而对于它为什么会被归属到修辞学领域，人们却心存疑惑。图尔敏论辩模式的确非常注重论辩，它的六个构成要素，特别是"正当理由""反驳"和"支援"这三个概念将多方主体之间的论辩充分展现了出来。然而，这个

---

〔1〕〔德〕特奥尔多·菲韦格：《论题学与法学——论法学的基础研究》，舒国滢译，法律出版社2012年版，第2~3页。

模式的目标只在于为了讲话人的观点而再现论辩，而另一方则是被动的：论点的接受并不依赖于系统地权衡赞同还是反对论点，从这个角度来看，它在实际上是与由一个论据支持的一个或两个前提的三段论相提并论的古典修辞延伸。[1]因此，图尔敏论辩模式实质上属于修辞学理论。

图尔敏论辩模式本来就是以法律诉讼程序为原型而构建出来的，它的每一个构成要素都能在法律诉讼中找到对应，如主张对应着法律诉求、事实对应着证据、正当理由对应着法律规则或原则、支援对应着裁判规范背后的法律规范或规定、模态限定词有如"应当"和"可以"，而反驳则对应着法律规定中的"但书"等情形，因此，图尔敏论辩模式具有适用于司法裁判的特性。基于此，本书将图尔敏论辩模式归属到了面向司法裁判的修辞学理论范畴之内。

四、佩雷尔曼的新修辞学

在对修辞学和论辩经历了长达十年的研究之后，佩雷尔曼于1958年出版了《新修辞学》一书。在书中，他指出形式证明不能作为价值判断的基础，这就要求论辩作为形式逻辑的补充，因为论辩可以处理价值在其中扮演重要角色的争论，而这是形式证明或经验证明所无法解决的。[2]在确定了论辩对于价值判断的重要性之后，佩雷尔曼阐释了他关于论辩的新修辞学理论。总体来看，新修辞学理论主要包括三个方面：听众理论以及基于论辩要素之界定和听众之分析的论辩结构和论辩方法，简言

---

〔1〕〔荷兰〕弗朗斯·凡·爱默伦、罗布·荷罗顿道斯特：《批评性论辩 论辩的语用辩证法》，张树学译，北京大学出版社2002年版，第41页。
〔2〕武宏志、周建武、唐坚：《非形式逻辑导论》，人民出版社2009年版，第200页。

之，就是听众理论、论辩的出发点和论辩方法。

佩雷尔曼的新修辞学将修辞和论辩紧密地联系了起来，这不仅从《新修辞学：论论辩》的书名中可以看出，而且从其理论阐释中也可窥见一斑。他指出："如果辞格的论辩角色遭到忽略，那么有关辞格的研究就是一种无用的消遣，为那些牵强附会、矫揉造作的言语雕饰寻找奇奇怪怪的名目。"〔1〕可见，他认为修辞学就应该是论辩的修辞学，而非美文的修辞学。新修辞学对论辩因素的强调最明显地体现在其听众理论上。佩雷尔曼将听众置于核心地位，认为修辞论辩的中心任务就是说服听众，论辩者在论辩时应努力使自己顺应听众，满足其要求。关注听众是古典修辞学理论的一个重要特征，亚里士多德就曾赋予听众以主体性地位，认为听众是决定演讲者成功与否的权威，然而如此强化听众地位的只有佩雷尔曼一人。通常而言，在修辞活动中，言说者往往处于主动地位，听众处于被动地位，两者地位的不对称导致他们之间的话语权并不平等，因而言说者恣意很可能会随时出现。为了限制言说者恣意，佩雷尔曼提升了听众地位，将听众置于论辩核心，通过赋予听众与言说者相同甚至更高的地位以对言说者形成约束。由此可见，听众理论充分体现了佩雷尔曼对修辞中论辩因素的关注和重视。

与图尔敏论辩模式一样，新修辞学理论也是来源于佩雷尔曼对法学的思考。佩雷尔曼在探讨论辩对于价值判断的意义时就是选取法庭论辩为蓝本来进行的。在他看来，"彻底调查法律的证据以及跟证据有关的各种情况及其发展的结果，可能要比

〔1〕　Chaim Perelman, *The New Rhetoric and the humanities*: *Essays on Rhetoric and its application*, D. Reidel Publication Company, 1979, p. 18, 转引自〔英〕迈克尔·毕利希等:《论辩与思考》，李康译，中国人民大学出版社 2011 年版，第 41 页。

其他任何研究使我们更了解思想和行为之间存在的诸关系".[1]
新修辞学理论与法学之间的渊源关系使得新修辞学在司法裁判
中具有较强的适用性。事实上，很多学者也确实对新修辞学该
如何运用于法律和司法领域展开了研究：不仅佩雷尔曼本人在
《正义观念和论证问题》（1963 年）和《正义》（1965 年）等书
中探讨了司法推理问题，而且在他的主持下，一大批研究法律
修辞学的著作出版，如《法律中的空隙问题》（1968 年）、《法
律规则》（1974 年）、《法律中的证明》（1981 年）和《司法逻
辑研究》（1966 年至 1978 年）等。缘于此，本书认为佩雷尔曼
的新修辞学是司法裁判中修辞学的主要理论之一。

---

[1] Chaim Perelman, The idea of Justice and the Problem of Argument, Routledge &
Kegan Paul Limited Broadway House, 1963, p. 108, 转引自胡曙中：《美国新修辞学研
究》，上海外语教育出版社 1999 年版，第 373 页。

第三章

争议点理论：争论焦点和个案正义[1]

如果你是一个十三岁的孩子，一天，你妈妈刚回到家，你九岁的弟弟就抱着受伤的膝盖向她告状说你伤害了他。试想一下：对于你弟弟的控告，你最多会有多少种答复？

这个问题曾经是公元前 2 世纪古希腊修辞学教师赫尔玛格拉斯所思考的一个问题。赫尔玛格拉斯认为，对于弟弟对哥哥关于身体伤害的指控，哥哥可以做出如下答复：

（1）"我没有伤害他。"

（2）"是的，我确实打了他，但是不像他说的那样打的他。"

（3）"是的，我确实打他了，但是我打他是正当的，是情有可原的。"

（4）"你没有权利来判定是不是我打了他。"

哥哥所做出的这种"尽能所说来对控告进行答复"的这一言说系统，在赫尔玛格拉斯看来就叫争议点理论。争议点理论自被他首先阐发之后，在古罗马时期又得到了西塞罗、昆提利安和赫摩根尼等人的完善和提升，并在此后很长时间被用来为争论、劝诫性演说和法庭辩论等进行论点发表。在司法论辩中，

---

〔1〕 本节内容撰写参见沈寨："争议点理论在当代司法裁判中的功能及其限度"，载陈金钊、谢晖主编：《法律方法》（第 22 卷），中国法制出版社 2017 年版，第 257~268 页。

争议点理论不仅在宏观层面上为言说者构建了论辩框架，为论辩的深入展开提供了方向指引，也在微观层面上为言说者提供了论辩手段和技术，从而有利于论辩结论的合理得出。本章在对争议点理论进行介绍和阐释的基础上，从论辩骨架和论辩技术两个层面来探讨其对个案正义寻求的意义，并着眼于其特征来分析它在个案正义寻求上的局限性。

第一节　争议点理论概述

西方经典修辞学将修辞行为分为"修辞发明""布局谋篇""问题风格""记忆"和"发表"五个部分。其中，"修辞发明"既是修辞行为的首要组成部分，也是它最重要的组成部分。"修辞发明"主要涉及两方面的主题：一是确定和整理所争议的问题，建立争议点体系；二是在争议点整理的基础上搜寻各种可用于说服听众的手段或论辩前提。[1]这充分说明，论辩前提的发现和论证结构的建立均需在确定争议点的基础上才能进行。也就是说，在修辞论辩中，修辞者首先要确定什么是论辩双方的争议所在，然后才能探索和构筑自己的论点和论据。由此可见，争议点是修辞发明的核心过程。而所谓争议点，它的原文术语为 stasis，其本义是指"在相对或相反的运动之间所产生的不可避免的暂停或中止"；在法庭论辩中，其意思为"论辩双方因对立观点所引起的停顿之处"；[2]在修辞学中，它指的是当存在不同意见时，修辞者需要对此提出论据和理由进行说服的意

---

〔1〕　George Kennedy, *A new History of Classical Rhetoric*, Princeton University Press, 1994, p. 4.

〔2〕　Malcolm Heath, *Hermogenes on Issues* Strategies of Argument in Later Greek Rhetoric, Clarendon Press 1995, p. 21.

见冲突之处。[1] 通俗地说，争议点指的就是双方争论的焦点（The focus of dispute）。在古希腊罗马历史上，亚里士多德、西塞罗和昆提利安等人都对争议点理论进行过探讨，但最为系统研究和论述的学者为赫尔玛格拉斯和赫摩根尼。

　　虽然在当代，随着修辞学的复兴，它的价值重新得到学者们的评估，并且其内容也得到了进一步的完善，但总体来看，争议点理论仍保留着古典时期的基本内涵，其内容没有质的改变。

一、古典时期的争议点理论

　　在西方古典修辞学理论中，觅题选材（invention）被认为是修辞的中心任务。而在进行觅题选材的过程中，一般认为修辞者的首要任务在于"搜寻和发现与题材、情境相适配的常规话题"，[2] 但依照古希腊修辞学家赫尔玛格拉斯的观点来理解，觅题选材的起点应该是"确定什么是内在于相关修辞形势的核心争议点"。[3] 详言之，在修辞论辩中，首先应该鉴别什么是论辩双方的真正争论点，然后根据这些争论点来寻找确证自己的辩护理由以及反驳对方辩护理由的论证策略。可见，争议点才是觅题选材的出发点和说服的初始起因。赫尔玛格拉斯的这一观点得到了西塞罗及后世修辞学家的认同。

　　在明确了争议点为觅题选材的真正动力这一观点之后，赫尔玛格拉斯又将修辞学的题材分为"个案"（确定的问题）和

---

[1]　刘兵："作为修辞的法律——法律的修辞性质与方法研究"，中国政法大学 2011 年博士学位论文，第 141 页。

　　[2]　刘亚猛：《西方修辞学史》，外语教学与研究出版社 2008 年版，第 77 页。

　　[3]　刘亚猛：《西方修辞学史》，外语教学与研究出版社 2008 年版，第 77 页。

"命题"（不确定的问题）两种。[1]在解决有关"个案"或"确定的问题"争议时，修辞者应该首先明确双方对立看法的焦点有哪些，即争议点何在。按照赫尔玛格拉斯的观点，争议点可以分为"逻辑争议点"和"法律争议点"两种，它们各自分别又可分为四类。"逻辑争议点"包括：①"事实争议点"（conjecture），涉及的是某一特定人在某一特定时间是否做了某事的争议，如上文答复（1）中，对弟弟所控告的伤害行为，哥哥给予了否定。对于伤害行为是否存在，双方产生了争议，这个争议就叫事实争议点；②"定义争议点"（definition），是指对如何界定事件（行为）性质所发生的意见分歧和冲突，在上文答复（2）中，哥哥承认自己对弟弟实施了某种身体行为，但同时又认为他所实施的这种身体行为并不是弟弟所控告的伤害行为。对于哥哥实施的身体行为是否算是伤害行为所存在的争议就叫定义争议点；③"品质争议点"（quality），涉及对事情（行为）的重要性、类别、一般看法和态度产生的争议，在上文答复（3）中，哥哥承认自己对弟弟进行了身体伤害，但他又认为其实施伤害行为是正当的和情有可原的。在这里，对哥哥的伤害行为是否具有正当性所产生的争议就叫品质争议点；④"程序争议点"（prodecure），该争议点涉及对处理程序的异议，如在上文回复（4）中，哥哥就妈妈是否有权利来裁断自己对弟弟的伤害行为提出的异议可被称为程序争议点。赫尔玛格拉斯认为，修辞者在搜寻争议点时应该按照"事实""定义""品质"和"程序"的顺序依次进行。"法律争议点"包括：①"条文与意图争议点"，涉及法律应按其字面意义还是根据立法者意图来解释；②"法律冲突争议点"，该争议点产生于对同一行为出现两种或多种完全

---

[1] 舒国滢："'争点论'探赜"，载《政法论坛》2012年第2期。

相反法律规定的情形；③"歧义争议点"，涉及一部法律或其他法律对同一行为的规定出现了两种或两种以上的含义；④"基于类比推理的争议"，即某个待决事项缺乏明确的法律依据，而必须根据一定的相似性从其他现行法中对此事项进行类推。[1]

赫尔玛格拉斯争议点理论的出现在古代修辞学史上具有重要意义。在他之前的修辞学家普遍认为修辞发明的首要任务是寻找与体裁和情境相适配的常规话题。亚里士多德在阐述他的"修辞发明"理论时就曾指出，修辞者要想达到说服目的，就必须尽可能多的记住各个领域处于不同层次的各个"话题"，并能根据所面对的情境和说服对象从中选定具有关联性的那一部分，灵活地加以组合、发挥和应用。[2]阿那克西米尼也认为熟悉每一类言说通常触及的话题对言说者来说非常重要，因为任何人如果对这些话题都能了如指掌，那么他就能在任何言说实践中做到得心应手。[3]与亚里士多德和阿那克西米尼等修辞学家不同，赫尔玛格拉斯认为修辞发明的首要任务不是搜寻与修辞活动相关的常规话题，而是确定什么是内在于相关修辞形势的核心争议点。任何修辞情境都是由存在着的意见冲突造成的，修辞者要想说服对方，必须在确定具体的核心争议点之后，才能有针对性地构建自己的论辩前提和论证结构。可见，争议点理论将修辞者的注意力引向了修辞活动产生的原动力，并为修辞者在搜寻争议点时提供了明确的方向和顺序指引。应当说，在古代司法裁判还未走向专业化和职业化的背景下，赫尔玛格拉斯争议点理论为修辞者从事法庭辩论活动提供了特别有用的操作指南，因而非常符合古代司法裁判的需求。

---

〔1〕　舒国滢："'争点论'探赜"，载《政法论坛》2012年第2期。
〔2〕　刘亚猛：《西方修辞学史》，外语教学与研究出版社2008年版，第62页。
〔3〕　刘亚猛：《西方修辞学史》，外语教学与研究出版社2008年版，第66页。

　　赫尔玛格拉斯的争议点理论受到后世修辞学者的高度重视，除了西塞罗和昆体利安等人对他的理论进行了总结和提升外，还有不少学者对他的理论进行了丰富和拓展，其中以古罗马修辞学家赫摩根尼的成就最为突出。与赫尔玛格拉斯的争议点理论相比，赫摩根尼的争议点理论体系显得更为细致完备，从而也更具技术操作上的便利。首先，赫摩根尼继承了赫尔玛格拉斯所提出的觅题选材的首要任务在于确定争议点的观点，但他对确定争议点的途径和方法做了细化和完善。一方面，他将"区分"和"证明"视为觅题选材的两大基本途径。所谓区分，就是从"政治问题"中区分出各种题头（heads），如在事关某一特定事项的理性论辩中，基于一个民族的既成法律或习俗，区分出什么是被人们认为是"公正的""正直的"和"有利的"等诸如此类的事情。这一观点更加注重修辞者与受众之间的对抗关系，更为突出了修辞的论辩特征。另一方面，他认为，在确定争议点之前，应对政治修辞所涉及的人和事，按照"可用于争辩"和"不可用于争辩"的区分进行名称和概念上的归类，对所争辩的问题进行"有效"和"无效"区分。对论辩所涉及的人和物的名称及概念进行功能上的区分使得修辞者在争辩时拥有了灵活应对的修辞策略，如根据不同的修辞情境可赋予同一个"可用于争辩的"名词以不同的身份和涵义，以多方面增加适当的说辞。而对所争问题在内涵上进行"有效"或"无效"区分则使得争议点理论的质地更加细密，纹理更加丰富。其次，在赫尔玛格拉斯四大争议点的基础上，赫摩根尼确认了13个基本争议点。他认为，事实争议点、定义争议点和品质争议点可以应用于所有案例，但"品质争议点"根据讨论对象是"事件"还是"文书"可以进一步区分为"逻辑争议点"和"法律争议点"两个类别。跟事件相关的逻辑争议点包括以下5

种：①正当争议点（issue of justification），即围绕所做过的事是否正当合法进行的论辩。②抗辩争议点（issue of counterplea），即如果所做过的事是错的，则围绕其不法行为的实际后果是否有益于公众所展开的论辩。③反控争议点（issue of counteraccusation），即在被告人承认做过错事并也无法声称所做的错事有益于公众的情况下，反过来指控受害人理应遭受其所做行为之损害。④转移罪责争议点（transfer of blame），即如果被告辩称罪责在第三人，他是否在转移罪责就成为新的争议点。⑤请求宽恕争议点（plea for leniency），即在以上各种争议都不存在的情况下，被告还可以以各种客观理由或个人内在状况等为借口请求减免罪责。跟文书相关的法律争议点包括以下 4 种：①条文与精神争议点（letter versus spirit of law），就应该尊重法律条文还是法律精神进行论辩。②法律冲突争议点（conflicts of law），即一个（案件）可以适用不同的法律规则，而适用不同的法律规则会产生不同的判决结果，由此而展开的争议。③歧义争议点（ambiguity of law），即论辩双方就法律文本字面意义的理解不同而产生的争议。④同化争议点（issue of assimilation），即将法律没有明确规定的行为比拟和等同于法律已明确规定的行为，由此而产生同化争议点。除了事实争议点、定义争议点及可区分为逻辑争议点和法律争议点的品质争议点之外，还存在一个与程序问题相关的争议点，即围绕案件是否应提交审判而展开的异议争议点（issue of objection）。[1] 赫摩根尼将基本争议点细化为 13 个，这为修辞者在进行觅题选材时提供了更为具体详细的

---

〔1〕 参见刘亚猛：《西方修辞学史》，外语教学与研究出版社 2008 年版，第140~143 页；另参见舒国滢："争点论"探赜"，载《政法论坛》2012 年第 2 期，第 31~34 页和 Malcolm Heath, *Hermogenes On Issues*：*Strategies of Argument in Later Greek Rhetoric*, Oxford University Press, 1995, pp. 32~43.

指导，从而增强了争议点理论在修辞适用上的便利性。最后，在确定争议点的过程中，赫摩根尼对"事件"与"文书"做了区分，并详细鉴别和阐述了跟"文书"相关的各个争议点，从而不仅扩展了修辞论辩的运用空间，也增加了修辞论辩的深度。

二、争议点理论在当代的发展

即便在当代，古典争议点理论因其内容上的精致性和实践操作上的便利性也受到了很多修辞论辩学者的高度重视，他们在汲取古典理论丰富营养的基础上，对争议点理论进行了价值重估和内容完善。布雷特在昆提利安修辞学知识的基础上发展了争议点理论。首先，他认为争议点理论不仅仅只是修辞发明的框架，也可以作为论辩批评的框架。[1] 这显然是对古典修辞学者将争议点理论仅仅视作修辞发明框架观点的扩展。其次，他把争议点区分为潜在（potential）争议点和真实（actual）争议点两种。所谓潜在争议点就是可能存在的争议点，如上文所说的四大争议点即为潜在的争议点。真实争议点则是指言说者和对话者之间为了解决纠纷而在陈述各自立场时所涉及真实问题的集合。[2] 也就是说，尽管四大争议点对于制造和批评论辩起着非常重要的作用，但在一个具体的论辩中，四大争议点并非都会依次真正出现（因此叫作潜在争议点），而只有真正出现在具体论辩交流中的争议问题才叫作真实争议点。布雷特关于潜在争议点和真实争议点的区分使得争议点理论得到了进一步完善。齐格尔穆勒和凯认为争议点理论可以用作关于事实/价值

---

〔1〕 Takuzo Konishi, *Stasis Theory and Arguers` Dialectical Obligations*, Windsor, Ontario, Canada, 2000, pp. 38~39.

〔2〕 Takuzo Konishi, *Stasis Theory and Arguers` Dialectical Obligations*, Windsor, Ontario, Canada, 2000, p. 39.

命题论辩的分析工具。一般来说，古典争议点理论比较适合于司法领域或法庭场所的论辩，而他们试图改变这一传统，希望将其适用范围扩展至一般论辩领域。理查德·麦肯则指出了争议点理论和亚里士多德四大科学式提问[1]之间的关系，这为学者思考其在司法领域之外的价值开辟了道路。霍普曼则从法律修辞运用的两个主要场域——指控和论辩——的角度建构了一个适合现代法庭的争议点理论模式[2]。总之，古典争议点理论得到了当代学者的巨大重视和充分阐释，这也进一步说明了争议点理论具有强烈的实践品性和持久的生命力。

第二节　争议点理论在个案正义寻求上的功能

争议点理论将确定争议点作为修辞发明的核心任务，并明确指出了搜寻争议点的顺序和方向，这为庭辩修辞者进行法庭辩论提供了基本的论辩骨架和论辩技术。而无论作为论辩骨架还是论辩技术，争议点理论对于个案正义的实现都具有巨大的裨益。

一、作为论辩骨架的争议点理论

无论是赫尔玛格拉斯的四大争议点系统，还是赫摩根尼的13大基本争议点分类，它们不仅为论辩双方明确了具体的意见冲突之处，从而为自己找到了说服对方的起因，还为论辩者在

---

〔1〕　亚里士多德的四大科学式提问是指：①Is it? ②What is it? ③What properties does it have? ④Why? 这四大提问分别和争议点理论中的事实争议点、定义争议点、品质争议点和程序争议点相对应。

〔2〕　Machael J. Hoppmann, *Argumentative Defense: Foundations for a Modern Theory of Stasis*, Argumentative Verteidigung, Grundlegung zu einer modernen Statuslehre, Weidler Verlag 2008.

确定具体争议点时提供了明确的顺序指引，从而为法庭论辩搭建了一个基本的论辩骨架。作为一种论辩骨架，争议点理论虽然源自古希腊，但它仍对现代司法裁判实践中的个案正义寻求提供了一条可行的进路和方法。这一功能的实现一方面源自争议点理论将"事实"争议点置于搜寻争议点的首位；另一方面缘自争议点理论的论辩性和对情境因素的纳入。

首先，争议点理论以"事实"为出发搜寻争议点的主张为司法价值判断提供了可靠的推论基础。无论是赫尔玛格拉斯，还是赫摩根尼，他们均认为修辞发明应该从事实层面入手来搜寻争议点。赫尔玛格拉斯提出搜寻争议点应该按照"事实""定义""品质"和"程序"的顺序来依次进行；赫摩根尼在确认13个基本争议点时继承了赫尔玛格拉斯的观点，也认为在搜寻争议点时首先应该考虑相关事实是否清楚，如果不明确，应就对存在着的"事实争议点"进行辩论。争议点理论对"事实"基础性地位的尊重为司法价值判断提供了可靠的推论基础。价值判断属于与确定性"知识"相对应的"意见"领域，"意见"的最大特征是它的或然性。要想在或然性领域得出结论，修辞论辩无疑是最佳的推论方式。要使论辩有效力，就必须以确定的事物为基础，因为确定的事物绝对不可能从本身尚不确定的事物那里得到证实，通过确定的事物证明不确定的事物是所有各种论辩的本质，[1]而事实是确定性的载体。[2]既然通过确定的事物证明不确定事物是一切论辩的本质，那么作为确定性载体的事实就是论辩的前提和基础。

---

〔1〕 转引自刘亚猛：《追求象征的力量：关于西方修辞思想的思考》，生活·读书·新知三联书店 2004 年版，第 67 页。

〔2〕 刘亚猛：《追求象征的力量：关于西方修辞思想的思考》，生活·读书·新知三联书店 2004 年版，第 69 页。

　　事实之所以能成为确定性的载体，在于它是不以个人主观意志为转移的客观存在。正因为事实的这一属性，使得它为价值判断提供了可靠的推论基础，进而保证了判断结论的正确性和公正性。从价值判断的实质来看，价值判断包含了多个主体之间的情感和经验沟通，既然是情感和经验沟通，就免不得掺杂主体的主观意识建构。倘若这种建构不以事实为基础，它就会变成主观意识的随意性产物，从而会导致价值判断的武断和任意。在司法裁判领域，虽然经过法律和证据资料裁剪和建构的事实包含有一定程度的主体意识，但案件事实所具有的"一经发生就不可改变的性质"和社会关联性决定了其具有超越裁判主体意识的客观实在性。由此可见，案件事实是司法价值判断之"锚"，它有力地排除了裁判者在司法价值判断上的主观随意性建构，从而保证了价值判断的客观性和公正性。从司法价值判断的推论过程来看，以案件事实作为推论出发点使得裁判者最终只能依赖或围绕事实来实现其说服论证目的，这能够充分保障价值推论的理性展开。当双方当事人对案件事实产生争议时，每一方必须为自己所主张的事实提供证据或理由。当其中一方在提不出令人信服的证据或理由的情况下贸然挑战或质疑另一方所主张的事实时，他的行为就会被认为是非理性的行为而被法院否定或拒绝。鉴于此，处于对抗状态的双方当事人都会非常理性谨慎地主张和证明自己的事实。当双方都处于理性沟通的状态时，理性推论就会自然展开。

　　其次，争议点理论的论辩性能够有效限制裁判主体在价值判断上的恣意。争议点产生于控辩双方之间的意见分歧，并将争议点的搜寻交由控辩双方共同来行使，这充分说明了"它不是'个人主义的'、'内向性的'修辞原则；相反，它代表着一种共同体取向的修辞（community-oriented rhetoric），一种在共同体内部鉴别、检验以及解决争议和意见（或知识）冲突的方式"。[1]简言之，争议点理论关注主体间的关系，并主张通过主体间的论辩来达成主体间的共识，以寻求问题的解决。争议点理论的论辩性切中了价值判断的实质，并因此有效地限制了裁判主体在价值判断上的恣意。近代以来，受笛卡尔主客体二元对立哲学观的影响，人们往往认为价值判断是主体从自身情感、欲望和目的出发对客观对象进行的一种内心评价和省思。以笛卡尔的哲学观为基础，已有裁判理论也将价值判断看作是法官依据法律规范对案件事实所做的内心慎思和独断，这显然并不符合价值判断的真实情况。价值判断与情感密切相关，但"他人在对主体情感进行认识和判断的过程中总是夹杂着自身的私人感受，所以对情感的认识不再是一个单纯的心理觉察，而是包含着至少两个个体世界的经验沟通"。[2]由此可见，价值判断并非裁判主体对作为客体的案件事实所进行的独断式思考，而是主体之间的讨论和沟通。争议点理论的论辩性正好满足了价值判断对裁判主体之间讨论和沟通的需求，从而切中了价值判断的实质。

正因为切中了价值判断的实质，争议点理论在限制裁判主体恣意方面表现出了独特的优势。争议点指的是控辩双方对立看法的焦点，也就是说，争议点理论关注的是对抗性主体之间的意见分歧，并主张通过控辩双方之间的论辩来消除意见分歧。这就意味着在争议点理论体系下，控辩双方都能够充分参与到裁判过程中来，并在价值判断上享有平等的话语权。在充分的

---

〔1〕 转引自舒国滢："'争点论'探赜"，载《政法论坛》2012 年第 2 期，第 26 页。

〔2〕 陈郭华："价值判断是不可证实的吗?"，复旦大学 2006 年博士学位论文，第 11 页。

参与权和平等的话语权之下，主体之间的对抗不仅能充分保证控辩双方的理性沟通和协商，以避免其中任何一方的任意妄为，还能有效防止法官凭借其威权地位而可能出现的权力恣意和意见专断。此外，在争议点理论中，控辩双方不能就争议点仅宣称各自的主张，还必须为各自的主张提供理由，给出理由就是将自己的论断过程展示出来。而对论断过程的展示就是让论断接受公众检验和评判的过程，这不仅能够促使论辩主体选择公众意见或共识为出发点来对自己的论断进行证明，以增加论断的社会可接受性，还能够通过论断过程向公众公开来约束论辩主体的权力恣意和意见专断。诉讼起于争议的产生，终于争议的解决，争议点如何确定直接决定了庭审方向，甚至预设了裁判结果。在现代诉讼制度下，特别是职权主义诉讼模式下，如果由法官自行确立争议点，并立即进入审理程序，这不仅会对当事人造成突然袭击，还会给法官操控庭审进程和结果提供可乘之机。而争议点理论将争议点的确立交给控辩双方来完成。现代民事诉讼程序吸收了争议点理论的论辩性，赋予当事人确认争议点的权力，规定法官不得介入应当由当事人确认的范围。这样就有效避免了法官的争议点突袭，防止了法官滥用权力，从而限制了法官在价值判断上的恣意。

　　最后，争议点理论的情境性思维尽可能地将影响价值判断的各种因素引入裁判中来，从而能够增强判决的合理性。如前所述，争议点理论具有强烈的情境性思维特征。赫尔玛格拉斯和赫摩根尼的争议点理论都是强调对某一个具体案件或问题的解决。赫尔玛格拉斯将修辞学的题材即"政治问题"分为"个案"和"命题"两种，"个案"是指某个具体案例或确定的问题，"命题"则指不确定的问题或一般性问题。[1]在他看来，

―――――――――

〔1〕　舒国滢："'争点论'探赜"，载《政法论坛》2012年第2期，第19页。

争议点理论是为了对"个案"或某个确定问题的解决，而不是对不确定问题或一般性问题的思辨。赫摩根尼在其著作《论争议点》中指出，构成修辞艺术最重要的两种成分分为"区分"和"证明"，所谓"区分"是指从"政治问题"中区分出各种"题头"。"政治问题"系指就某一具体事项所做的理性争辩。从赫摩根尼的阐述来看，他对"区分"的论述其实就等同于开题理论，而他所说的开题针对的也是某一具体事项，并非一般性问题。而对某一具体案件或问题的关注必然会导致情境性思维的出现，毕竟任何一个具体案件或问题都是在情境理解之内产生的。

争议点理论的情境性思维增强了价值判断的合理性。个案正义离不开价值判断，但个案正义所需的价值判断不只是法官围绕法律规范和规则对案件事实所展开的评价，它还具有以下特征：①价值判断的主体虽然是司法机关和司法人员群体，但案件当事人、社会群体和公民个人的判断也具有非常重要的参考作用；②价值判断的对象不仅涉及行为人，还涉及其行为和行为时的事物等一切体现裁判主体对个案正义需求的要素；③价值判断作为对裁判者、案件当事人之间价值关系的断定，是现实的、理智的运用，存在着公正与否的认识意义。[1]只有同时具备了以上要素，价值判断才能脱离规范性评价的单一性，具有合理性。

争议点理论的论辩性让裁判者、案件当事人、社会群体和公民个人都能够参与到价值判断中来，从而满足了上述价值判断合理性的第一个要求，但它所包含的情境性思维能够满足上述价值判断合理性的后两个要求。一方面，争议点理论的情境

---

[1] 彭文华："量刑的价值判断与公正量刑的途径"，载《现代法学》2015年第2期。

性思维使得诸如文化背景、社会道德观点以及行为发生时的各种情势因素等都能纳入价值判断中来，从而拓展了价值判断的基础。另一方面，其对情境的关注也能够促使人们对关涉个案的各种因素进行"在场"式的全面融贯思考，而不是对某一事物或对象的判断进行静态化的单线推理，从而使得价值判断更具有社会实践面向。

二、作为论辩技术的争议点理论

争议点理论为法庭论辩搭建了基本的论辩骨架，从"事实"出发来搜寻争议点使得整个论辩获得了坚实的理性基础，而它的论辩性和对情境因素的包纳又使得整个论辩具有社会实践面向。不仅如此，争议点理论还为修辞者从事开题提供了明确的方向感和顺序感，从而具有强烈的技术性特征。作为一种论辩技术，争议点理论在微观层面的内部运作上对于排除主体恣意，保证个案正义具有一定程度的优势和作用。

争议点理论在论辩方向和顺序上为论辩者提供了按图索骥式的指引。赫尔玛格拉斯明确指出修辞者在确定具体意见冲突之处时应该沿着事实、定义、品质和程序这四个基本方向来依次搜寻，从而为论辩者寻找论题提供了方向和顺序指引。赫摩根尼的13个争议点理论则描绘出了更为完备的争议点序列表。他根据论题争辩的深入过程对各种争议点产生的先后进行了排序，从而为论辩者寻找论题提供了更加清晰明确的指引。对于争议点理论这一按图索骥的指引功能，加拿大学者塔库佐·科尼什曾在其《争议点理论和论辩者的辩证职责》一书中进行了清晰描述。他以论辩者 AR（arguer）和对话者 IN（interlocutor）之间就犯罪嫌疑人 S（suspect）是否犯有对 V（viticim）的谋杀罪所进行的一系列争论为例，展示了争议点理论是如何指引论辩展开的。在这个例子中，如果说 AR 指控说 S 谋杀了 V，IN 则反驳说 S 没有谋杀 V，那么，关于 S 是否谋杀了 V 的事实争议点就由此产生了。倘若 IN 比 AR 的争辩理由更为合理，则 AR 对于谋杀 S 的指控就不成立；反之，关于 S 是否谋杀了 V 就不再成为争辩的焦点。如果 AR 通过阐述"谋杀"的定义来证明 S 的行为就是谋杀，而 IN 则列出一系列证据以证明 S 的行为不是谋杀而是过失杀人，此时，定义争议点即"S 是否犯了谋杀罪"就产生了。假如 IN 的争辩理由更为合理，那么，AR 对于 S 犯有谋杀罪的指控就不成立；而如果 AR 的理由更有道理，那么，关于"S 是否犯了谋杀罪"的这一定义争议点就不复存在了。倘若 AR 争辩说没有其他理由能够减轻 S 对 V 谋杀行为的严重性，IN 则以 S 具有精神障碍为由请求法律宽恕，此时，"S 犯有谋杀罪，但她的精神障碍疾病能否使她免于刑事处罚？"这一品质争议点就出现了。如果 IN 的辩护理由更为合理，AR 的指控就不成立；反之，则对行为品质的争议就不存在了。如果 AR 争辩说对 S 适用的程序合法，法院对她苛以惩罚也具有正当性，而 IN 则辩驳说法院对这个案件没有管辖权，那么，"法院对此案件究竟是否有管辖权"的程序争议点由此就出现了。倘若 IN 的理由更有道理，那么法院就不得不撤销这个案件，AR 输掉了论辩；反过来，如果 AR 的理由更为合理，那么对法律程序的争议就消除了。[1]

塔库佐·科尼什通过上述例证充分展示了争议点理论是如何引导论辩者一步一步地展开论辩的。虽然每个案件的争议点数量会因为案件具体情形的不同而有所差异，但是争议点理论能够引导论辩者沿着事实、定义、品质和程序这个顺序来尽力

---

〔1〕 Takuzo Konishi, *Stasis Theory and Arguers' Dialectical Obligations*, Windsor, Ontario, Canada, 2000, pp. 35~38.

预测或搜寻法庭论辩中有可能出现的所有争议，从而有利于论辩者更为合理有效地安排自己的论辩内容。更为关键的是，一方面，由于定义和程序争议点都涉及法律问题，因此，虽然争议点理论具有个案针对性，但它在现代裁判中的运用并不会以否定法律体系的约束力为代价来获取个案正义；另一方面，从事实、定义到品质，再到程序，争议点理论使得主体间的争辩话题逐步深入，由对事实话题的讨论循序渐进地步入对道德和价值话题的讨论中。作为案件裁判基础的事实首先成为论辩双方必须要澄清的焦点，而当对案件事实的争议被排除后，论辩便在一方主体[1]的主导下自然而然地进入到了定义、品质或程序的争议上。如果说定义和程序争议点纯粹涉及的是法律问题的话，那么，品质争议点则涵盖了法律与道德问题的争议。上述赫摩根尼所阐释的正当争议点、抗辩争议点、反控争议点、请求宽恕争议点、条文与精神争议点、法律冲突争议点、歧义争议点和同化争议点等都不同程度地涉及了法律与道德的争议。由此可见，对于个案正义的寻求，争议点理论不像法哲学进路和法律原则进路那样进行一种自上而下的探寻，它提供的是自下而上的路径，这种自下而上的路径既能在一定程度保证现行法秩序的约束力，又能获取个案裁判的公正。下文以"北京大兴摔童案"这个案例作为蓝本来具体阐释作为技术的争议点理论对于个案正义寻求所具有的长处和优势。

北京市民韩某于 2013 年 7 月 23 日 20 时许乘坐被告人李某驾驶的白色现代牌轿车，在北京市大兴区旧宫镇庑殿路西侧公共交通车站科技路站附近，因停车问题与李某发生争执，韩某

---

〔1〕 在争议点理论框架下，如果一方论辩者的论辩理由更有说服力，下一个争议点的搜寻和提出往往是由其相对方来主导和进行的。参见 Takuzo Konishi, *Stasis Theory and Arguers' Dialectical Obligations*, Windsor, Ontario, Canada, 2000, p. 38.

对李某进行殴打，后将李某之女孙某某（殁年 2 岁 10 个月）从婴儿车内抓起举过头顶摔在地上。孙某某因重度颅脑损伤死亡。韩磊随后被逮捕，并于 9 月 16 日被起诉至北京市第一中级人民法院。在案件审理过程中，当公诉人根据案发现场录像、案发现场目击证人证言、被害人母亲证言、公安机关现场勘验笔录和现场照片以及医院出具的孩子的救治情况、尸检报告和孩子母亲的伤残鉴定等对韩某提出犯有故意杀人罪的指控时，韩某声称由于自己高度近视及处于醉酒状态，案发当时并不知道婴儿车里是个孩子，其辩护人则提出了一系列理由和证据对公诉人的指控进行了反驳和辩论。

韩某的代理律师从以下几个方面为韩某的行为进行了辩护：

第一，关于程序和证据部分存在的瑕疵。首先，受害人的父亲为北京市大兴分局某派出所的政委，而承接此案侦办的大兴分局有关办案人员与受害人父亲存在上下级关系，按照有关规定应申请回避，但有关办案人员没在本案中遵循回避制度采取回避措施，极大地影响了本案的公正处理；其次，他提出侦查人员在韩某、李某的讯问笔录中存在大量的诱导性提问，存在有罪推定的工作思维和工作方式。另次，本案随案案卷没有韩某、李某的提审证，影响到了本案在北京市公安局大兴分局阶段讯问笔录的合法性。再次，被害人母亲李某的询问笔录内容与监控视频不能印证，笔录程序和询问、记录主体也存在问题，因此其真实性和合法性应受质疑，不能作为定罪证据。最后，四位目击证人的证词与案发现场监控录像不能相互印证和吻合，且相互之间存在矛盾之处，因而不能作为定罪证据。

第二，关于实体部分存在的问题。检方提供的现场勘查图片及多名证人证词等多重证据显示案发当时环境昏暗，再加上韩某本人高度近视及当时的醉酒状态，能够证实韩某声称自己一直没有看到孩子，不知道摔的是孩子是接近事实真相的；另外，从韩某案发时的懊恼形态和案发后的行为来看，韩某不存在杀人的故意。因此，韩某的行为是摔东西泄愤，而非故意杀人，应认定为过失致人死亡罪。

第三，关于刑事责任能力认定问题。韩某案发当时处于严重的醉酒状态，且他的醉酒属于生理性醉酒，这严重影响了韩某当时的辨认能力和行为能力。

第四，关于个人的品性及相关情况。韩某是个极富人文素养的人，他虽经历坎坷，身陷囹圄，但是学习不辍，先后拿到了5个大专文凭，并写了很多诗歌和小说；出狱后，能够吃苦耐劳，去山东养羊，且即将组建家庭。由此可见，韩某并非一个寻衅滋事之徒，而是一个热爱生命、热爱生活、积极进取的青年。其父为了国家建设，长期离家工作，韩某实际成长于单亲家庭，从而造成了其性格上的缺陷。鉴于韩某个人的人文素养、性格缺陷的养成原因以及其年迈父母的日后养老问题等，请求法院在定罪量刑时给予考虑。

第五，关于民意、言论与司法问题。此案影响之大毫无疑问与媒体和公众的愤怒有关，而公正的司法应不受民意与言论的干涉，因此，恳求法院恪守司法独立而理性的品格，摒除一切可能的案外因素影响，给予本案公正判决。[1]

从上述辩护词可以看出，韩某的代理律师在为韩某进行辩护时娴熟地运用了"争议点理论"这一古典修辞策略。当公诉方对韩某提出故意杀人的指控时，韩某及其辩护律师首先对这一指控进行了否认，而其否认是从他们对案件事实提出异议开

---

〔1〕 参见成准强："北京大兴摔童案韩某辩护词"，载 http://blog.tianya.cn/blogger/post_ read.asp? BlogID = 2011710&PostID = 53211408，访问时间：2013 年 11 月 5 日。

始的。虽然他们承认女童的死亡是由被告人的行为导致的，但对案件发生的实际情况提出了与控诉方完全相反的陈述和解释，即原被告双方之间的论辩出现了"事实争议点"。[1] 在"事实争议点"之后，双方围绕被告是否具有杀人的主观故意展开了剧烈争论，原告通过一系列证据证明被告的行为是故意杀人，被告则通过列举大量理由证明其行为是过失杀人，对于被告行为该如何定罪产生了分歧和争议，此时"定义争议点"出现了。在围绕"定义争议点"展开争论之后，韩某的辩护人提出一系列理由，如被告人的醉酒状态、被害人母亲的无理行为、被告人的品性、被告人的成长环境以及法律法规对此类纠纷处理的规定等，为被告的罪责进行开脱。此时，被告辩护人其实是将论辩转移到了"品质争议点"中的"请求宽恕争议点"上，以求法院对被告人的行为进行从轻处罚。除了上述各争议点外，辩护人还提出了"程序争议点"，即对公安机关侦办此案时在法律程序上和思维方式上存在的错误提出了异议。虽然此案中争议点的出现并非如古典争议点理论那样，遵循从事实、定义到品质再到程序的顺序，但是辩护人对整个辩护词的结构安排仍体现出争议点理论对论辩的指导作用，因为从整个辩护词来看，辩护人仍是从事实、定义、品质和程序这几个争议点来展开对公诉人的反驳的。

争议点理论对论辩者搜寻论点具有指引作用，而争议点的出现则说明论辩双方对于他们在什么地方产生了分歧和对立达成一致意见，这是问题解决的第一步。尽管争议点产生的原因在于一方的主张遭到另一方的反对，但是如果双方是在对同一个问题进行争议，他们就有可能就这一问题的解决达成可行的共识或妥协。因为在实践中，很多问题之所以不能解决，原因

---

〔1〕 此案中的事实争议点是：案发时被告是否知道婴儿车里是孩子。

就在于论辩双方并非是在就同一个问题进行讨论和争辩的。[1]此案例中，"被告人是否知道婴儿车里是女童""被告行为是故意还是过失""被告人的行为是否应该得到宽恕"以及"侦办程序与获取证据是否存在瑕疵"等争议点的出现为控辩双方展开论辩和对话提供了平台和基础，并且随着争议点的逐渐增多，双方所讨论和争辩的话题也更加深入，从而为问题的澄清和解决提供了机会和可能。

　　当然，仅仅确定了双方的争议点所在还不够，论辩双方不能只宣称自己的主张，他还必须为自己的主张提出理由。给出理由即是说服推理过程，它不仅可以避免争议陷入无谓的冲突和对峙中，还可以阻止主体的主观武断和任意。而当一方提出的理由比另一方更充分或更为合理时，那么这一方便会最终获得论辩的胜利。正因为此，论辩双方都会穷尽所能搜寻理由以支持自己的主张。通过论辩双方对各自的证据和理由穷尽所能的列举和陈述，关于案件的各种细节和意见都充分暴露于公众面前，从而有利于主体之间在事实和意义上进行相互澄清，而经过公开论辩所获得的论辩结论也更容易赢得公众的认同和接受。如在此案例中，围绕几个主要争议点，控辩双方进行了较为详尽的证据列举和理由陈述[2]：

　　公诉人："本案事实清楚、证据确实充分，被告人韩某的行为构成了故意杀人罪。虽然韩某当庭一直否认明知是幼儿，但是本案的监控录像和证人证言已经直接证明了本案的基本事实。首先在客观方面，韩某是将被害人高举过头顶以后，重摔在水

---

[1]　John R. Edlund, *Stasis Theory: Finding Common Ground and Asking Pertinent Questions*, ERWC Teaching Materials, p. 1.

[2]　参见《庭审现场》，载 http://tv. cntv. cn/video/C10489/2db3f96657d14ac092b7c194b05011f8，访问时间：2019 年 12 月 27 日。

泥地面上，导致了颅骨损伤死亡的严重后果。韩某的行为足以剥夺他人生命，也造成了死亡后果，符合故意杀人罪的客观表现。而在主观方面，无论是从行为力度、力量对比，还是危害后果和生活常识来判断，对幼儿生命带来的都应当是必然的致命后果。而韩某却不计后果、不加控制地施行，足以说明他具有刑法意义上的杀人故意。"

韩某："我自己也是从一个小孩子成长起来的，我特别知道作为一个孩子最渴望的就是得到成年人的关爱和呵护。所以我不可能去伤害一个孩子的。案发当晚我第一眼看到这辆车时它是停在机动车道上的，没有任何迹象表面车里会有一条活生生的小生命。所以我当时的想法就是想不打人我去拿车来泄愤，我根本没想到车里会有一个孩子。我主观上没有想过去伤害谁，尤其是作为一个这么幼小的孩子。现在作为我自己，我良心上承受的痛苦，是别人根本无法理解的。"

……

公诉人："韩某一直声称案发的时候是没有看见婴儿车内小孩的，那我们来看这个客观事实。实际上监控录像是清楚地记录了整个犯罪经过的。当韩某走近婴儿车的时候，抓举时是和这个婴儿车里的孩子直接面对面的，这个时候还说看不见孩子，感受不到这是一个肉体，公诉人认为这是难以置信的。最后即使是如韩某所言的，他摔落瞬间才发现婴儿车内是个孩子，那么在摔落之后，作为一般的正常人，都应当表现出查看、惊愕、关注，或者应当有片刻的停顿，应当有想要避免后果发生的措施。但是这些我们在韩某身上一个都没有发现。"

韩某辩护人："当时已经是晚上八点五十分，整个是在旧宫那个位置，我们现场的图片可以显示，我们可以看到整个场景是昏暗的，所以要求一个人对一个体积小得多的物体做一个记忆辨识，这个不符合我们的认知规律。我们法庭可以清楚地看到，韩某本身是高度近视，韩某的近视度是 575 度。在那种剧烈的打斗当中，他的眼睛已经是被抓花的。"

公诉人："时间虽然是晚上九点多钟，但是当时地处繁华，路灯开启，视线良好，被害人是一个近一米高的两岁孩子，其他的路人包括我们从录像中都能够看到车里坐着一个小孩。"

韩某辩护人："当时韩某处于高度醉酒状态，那一晚那一天，韩某的确喝了很多酒。韩某喝酒后会酒炸，不能自控，属于歇斯底里的状态。所以这些证据都表明了韩某是一位长期酗酒者，而且当晚酒量摄入量非常大。在临床医学上证明不管是慢性酒精中毒还是急性酒精中毒，都会导致视力的变化，看不到小孩的可能性是非常大的。"

公诉人："公诉人承认韩某的犯罪行为确实是在酒后实施的，但是这不能成为影响其定罪量刑的借口。我国《刑法》第 18 条第 4 款规定，醉酒的人是应当负刑事责任的。案发当时韩某和李某等人是能够交流如常，走路也很稳健，能够为李某前后均清晰地指路。第二点，发生纠纷的时候，韩某表达清晰、对象明确，动作连贯。作案之后，韩某成功地逃离了现场，自我保护能力完备。所以以上系列的表现都能够证明韩某案发时是具有应有的辨识和控制能力的。他的犯罪故意形成于案发当时，酒后实施的这一借口不能够成为逃避罪责的理由。"

……

韩某辩护人："你要形成一个故意，至少首先要知道他的行为目的和对象是谁，在韩某都不知道、不清楚自己行为对象的时候，我们说他故意，这显然与法律、与事实不相符。在那一刻，双方交涉的那以前，一切都是没有任何征兆的。韩某他本身没有任何的预备，没有任何的预谋，也没有任何的主观恶性在里面。本辩护人认为韩某仅构成过失致人死亡罪。"

公诉人："本案虽然不是预谋犯罪，但是认定任何一个犯罪，如何具体的量刑，应当结合案件的犯罪情节后果、主观恶性、社会危害性、人身危险性以及其他的从轻从重情节。"

从上述论辩内容可以看出，当控方对被告人提出故意杀人的指控时，被告人及其辩护人提出了反对意见。被告方的反对意见首先是通过主张"自己不知婴儿车里是女童"这一论点表达出来的。为了证明自己的论点，被告方陈述了"停在行车道的推车按常理推测应该不会是婴儿车"，"案发时光线暗淡以及被告人本身高度近视和醉酒等影响了被告人的辨识能力"等辩护理由。控方则通过细致分析监控录像所记录的案发时被告人的体位特征和行为特征以及案发时现场灯火通明为理由进行了反驳。而后，辩护方又以被告人醉酒后影响其控制能力为由提出请求宽恕的主张，对此，控方则以案发时被告人的行为表现正常为由进行了驳斥。最后，辩护方以被告人没有作案预谋为理由提出被告人不存在主观犯罪故意的主张，而控方则从犯罪认定方面进行了反驳。由此可见，围绕各个争议点，控辩双方均尽可能地进行了证据列举和理由陈述。

通过各自的证据列举和理由陈述，首先，控辩双方之间实现了理性对抗和对话，从而有利于对立的排除和矛盾的化解。争议点的存在从根本上来说是利益冲突和对立的集中体现。在此案例中，无论是"被告人是否知道婴儿车里是女童"，还是"被告人是否具有杀人的主观故意"以及"被告人酒后是否影响他的辨识及控制能力"，这些争议点均折射出了原被告之间的利益冲突，具体来说就是，控诉方所指控的"故意杀人罪"和辩护方所辩称的"过失伤害罪"会对被告人产生不同甚至对立的利益后果。如果双方之间的利益冲突仅依凭单方面的利益考虑来解决，显然会陷入无谓的对峙之中，而如果通过证据列举和理由陈述的方式来处理，那么便是凭由事理和良知来裁断了，由此，纠纷和矛盾处理便走上理性的轨道。此案例中原被告之间的对抗，如果通过纯粹的利益安排来决断自然会陷入力量博弈和纷争之中，而通过各自的理由陈述，当一方理由优于另一方时，即使这一方输了官司损失了利益，他也是信服的。其次，通过原被告双方围绕争议点给出理由，在一定程度上也限制了双方主体在案件事实认识和评价上的主观任意和武断。本案例中，各个争议点的提出是由辩护方主导进行的，辩护方提出的问题之所以成争议点，原因就在于他是有理由有依据的提问，而非随意的主观猜测和臆断。而为了回答辩护方提出的问题，公诉方不得不找出恰当的证据和合适的理由，并做出合理的推论。给出理由并作出推论其实就是要求公诉方对案件的认识和判断是建立在理性思考而非主观臆断之上。最后，通过原被告双方各自证据列举和理由陈述，也使得当事人、法院和公众对整个案件获得了比较全面清晰的了解，从而可以促成他们对案件形成相对理性和客观的判断。本案例中，控辩双方在进行理由陈述和判断推理时所提及的争执、泄愤、捧举、逃跑、醉酒和近视等细节以及这些细节对法律判断的意义，从而使得法官和公众对整个案发过程有了具体的认知和理性的评价。

美国学者莎伦·卡莱和黛布拉·霍赫将争议点理论的优势归纳为以下几点[1]：①使论辩者阐清对争议点的看法；②促使论辩者尽力思考受众成员共享的价值观和假定；③使论辩者知晓在什么方面需要做更多的研究；④能够提示哪个证据对于案件是

〔1〕 Sharon Crowley and Debra Hawhee, *Stasis theory*: *asking the right questions*. In Ancient *Rhetoric for Contemporary Students*, Longman, Pearson Education Inc, 2004, p. 54.

至关重要的;⑤能够为论辩者提供最有效安排证据的方法。在他们看来,作为一种修辞论辩技术,争议点理论的最主要优点就在于引导论辩者搜寻争议问题所在以及促使论辩者尽力查找、思考和有效安排论辩证据和论辩理由。搜寻争议点其实就是为论辩主体就矛盾和冲突的解决提供对话和沟通的机会和平台;而围绕争议点列出证据和陈述理由就是将对话和沟通引向客观和理性的行进轨迹上。当然,除了可以作为论辩的框架和技术,争议点理论还是一种高超的修辞策略。作为一种修辞策略,它或可以导致论辩者在进行论点发明时会做出"捏造"行为,在陈述列举论辩证据与理由时也会表现出"强词夺理"的倾向,从而使得整个言说活动呈现出非理性现象,但争议点理论所具有的论辩特征能够消除这种可能出现的非理性现象,将整个争辩带入理性言说的道路上,从而有利于裁判公正的实现。

第三节 争议点理论在个案正义寻求上的局限性

源于古希腊的争议点理论因其具有论辩性、关注情境性、论辩方向和顺序上的指引性以及理性言说等优势而在现代司法裁判中仍具有广泛的运用空间。然而,作为一种产生于古代庭辩经验的论辩方法,争议点理论的描述性特征和它只关注于原被告双方之间论辩的缺陷,使得它当被用来解决个案正义问题时仍表现出一定程度的局限性。

首先,作为一种描述性理论,争议点理论在当代裁判中的工具性价值十分有限。争议点理论不仅为论辩者明确了论辩的起因,还为论辩者搜寻争议点提供了明确的方向和顺序指引,正因为它的这些技术性特征,一些学者往往想从个案视角来观察和论证其在现代裁判实践中的技术性功用,然而最后发现其功用是十分有限甚至是让人察觉不到的。出现这种结果的主要原因在于争议点理论是一种描述性理论。所谓描述性理论，是相对于规范性理论而言的，与后者对事实设置评价标准并对事实进行道德审查和批判不同，它是研究"事实如此"的理论，其目的在于厘清和阐明存在的事实具有哪些普遍特征。[1]争议点理论认为案件诉讼的双方当事人应当首先明确彼此争议点的所在，并要求当事人在搜寻争议点时应按照"事实""定义""品质"和"程序"等顺序来依次进行。一方面，古今中外，任何诉讼皆起于争议的产生，没有争议就不会出现诉讼，争议点理论认为法庭论辩的起因来自于双方的争议所在，因此首先应该明确争议点，这显然是对庭辩起因的规律性描述和总结。另一方面，从逻辑上看，对任何事务的探究都是按照"有无此问题？"（Is it?）、"此问题的实质是什么？"（What's it?）、"此问题有多严重？"（What properties does it have?）和"对该问题为什么要这样处理？"（Why?）等顺序来逐渐深入的，法庭论辩也不例外。这些问题依次对应着事实""定义""品质"和"程序"等争议点，因此争议点理论对搜寻次序的确定也是对庭辩逻辑的遵循和描述。由此可见，争议点理论是古代修辞学家对法庭辩论规律的描述性阐释，其在本质上属于一种描述性理论。

作为一种描述性理论，争议点理论在古代法庭论辩或可适用，但对于现代司法裁判，它的工具性价值就难以体现出来。古希腊不存在专业的法律职业人员，案件诉讼一般以公民大会的形式来进行，参与法庭论辩的当事人也是由能言善辩者来充当的。在这种情形下，这种描述性理论对于非专业的法庭论辩人员来说正好可以发挥其"说明书"的功用，他们只要依照争

---

[1]　庄世同："描述性法理论是可能的吗？——一个批判性的反省"，载《政治与社会哲学评论》2007年第21期，第7~8页。

议点理论这一"说明书"按图索骥就能顺利进入庭辩程序，展开自己的庭辩活动。然而在当代司法环境下，法律职业进入的壁垒化使得参与法庭论辩的人员都具有非常专业的法律知识和技能，他们深谙法律法庭论辩规律和裁判程序，即使没有接受过争议点理论的方法训练，他们在法律知识和经验的驱动下依然会自然而然地依照"事实""定义""品质"和"程序"等要点来搜寻争议点，以引导自己的法庭论辩。由此可见，由于现代法律从业人员的专业化和职业化，案件裁判所需的专业知识和技能在法律从业人员进入法庭论辩之前就已成为他们所拥有的背景材料，而基于法庭论辩规律描述和阐明的争议点理论，其在古代庭辩所能发挥的工具性价值在现代裁判中就难以体现出来。

其次，追求完全性论辩的争议点理论，缺乏对论辩制度约束条件的考虑，从而并不符合现代裁判的真实情形。起源于古代庭辩的争议点理论将裁判结果完全寄托于原被告双方之间的论辩上，认为只要能够获取案件判决的正确性，当事人双方之间可以进行完全性论辩。争议点理论这种将论辩仅仅置于判决正确性的目标追求之下，缺乏对论辩制度约束条件考虑的做法，对古代庭辩来说具有相当的合理性，但并不符合现代裁判的实际情形。古希腊诉讼是以公民大会的形式进行的，诉讼的胜负交由公民大会的参加者——人民来定夺。参加公民大会的人数动辄数百，并且每个人对诉讼的胜负都享有平等的表决权。在这种情况下，人民作为诉讼的裁判者在整个诉讼过程中就处于极度消极的地位，他们不能主导裁判的进程和方向，只能根据当事人之间的论辩情况来决定谁胜谁负，也就是说，诉讼的胜负完全取决于当事人双方之间的论辩情况。正因为此，争议点理论将视线全部集中于当事人双方的论辩上，认为只有通过完全性论辩才能得出让对方当事人和公民大会都能接受的诉讼结果。上述古典争议点理论将论辩仅置于判决正确性的目标追求之下而让双方当事人进行完全性论辩的条件在现代裁判中并不具备。"近年来形成的司法/正义的三维体系在传统的真实维度（即判决的正确性）之外增加了时间（合理性）维度和成本（适宜）维度，而且这三个维度的妥协成为任何司法制度不可或缺的参数"[1]与古希腊诉讼模式相比，现代裁判受到了诸多制度条件的约束。一是现代裁判过程要受到法官的支配和主导。虽然现代裁判方法主张引入修辞学，以将其他参与主体都置于论辩之中，但其目的并不是要否定法官在裁判过程中的主导性地位和作用，而是意图通过其他参与主体之间的论辩来排除法官"自由心证"时的恣意，法官在裁判过程中仍居于支配和主导地位。二是现代裁判要受到时效制度的限制。为了促使当事人及时行使权利履行义务，降低时间成本，提高诉讼效率，现代法律规定了时效制度，要求每个法官和当事人都必须尊重。三是现代裁判还要受到诉讼程序的制约。"任何实体的目标定位都需要借助程序的技巧以安排和落实"，[2]为了实现实质正义，司法设置了一系列的程序性制度，要求每个案件裁判都置于这个框架之中。从上可知，当下的任何一次裁判都深深地嵌在一系列制度之中，想通过脱离制度约束的完全性论辩来获取判决的正确性在当今是不可能实现的。

最后，对于争议点，原被告双方之间的论辩达到何种程度才算对业已产生的争议点达到了分歧消除的地步，争议点理论并未提供一种可以用来分析和判断的规范性标准。争议点理论指出案件诉讼的当事人双方应该沿着"事实""定义""品质"

---

〔1〕　傅郁林："追求价值、功能与技术逻辑自洽的比较民事诉讼法学"，载《法学研究》2012年第5期，第38页。

〔2〕　谢晖、陈金钊：《法理学》，高等教育出版社2005年版，第179页。

和"程序"这四大方向和顺序来依次搜寻争议点，当诉讼双方通过论辩消除了"事实争议点"时，他们便可以进入到"定义争议点"的论辩之中；而当"定义争议点"通过论辩也予消除之后，他们便可以进入到"品质争议点"的论辩之中，以此类推，直至最后诉讼分出胜负。显然，这是对争议点搜寻过程和论辩过程的一种典型描述，这种描述为论辩规划提供了明确的方向和顺序指引，但就现代司法裁判而言，可以看出它存在一个明显的缺陷，即它只是指出当诉讼双方通过论辩在消除了一种性质的争议点之后，他们便可进入到下一种性质的争议点的搜寻和论辩之中，然而，在论辩过程中，对于如何分析和判断当事人之间就一个业已出现的争议点已经达到了消除的地步，它缺乏可用于分析和判断的规范性标准。也就是说，我们无法从争议点理论中获悉判断论辩合理性的一个规范性标准。或许有人会说，从争议点理论的涵义来看，它已对分析和判断争议点消除的标准作了隐含规定，即当诉讼一方对另一方所列举出的论辩理由无法提出有效的反对意见时，业已产生的争议点便得到了消除。从表面上来看，这一标准非常具有可行性，但在裁判适用上，它仍存在一定问题。它无法适用于诉讼双方的理由处于势均力敌时的情形。当诉讼双方所给出的理由在论证强度上没有明显的差异时，适用这一标准显然难于奏效。正如纳多在批评赫尔玛格拉斯的争议点理论时所指出的那样，当诉讼双方所列举出的理由和数据处于均衡状态时，试图通过论辩交流来消除他们之间的争议是不可能的。[1]在司法裁判中，由于诉讼当事人之间利益的根本对立，没有一个威权机构的强制力

---

[1] See Nadeau R., *Hermogenes' On Stasis: A translation with an introduction and Notes*, Speech Monographs 26, pp. 248~254, 转引自 Takuzo Konishi, *Stasis Theory and Arguers'Dialectical Obligations*, Windsor, Ontario, Canada, 2000, p. 48.

作为后盾，而单凭诉讼双方之间通过列举理由来消除争议，化解彼此之间的利益冲突，这对于在能力、资格和社会资源占有等方面存在差异的人来说并不具有现实性。

第四节 以"于欢"案为例对争议点理论的审视

上述内容是对争议点理论在当代司法裁判中的功能和限度进行理论上的探索和研究，然而其理论上的意义还需来自实践上的证实。此处以"于欢案"为例来对争议点理论的功能与限度进行展示和分析。于欢为山东省冠县成年男性公民，因涉嫌母亲被催债人羞辱而刺杀催债人，并致使其中一名讨债人死亡，其他三名讨债人重伤或轻伤。2017 年 2 月 17 日，山东省聊城市中级人民法院一审以故意伤害罪判处于欢无期徒刑。2017 年 6 月 23 日，山东省高级人民法院经二审后宣判于欢属防卫过当，构成故意伤害罪，判处有期徒刑五年。"于欢案"一审后，经过《南方周末》等新闻媒体的报道，引起了全国公众的高度关注。人们围绕于欢的行为"是故意杀人还是故意伤害""是否构成正当防卫""警察是否存在不作为"等案件争议展开了剧烈的讨论，这些案件争议为笔者提供了分析争议点理论的丰富素材。

一、本案争议点及基于争议点理论的梳理

在此案一审中，公诉方基于案件事实及一系列证据，认为被告人于欢的行为应当以故意伤害罪追究刑事责任，但因被害人一方对本案的发生具有过错，可以酌情对被告人从轻处罚，建议对其判处无期徒刑以上的刑罚。被害人则提出被告人于欢构成故意杀人罪，应当判处死刑立即执行的意见。被告人于欢承认其在案发地点手持尖刀捅刺被害人杜某浩、严某军等的事

实，但认为自己的伤人行为是在人身被限制后遭到对方殴打、侮辱并报警但未得到警察处理后迫不得已而实施的，因此他对公诉机关起诉他犯有故意伤害罪没有异议，但提出其有正当防卫情节，被害人对本案的发生具有过错，且其在案发后有坦白和自首行为，应当依法减轻处罚判处有期徒刑的意见。

在二审中，上诉人于欢认为一审判决存在以下问题：一是事实认定不全面，未认定吴某、赵某此前对苏某进行暴力索债行为，案发时，被害人对于欢、苏某及其他员工的殴打行为，受害人受伤后自行驾车前往较远的冠县人民医院，而未去较近的冠县中医院，还与医院门卫发生冲突，导致失血过多死亡；二是适用法律错误，量刑过重，其行为属于正当防卫或防卫过当，且存在自首情节；三是原判决违反法定程序，被害人有亲属在当地检察院、政府部门任职，可能干预审判，原审法院未自行回避。被害人在上诉中主要提出的意见为：原判决对于欢作案刀具认定定性不准，其应属管制刀具；于欢行为应构成故意杀人罪，不构成正当防卫或防卫过当，应维持原判决量刑。[1]

对于以上的案件争议，可以依照争议点理论进行梳理。在本案中，无论一审还是二审，诉讼各方之间对于欢在被索债的情形下拿刀捅刺人的行为都不存在异议，这意味着本案对主要事实不存在争议。在无主要事实争议点的情形下，被告人和受害人之间就于欢伤人行为产生了是属于"故意伤害还是故意杀人"的争议，此即"定义争议点"。当公诉方和被告都认为于欢的行为属于故意伤害时，于欢的辩护人认为于欢的伤人行为属于其受高利贷者恶性逼债情形下实施的正当防卫和特殊防卫，是合法的，于是双方之间产生了"是否属于正当防卫"的争议。

---

〔1〕 参见山东省聊城市中级人民法院［2016］鲁 15 刑初 33 号；山东省高级人民法院刑事附带民事判决书［2017］鲁刑终 151 号。

从性质上看，这个争议是围绕于欢的行为是否正当和合法而展开的，属于"正当争议点"。于欢的辩护人还提出，即使于欢的行为属于犯罪，其存在防卫过当和自首等行为，且被害人的死亡与被害人自身耽误救治有关，在量刑上应从轻。对于于欢辩护人的此种主张，各方之间产生了"是否存在防卫过当""是否存在自首"及"是否存在被害人耽误救治行为"等争议，这在性质上属于"请求宽恕争议点"。最后，于欢的辩护人提出了被害人亲属有干预案件的可能性，原审法院未能回避，就此，公诉方和上诉人于欢之间形成了"是否存在被害人亲属干预审判"的"程序争议点"。当然，被害人的上诉意见还产生了"于欢所持刀具是否属于管制刀具"的"事实争议点"。

二、对争议点理论的评价

从上述梳理可以看出，虽然争议点理论在我国未能作为一种修辞方法被广泛介绍，但在司法实践中一直被人使用。在本案中，于欢辩护人就自发地使用了争议点理论。一方面，他将争议点作为发起自己辩护的动因，并紧紧围绕争议点来展开自己的辩护；另一方面，他对本案争议点的搜寻基本遵循了"事实""定义""品质（性质）"[1]和"程序"的顺序。作为一种描述性的理论，尽管争议点理论在现代司法裁判中的技术性

---

〔1〕　本书将公诉方和被告方之间"是否属于正当防卫"的争议归为"正当争议点"，将"是否存在防卫过当""是否存在自首"及"是否存在被害人耽误救治行为"等的争议点归为"请求宽恕争议点"，本文书的这种区分是按照赫摩根尼的争议点理论做出的。其实，这两类争议点都属于赫尔玛格拉斯和赫摩根尼所说的"品质"（性质）争议点，只是前者未对"品质"（性质）争议点进行细分，而后者进行了细分，赫摩根尼将"品质"（性质）争议点分为逻辑争议点和法律争议点，并将逻辑争议点又分为"正当争议点""抗辩争议点""反控争议点""转移罪责争议点"及"请求宽恕争议点"五类。基于此，本书才断言，此案的争议点搜寻还是尊重了赫尔玛格拉斯所指出的顺序。

功能已经非常弱化了，然而其法理层面的价值在本案裁判中却得到了充分展现。

首先，争议点理论因对案件事实的尊重从而能够有效保证裁判客观性和公正性的功能在本案中得到了充分体现。争议点理论将案件事实作为推论出发点，使得裁判者最终只能依赖或围绕事实来实现其说服论证目的，这有效保证了裁判主体在裁判过程中的"就事论事"，从而防止了对案件当事人进行道德审判现象的出现。"就事论事"本就是司法裁判的基本特征，但我国在法律道德化和道德法律化的传统法律文化影响下，很多人仍然习惯于从道德视角来评价法律行为。如在本案中，案件因于欢的伤人行为而起，案件裁判也是对于欢伤人行为的评判，各方只需对于欢的伤人行为进行评价即可（虽然本案对于欢的伤人行为这一最主要的事实，各方没有任何异议，并没有形成事实争议点，但这并不能否认事实在裁判中的基础性地位。实际上，本案各方都是以此为基础来搜寻后续争议点并展开论辩的），然而很多公民、媒体甚至一些法律专业人员从于欢父亲是公务员及其父母从事非法吸收公众存款等角度来评价，[1]这种道德审判对于于欢来说显然是不公平的。值得肯定的是，从两级判决书的内容来看，裁判参与各方都是仅仅围绕于欢伤人行为来展开自己论证的，二审法院在审理过程中对于欢父亲是否是公务员、其父母等人是否涉嫌非法吸收公众存款等未做任何提及，这种以案件事实为基础的做法有力地避免了对于于欢行为的道德评价，从而保证了裁判的客观性和公正性。

其次，争议点理论的论辩功能在本案中也得到了一定程度的展现。诉讼源于争议，争议来自对抗双方之间的意见分歧。

---

〔1〕 参见 http://www.sohu.com/a/131404951_ 642369，访问时间：2017 年 7 月 25 日。

争议点理论将争议点的产生完全交由诉讼各方来完成，这有效地限制了法官在裁判过程中可能出现的恣意。在本案中，无论是"故意伤害还是故意杀人"的"定义争议点"和"是否属于正当防卫"的"正当争议点"，还是"是否存在防卫过当""是否存在自首"及"是否存在被害人耽误救治行为"的"请求宽恕争议点"，这些争议点的产生均是基于对抗各方自己的思考和判断，判决书显示法官论证也是围绕这些争议点来逐条展开的。法官基于完全意思自治的对抗各方所提出的争议点进行论证，这充分避免了法官在裁判过程中进行争议点突袭，从而有效限制了法官恣意。此外，在本案中，无论一审还是二审，各方均就自己的争议点主张列举了证据和理由，虽然一些争议点（如本案关于"是否属于正当防卫"的争议点）在一审中未能得到充分论辩，但通过二审又获得了论辩机会。争议点理论这种赋予对抗双方论辩的做法，不仅促使当事人法庭言说能够理性展开，还通过当事人的话语权压缩了法官的任意言说空间，从而保证了裁判结论的客观性和公正性。当然，争议点理论的论辩功能还需大力挖掘。在本案二审中，对于公诉方和被上诉人于欢之间"是否存在被害人亲属干预审判"的"程序"争议点，从判决书内容来看，双方之间并未展开充分论辩，这或许囿于现行诉讼效率制度的限制。要实现对这类争议点的有效论辩，还需依赖于其他配套制度的完善。

最后，本案裁判也充分体现了争议点理论的情境功能。争议点理论由于其情境性而将影响案件判决的各种因素都纳入到裁判中来，从而大大增强了裁判的合理性。在本案二审中，在对"是否属于正当防卫"争议点的辩论中，于欢及其辩护人为了论证于欢的行为属于正当防卫的主张，列举了"于欢身体单薄，被害人身体强壮、人数众多且有犯罪前科，被害人正在对于欢身体要害部位进行侵害，于欢母亲被高利贷者暴力讨债"
"被害人对于欢及其母亲进行侮辱"[1]等理由；在对于欢"是
否属于防卫过当""是否存在自首情节"及"是否存在被害
人耽误治疗时间"等争议点的辩论中，于欢及其辩护人列举"于
欢杀人伤及的只是离其较近的人""于欢伤人后主动交出刀具"
"被害人放弃前往较近医院救治而选择驾车开往较远医院"[2]
等理由来支持己方的主张。裁判各方通过在争议点辩论过程中
对各种理由和证据的列举，为我们构筑了一副详细的案发场景。
通过展现这一案发场景，诸如"于欢被多人暴力逼债"，"母子
二人遭受非法拘禁、侮辱、拍打脸颊，揪头发"等与案件有关
的多种因素都进入了法官的视线之中，促使法官作出在场式的
思考，从而最终得出于欢行为属"防卫过当"这一合理性结论。

〔1〕 山东省高级人民法院刑事附带民事判决书［2017］鲁刑终 151 号。
〔2〕 山东省高级人民法院刑事附带民事判决书［2017］鲁刑终 151 号。

第四章

论题学：问题思维与个案正义

　　作为一种思维方法，论题学在现代裁判领域里的运用是以法律体系性思维之反叛者的姿态来进行的。法律体系性思维认为法律体系能够决定法律答案，但在裁判实践中，不管法官表现出对法律体系何种程度的尊重，司法裁判最终必须落脚于具体案件的处理上，个案问题实际上一直在裁判中发挥着导向作用，因此，从这个意义上来说，裁判思维是以个案问题为定向的论题学思维。毋庸置疑，以问题为定向的论题学思维能够克服体系性思维的过度形式化和封闭性的弊端，促使个案正义的实现。然而，个案正义并不仅仅要求个案判决结果的公正，还要求公正的个案判决结果是以尊重现行法秩序的方式来实现的。虽然论题学思维并不否定体系性思维的作用，但它对具体问题特殊性的强调总会对法律的确定性形成一定程度的消解。于是，在个案正义寻求中，论题学思维是否能够保证个案判决结果的公正？它在保证个案判决结果公正的同时能否实现与体系性思维的融合？已有的融合路径和方法是否能够保证个案判决的公正？这些问题便由此产生。本章将结合论题学的含义和特征对这些问题进行逐一分析，以展现它在解决个案正义问题上所具有的意义及限度。

第一节　论题学及其思维

　　20世纪50年代，德国学者菲韦格在其《论题学与法学——论法学的基础研究》一书中系统阐释了论题的定义、性质及在法律中的运用等。他在吸收和借鉴亚里士多德和西塞罗等人论题思想的基础上，提出了"论题学"思维，从而使得古典时期以来的论题方法上升为一种思维方式，也使得论题研究从实践技艺层面上升到了思维层面。

一、论题学溯源

　　论题学源自于古希腊罗马时期的论题理论。"论题"（topos，topics，commonplaces，拉丁文为 loci），原意指"所在地""处所"和"位置"，在修辞学中指"觅题选材的仓库"或"论据的类型"。论题概念最早是由亚里士多德进行系统阐发的。古希腊时期，对于当时修辞活动中普遍存在的诡辩情形，亚里士多德主张引进理性论题，以增强论辩的逻辑内涵，保证论辩的可靠性。亚里士多德认为，在修辞式推论中，论辩者为了获得论据、维护自己的观点，必须借助"论题"（topos，topic）来进行。而为了阐明论题的含义，亚里士多德首先区分了四种推理形式：①证明推理，即"当推理由以出发的前提是真实的和原初的时，或者当我们对于它们的最初知识是来自于某些原初的和真实的前提时，这种推理就是证明的"。[1] ②辩证推理，就是从普遍接受的意见出发所进行的推理。③"可能引起争论的推理"，是指从似乎是普遍接受但实际并非如此的意见出发进行

　　　　　　　　　　　　　　　　　　　

[1]　［古希腊］亚里士多德：《工具论》，余纪元等译，中国人民大学出版社2003年版，第351页。

的推理。④错误推理，即从属于特定科学的特有前提出发进行的推理。在他看来，第三种和第四种推理纯粹是诡辩家的论证技术，对于理性言说来说毫无价值可言，真正有价值的只有第一种和第二种推理。第一种推理（证明推理）是形式逻辑推理，它的基础是演绎逻辑，而第二种推理（辩证推理）的前提是普遍被接受的意见，为了保证由前提推出的结论也具有普遍可接受性，它要求尽可能地考虑各种关联论题，以从中做出合理的选择，因此，这类推理是论题学取向的，亚里士多德的论题学所探讨的正是这种具有论题学取向的推理形式。

辩证推理是以普遍可接受的意见作为推理的前提，而普遍可接受的意见不像普遍真实的原理那样具有必然性和正确性，它只具有或然性。由于具有或然性特征，作为推理前提的"普遍可接受的意见"就拥有探讨和争辩的空间，这样几乎所有辩证的问题都可被称为"论题"。论题不仅有助于发现论辩（finding argument），而且还可以用来作为论证之锚，[1] 为了方便人们在论辩中找到合适的论题，亚里士多德试图建立一部"论题目录"。在《论题篇》中，他以"四谓词（定义、特性、偶性、种）为经线，以'是'范畴（本质、数量、性质、关系、位置、时间、状况、属有、动作、承受）为纬线，通过辨析语词和所是东西的多义性，细密地考察了论题立论和驳论的逻辑方法"。[2] 在通过对论题立论和驳论方法的细密考察之后，"能够有助于人们对任何问题进行辩证推理的论题差不多完全被列举出来了"。[3] 在《修辞学》一书中，他将"论题"看成是

---

〔1〕 Julius Stone, *Legal system and lawyers' reasoning*, Stanford University Press, Stanford, California, 1968, p. 331.

〔2〕 汪子嵩等：《希腊哲学史》（第3卷），人民出版社2003年版，第210页。

〔3〕 ［德］特奥尔多·菲韦格：《论题学与法学——论法学的基础研究》，舒国滢译，法律出版社2012年版，第17页。

"能够让具体论辩在恩提墨玛或缺省三段论方法下进行的一种论辩系统",[1]并将其分为通用论题和专用论题两类。通用论题可以适用于法律、自然科学、政治以及各种不同的科学,专用论题则是由每一种类的事理所特有的命题组成。[2]他认为大多数修辞式推论是由专用论题的题材构成的,少数修辞式推论则是由通用论题的题材构成。他在此书中还专门列举了28种通用的证明式修辞推论的论题,如"更多、更少""归纳""对立""定义"和"因果"论题等,借用这些论题,演说者可以更容易地说服受众。

亚里士多德的论题理论被后来的西塞罗所发展。亚里士多德虽然建构了论题理论和寻找论题的方法,但对"论题"一词的含义,他并未给出一个明确的定义,而且在不同上下文中用这个概念指代了不同的含义。[3]西塞罗在其《论题》(Topica)一书中对这一术语进行了系统明确地阐述,修正了古希腊修辞学家对论题的模糊表达。他首先提出了两个初始命题,第一,"系统处理论证有两个组成部分:一个涉及论证的开题,另一个涉及对它们的有效性进行判断";[4]第二,论点应该被理解为使存疑的事情变得可信的那些因素。在这两个初始性命题的基础上,他将论题界定为"论点蕴藏处",[5]并根据"论题"是内

---

〔1〕 J. P. Zompetti, *The Value of Topoi*, Argumentation (2006) 20, Springer, p. 17.

〔2〕 [古希腊] 亚里士多德:《诗学·修辞学》,载《罗念生全集》(第1卷),世纪出版集团、上海人民出版社2002年版,第154页。

〔3〕 从他对论题一词使用的情况来看,他将"论题"广泛地理解为有助于演说者就所面临的修辞情境做出富有说服力证明的一切资源,包括论据类型、论辩原则、模式、技巧和程序等。

〔4〕 [古罗马] 西塞罗:《西塞罗全集·修辞学卷》,王晓朝译,人民出版社2007年版,第280页。

〔5〕 西塞罗用比喻的方式对论题做了一个描述,他说:"要是能够指出或标明藏匿东西的隐蔽地点,那么要找到被藏起来的东西就比较容易;同理,要是我们希望跟踪某个论证,我们必须知道它的地点或论题。"参见 [古罗马] 西塞罗:《西塞罗全集·修辞学卷》,王晓朝译,人民出版社2007年版,第280页。

在于所讨论主题的主体还是来自于外部条件将它们分为内在于
主题本性的论题和来自外部条件的论题两大类。内在于主题本
性的论题来自整个主题、部分主题或主题的意义，也来自与某
些方式及被考察的主题紧密相连的事情，诸如"定义""对整体
各部分的罗列"以及通过"相同、差异、对立、附加、前因、
后果、矛盾、原因、结果、对比"等获取的论点，都是内在于
主题本性的论点。来自外部条件的论题则是那些与主题相距甚
远、可以取消的论题，通常只包括对权威的援引。[1] 在对论题
的含义和分类进行阐释之后，西塞罗又详细地谈论了每一个具
体论题，并指出了它们各自应用的可能性。显然，与亚里士多
德侧重论题的理论建构不同，西塞罗则侧重阐释论题在实践中
的技巧运用。但无论存在何种差异，他们都充分注意到了论题
对于修辞论辩不可或缺的意义，这对后世论题学理论的发展产
生了十分重要的启示作用。

二、论题学的含义

　　亚里士多德和西塞罗的论题思想在经历了相当长时间的沉
寂之后，在 20 世纪 50 年代受到了德国学者菲韦格的关注和重
视，并由此撰写了《论题学与法学——论法学的基础研究》一
书。在此书的导言中，他明确指出"论题学是由修辞学发展而来
的问题思维技术。它十分详细地展开一种清晰有别于演绎——体
系思维的思想构架"，[2] 从而第一次将论题方法视为一种思维
方式。

---

〔1〕［古罗马］西塞罗：《西塞罗全集·修辞学卷》，王晓朝译，人民出版社
2007 年版，第 281~285 页。
〔2〕［德］特奥尔多·菲韦格：《论题学与法学——论法学的基础研究》，舒国
滢译，法律出版社 2012 年版，第 2 页。

那么，什么是论题学？菲韦格在其著作的第三章开宗明义地指出"它是一门问题定向的思维技术"。[1] 在运用这种思维的过程中，无论是资料搜集、方案选择，还是推理论证都是围绕"问题"展开的，"问题"在整个思维过程中具有导向性的作用。而对于何谓"问题"，菲韦格采用了亚里士多德的定义，将其界定为"允许表面上看起来有不止一个答案的任一提问"，[2] 也即当我们无法依靠逻辑方法从既有前提中推导出唯一正确的结论或答案时，问题便存在了。与"绝对正确地进行的逻辑推演总是远离情境"[3] 不同，问题总是在情境理解之内发生的，因此问题思维就是情境思维，它提示人们在面临进退维谷的困局或难以消解的问题情境（problem-situation）时，应当如何应对而不至于陷入无以应对的地步。[4] 换言之，论题学思维意使人们在面对多种选择或身临无路可循的困境时，从各个备选或可能方案中寻找出最为妥当的解决方案。

作为一种以问题为导向的思维，论题学强调围绕问题展开论辩讨论，通过多方主体参与的论辩与讨论来获取个案的最佳解决方案。论题学思维的特征在于从若干普遍接受的观点和看法中寻找出可以支持或反对某一特定意见的理由或论据，以便为当前争论的问题寻求最佳解决方案；其运用的目的在于由各种不同的方向使问题的讨论得以进行，并在最后还能够发现问题在理解上的脉络关系。与体系性思维将理解上的脉络关系预

〔1〕〔德〕特奥尔多·菲韦格：《论题学与法学——论法学的基础研究》，舒国滢译，法律出版社2012年版，第26页。
〔2〕〔德〕特奥尔多·菲韦格：《论题学与法学——论法学的基础研究》，舒国滢译，法律出版社2012年版，第28页。
〔3〕〔德〕特奥尔多·菲韦格：《论题学与法学——论法学的基础研究》，舒国滢译，法律出版社2012年版，第32页。
〔4〕舒国滢："走近论题学法学"，载《现代法学》2011年第4期，第11页。

设为逻辑的推理脉络不同，论题学思维不会离开问题本身所划定的范围，而是围绕在问题的周遭效力，并且将之引向问题本身。[1]因此可以说，论题学就是一门研究如何围绕问题展开讨论的学问，论题学思维也就是以问题为导向，旨在获取问题最佳解决方案的思维。

菲韦格是在与体系性思维的比较中阐释其论题学理论的。与体系思维方式的独白式推论不同，一方面，论题学思维方式强调在论辩与讨论中展开对问题的解决。体系思维方式是从确定的概念出发，依靠逻辑涵摄的方法从前提推导出结论的。在体系性思维中，无论是概念或前提，都是既定的或公认的真理，具有不容置疑性，从前提到结论的推论过程也是依靠逻辑独断进行的。而论题学思维方式并非是从前提到结论的程序。它反其道而行之，将问题放在第一位，就特定的问题，寻找合适的前提作为论据，进而展开论辩程序。在整个过程中，无论是作为论据的基本前提，还是依据前提所得出的结论，都得通过谈话者的接受而得以正当化。另一方面，与体系思维方式强调体系的封闭性不同，论题学思维方式呈现较强的开放性。体系性思维方式从整体出发，将概念置于第一位，并保持着主导地位。在逻辑推论的过程中，作为推论前提的立足点并不是通过寻找得来的，而是从一开始就是被采纳的，从这个被采纳的立足点出发，对问题加以选择，那些与立足点不一致的问题内容会遭到否定。[2]而论题学思维方式则以完全相反的方式进行，它将问题置于主导和核心地位，强调全面考虑问题的相关因素，从

---

〔1〕［德］卡尔·拉伦茨：《法学方法论》，陈爱娥译，商务印书馆2003年版，第25页。
〔2〕［德］特奥尔多·菲韦格：《论题学与法学——论法学的基础研究》，舒国滢译，法律出版社2012年版，第30页。

普遍接受的观点和意见出发，对所要解决的问题在一个开放的领域内展开论辩和讨论，以获取一个可接受性的结论。

三、论题学思维的过程

论题学是以"问题"为中心的思维技术，而问题总是在情境理解之内发生。一旦问题的解决需要以一种情境理解为前提，那么"通过适当的重构，问题被带入一种预先确定的、多少有些明确、多少有些广泛的演绎推导关联结构当中，由此推断出答案"。[1]假如我们把演绎推导关联结构称作一个体系，为了解决问题，我们必须把解答的问题归属到一个合适的体系之中。如果我们从体系思维的角度出发，就会出现以下图景：假设在只有一个体系 A 的极端情形，所有的问题只可能被分为两类：在体系 A 内要么能够得到解决，要么无法得到解决。无法解决的问题会被视为伪问题弃置一旁，而要举出反证以证明其为真问题则必须求助于体系 B。以此类推，假如存在 A、B、C 等多个体系，那么能够据以挑选出相应的问题 a、b、c，而舍弃其余问题。由此可见，从体系出发，问题的选择是由体系决定的。反之，如果我们从论题学思维出发，则会出现问题的投放引起体系的选择。如果我们以问题为中心，就会以问题的需要来寻找相应的体系，假如一个问题在体系 A 中无法解决，我们就会要求体系 B 来应对该问题的解答，如果在体系 B 中无法解答，我们就会转向体系 C，直到找到合适的体系。[2]可见，论题学的思维方式会导向"体系的多元化，并且它也不尝试由一个更

---

〔1〕［德］特奥尔多·菲韦格：《论题学与法学——论法学的基础研究》，舒国滢译，法律出版社 2012 年版，第 29 页。
〔2〕参见［德］特奥尔多·菲韦格：《论题学与法学——论法学的基础研究》，舒国滢译，法律出版社 2012 年版，第 29 页。

广泛的体系来证实各体系间的相容性"〔1〕，也就是说，论题学的推理脉络是小规模的，演绎推导意义上的体系范围也是极其狭窄的。

　　既然论题学是以问题为定向的思维，那问题的恒定性来自何处？菲韦格认为，问题的恒定性来自于事先存在的理解之关联结构，而这个理解之关联结构只有在具体情境之中才能被知晓，因此，我们事先并不知道这个关联结构到底是什么东西，也不知道它能不能在根本上被整体观察。由此可见，论题学思维不像体系性思维那样直截了当和清晰明了，它必须根据具体情形来寻找问题定位，然后紧紧围绕问题进行全方位思考。这种思考显然不是逻辑严密的演绎推理，而只是"片断性的省察"。至于这种"片断性的省察"在实践中是如何具体展开的，菲韦格认为可分为两个阶段。在第一个草创阶段，只是任意地选择一些偶然发现的观点，然后尝试性地从中寻找合适的观点当作推论的前提，以便得到富有启发意义的结论，显然，这种尝试具有很大的不确定性。于是，在第二个阶段便要寻找适合特定问题的论题，并且将之汇编为"论题目录"，以便为问题讨论提供明确的指导。论题的意义来自于其所欲澄清的问题本身，它必须能主导问题思考的方向。〔2〕

　　从论题学思维的过程来看，一方面，论题学是一种寻找前提的程序。德帕特认为论题有两种功能〔3〕：选择功能（Selective）和担保功能（Guarantee）。前者是指在可能的论据中挑选

　　〔1〕　［德］卡尔·拉伦茨：《法学方法论》，陈爱娥译，商务印书馆2003年版，第25页。
　　〔2〕　［德］卡尔·拉伦茨：《法学方法论》，陈爱娥译，商务印书馆2003年版，第26页。
　　〔3〕　Douglas N. Walton, *Argumentation Schemes for Presumptive Reasoning*, Lawrence Erlbaum Associates, 1996, pp. 3~5.

最适合论辩情境和论辩主题的论据；后者是指它能够把前提和结论连接起来，并担保从前提到结论推论的似真性。换句话说，选择功能是寻找最适宜论辩主题的前提，担保功能则是通过逻辑来接受和应用前提，以保证从寻找出的前提中能够正确地推导出结论。因此，对于论题的使命而言，寻找前提永远居于第一位，得出结论则是第二位，而论题学的中心在于思考如何寻找前提。另一方面，论题思维虽然畏惧固定联系，但它不是一种完全放弃固定联系的思维。论题学思维是以问题为导向的思维，而问题是在情境理解之内发生的，因此，论题学思维对问题的解决是建立在情境理解基础之上的，也就是说，论题学思维讲究因地制宜，具体情形具体分析。这种弹性灵活的思维能够克服体系性思维封闭僵化的缺陷，有利于具体问题的妥当处理，但并不由此就能认为论题学思维完全放弃了固定联系，反对体系性思维。实际情形是它不仅不畏惧固定联系，还对固定联系有着必然性的需求，因为"如果没有人成功地做到使自己及其谈话伙伴至少在一个划定界限的领域内保持某种共同的理解，那就不可能进行任何一种实质的证明"。[1]

第二节 论题学与个案判决结果的公正

论题学思维是个案思维，它强调对个案具体情形的关注，主张在情境理解中寻求问题的定位和解决。显然，与讲究普遍正义的体系性思维相比较，这种以个案为意识的论题学思维更有助于个案判决结果公正的实现。然而，有助于个案判决结果公正的实现并非就是确保个案判决结果公正的实现，在寻求个

---

〔1〕 〔德〕特奥尔多·菲韦格：《论题学与法学——论法学的基础研究》，舒国滢译，法律出版社 2012 年版，第 38 页。

案正义的过程中，单就个案判决结果公正的实现功能而言，论题学思维还存在着很多缺陷和不足之处。

一、论题学思维的优势

　　个案判决结果的公正就是实质正义，置于裁判语境中，它指的就是在对个案进行客观合理地价值评价之后，得出一个具有可接受性的裁判结论。而以价值评价为使命的论题学思维是怎样来防止主体恣意专断，以保证价值评价的客观性和合理性的呢？首先，论题学思维将"普遍接受的意见"作为推论的前提。论题学是一种寻找前提的程序，前提的特征直接决定了结论的性质，为了保证能够得出一个合理的、具有可接受性的裁判结论，推论的前提必须是普遍接受的意见。亚里士多德提出在他关于推理的四种区分中，只有辩证推理是论题学取向的，而他所说的辩证推理就是以普遍接受的意见为出发点所进行的推理。在《论题篇》中，他将"普遍接受的意见"定义为"被一切人或多数人或贤哲们，即被全体或多数或其中最负盛名的贤哲们所公认的意见"。[1]佩雷尔曼在其新修辞学理论中，阐明了法律推理的前提是论题取向而非公理取向的观点之后，也将法律推理的前提限定为"论辩开始时能为听众所同意接受的东西，即各种说话者和听众之间所共同认识的事实、真理、推定、价值或层级等"。[2]菲韦格将论辩者双方都接受的意见作为推论的前提，他说："这里所描述的程序之基本前提通过谈话者的接受而得以正当化……凡是各方所接受并反复接受的东西，就被视为固化的、无争议的、至少在这个范围内甚至被视为显

---

　　[1]　苗力田主编：《亚里士多德全集》（第1卷），中国人民大学出版社1990年版，第353页。
　　[2]　廖义铭：《佩雷尔曼之新修辞学》，唐山出版社1997年版，第326～327页。

而易见的。"[1] 在生活实践中，能为各方所接受并反复接受的东西，实质上就是公众普遍接受的意见。论题学把普遍接受的意见或主体间的主观共识作为推论的出发点，从形式上来看，它的目的在于通过似真性推理将前提的可接受性和合理性传导至结论上，而在实质上，它则是期望通过普遍意见的接受以对个人随意性意见在推论中的作用形成限制和束缚，从而为论辩的展开奠定理性基础。

其次，从其思维程序来看，论题学主张采用"遍及周遭的讨论方式"。所谓"遍及周遭的讨论方式"，是指对于问题的正当解决有所助益的所有观点都列入考量之中，以借此使有关当事人达致合意，此处所说的所有观点既包括法律内的观点，也包括法律外的观点。这种解决问题的方式，用德国刑法学家罗克辛的话来描述，就是"人们对一个确定的问题，就像它在学术讨论和法官的咨询性讨论中经常充分表现得那样，先一次性把全部可以设想的解决办法和争论理由提出来，然后在赞成和反对的探讨中作出一个能够达成一致的决定"。[2] 论题学通过全方位考量各种因素来获得问题的解决，这种思维方式对于个案判决结果公正的实现具有重要意义。一方面，对各种因素的全方位考量这种思维姿态本身可以避免处理问题立场和观点的片面性或狭隘性；另一方面，通过对各种因素全方位的考量可以使支持或反对某个处理方式的理由被充分展现出来，而在司法裁判中，如果"一个法律决定或法律命题受到支持的不同理由越多，该法律决定的武断性越少、越理性、越确定，越具有

---

〔1〕［德］特奥尔多·菲韦格：《论题学与法学——论法学的基础研究》，舒国滢译，法律出版社 2012 年版，第 39~40 页。

〔2〕［德］克劳斯·罗克辛：《德国刑法学总论》，王世洲译，法律出版社 2005 年版，第 132 页。

可预测性和可接受性"。[1]

再次，论题学试图通过构建一部"论题目录"，以期望使"论辩只要从论题上获得了推理结构的特征，便具有了正当性或合理性"。[2]前文已述，运用论题学方法解决问题的过程一般需两个阶段：第一个阶段为尝试性地随意选择随机性观点的"一阶论题学"阶段，由于这一阶段具有明显的不确定性，第二阶段便不得不去寻找某种支撑物以避免第一阶段的不确定性，于是，针对一定问题预先形成各种观点的目录，即论题目录便产生了。汇编论题目录的目的就在于能为论辩者提供迅速找到问题定位或论点的方法，并由此组织合适的论辩结构。构建实用完备的"论题目录"自古至今一直是学者们奋斗的目标。亚里士多德在语义分析的基础上为所有可争辩的问题构想出了一部论题目录。西塞罗将论题分为"内在论题"和"外在论题"两大类，并分别确定了它们的基本构成。与亚里士多德相比，虽然他的论题目录出现了"碎片化"倾向，但却更具有实用性和应用性。后世学者在继承西塞罗做法的基础上，将论题目录进行了更为细致的分类。如 17 世纪出版的《波尔—罗亚尔逻辑》将论题分为"语法论题""逻辑论题"和"形而上学论题"三种；19 世纪的德国学者克斯特纳列举了 26 个"通用论题"；当代学者施特鲁克列举了 64 个论题，并将它们编排在一起；而瑞士学者埃德多·里戈蒂则在继承米斯米蒂乌斯和博伊蒂乌斯论题分类法的基础上，把论题（Loci）分为组合论题（Syntagmatic loci）、聚合论题（Paradigmatic loci）和复合论题（Complex loci）

---

〔1〕 王夏昊："法律决定或判断的正当性标准——以法律论证为视角"，载陈金钊、谢晖主编：《法律方法》（第 8 卷），山东人民出版社 2009 年版，第 79 页。

〔2〕 Edd Rigotti, *Whether and How Classical Topics can be Revived Within Contemporary Argumentation Theory*, in F. H. van Eemeren, B. Garssen (eds.), Pondering on Problems of Argumentation, Springer Science+Business Media B. V. 2009, p. 162.

三类，并又对这三类论题分别进行了细分等。除了对普遍适用
的论题进行目录汇编之外，也出现了对适用于特定专业的论题
进行构建的情况，如 16 世纪的法学家 Mathaeus Gribaldus Mopha
从《国法大全》中提出了一个法学通用论题的目录，并按照字
母先后顺序进行了排列。论题目录一般是依据一定的逻辑关系、
准逻辑关系或关联关系来建构的，它较为客观地反映了事物之
间的某种内在关联或联系，因此，根据论题目录来寻找论据和
构建论辩也就等于将逻辑的严密性（或准逻辑的严谨性）渗透
到了论辩之中，从而在一定程度上能够限制主体的随意性，增
强论辩的客观性和有效性。此外，论题目录为论辩主体划定论
辩界限、对固定和构成一定的理解也具有重要意义。论题目录
使论辩双方之间的提问和答案得到有序整理，并且为他们指明
了什么东西值得更进一步的思考，只有这样，主体之间意见和
观点的协调一致才会持续不断地进行，通行的论题才会按照这
种方式很适合地显示人们每一次进行讨论的活动范围，假如人
们不想失掉证明的理解，就不允许离开这个活动范围。[1]

最后，论题学将一切检验都交由论辩来完成。在论题学理
论看来，无论是对作为论证前提的选择，还是论证中围绕问题
对各种因素的考量，都需要过论辩来完成。菲韦格直接指出论
辩是前提唯一的检验法庭；[2]拉伦茨也指出论题学为法学提供
一种"遍及周遭的讨论"程序，他所说的"遍及周遭的讨论"，
具体来说就是指首先列举出有助于问题解决的所有观点和理由，
然后经过主体间的探讨和争辩，最终在反对和赞成声中获得对

〔1〕［德］特奥尔多·菲韦格：《论题学与法学——论法学的基础研究》，舒国
滢译，法律出版社 2012 年版，第 39 页。
〔2〕［德］特奥尔多·菲韦格：《论题学与法学——论法学的基础研究》，舒国
滢译，法律出版社 2012 年版，第 40 页。

问题处理的一致意见。论辩是主体之间所展开的一种言语行为，这种言语行为隐含了他们之间存在的博弈和对抗，正因为这种博弈和对抗，才有效限制了主体的主观武断和任意，从而在一定程度上保障了言语过程和言语结果的正当性和合理性。

二、论题学思维的缺陷

如上所述，为了保证价值评价的客观性，促进个案正义的实现，论题学从推理前提、展开程序和论题目录等各个方面进行了理论探索和方法设想。不可否认，这些理论探索和方法设想对实现个案正义有所裨益，然而，从实践上来看，它们仍存在着诸多缺陷和问题。论题学把前提作为证立个别判断的基础和依据，这是有问题的。论题学思维在裁判中的应用包括发现和证立两个过程。发现过程是指在可能的观点（论据）中找到合适的观点（论据）作为推理的前提，证立过程是指从前提推导出结论的过程，从特征上看，发现过程是修辞的，证立过程是逻辑的。既然发现过程是修辞的，那么在观点（论据）集合中寻找哪一种观点（论据）作为推理的前提就存在一定的偶然性或随意性（也就是说，在具有相同价值的多个论题中该选择哪一个作为推论的前提，不存在一个基准），由此，我们也无法确保所找到的观点（论据）就是具有决定性的或在根本上较为合适的。而在无法确保的情形下，若以一个不具决定性或不合适的观点作为推论的前提，那么由此所推出的结论自然对于合理解决问题毫无意义。正是在这个意义上，菲特丽丝才说："基于相关的观点，论题可以确定哪种论述可用来为某种观点进行辩护。这些方法的缺陷在于，它们未阐明为了解决某一具体法律问题，如何在各种论点中做出合理的选择。它们仅具有探索性功能而不具有批评性功能。"〔1〕而对于论题学的这一缺陷，人们提出用论辩来加以克服。毋庸置疑，在理想状态下，论辩的确能够帮助人们在多重博弈和对抗中挑选出最适合或最具决定性的观点作为论辩前提，但是在实际的论辩中，囿于当事人获取法律资源能力和交流能力的实质不对等性，选取被双方认同但对问题合理解决不具有决定性的观点作为推论前提是完全有可能的。因此，实际的论辩并不能充分克服论题发现过程中存在的修辞性缺陷。另外，论题学把主观共识作为推论前提，但一个事实上达成的共识不能都被看作是正确性的可靠性保证。〔2〕一方面，在不遵守理性规则的讨论中，某种共识的形成完全可能是基于一定的欺骗和隐瞒；另一方面，命题的正确性是由支持这一命题的理由是否符合逻辑、经验或某种价值观点来决定的，而非基于对话者的同意。

论题学思维主张通过对所有有助于问题解决的主张和理由进行讨论和争辩之后再来作出解决问题的结论，这在实践上有时也行不通。提出所有的主张和理由，意味着全方位考量问题相关因素，这种多线性思维从理论上看的确非常有利于实质正义的实现，但在实际的论辩中会出现法律格言所说的"争论越多，真理消失得越快"的情形。因为，倘若当事方提出的主张和论据越多，整个论辩就会越趋复杂，并更缺少条理性，从而会干扰结论的推出。即使有一些一致性规则和有效性规则来约束，仍无法阻止论辩程序膨胀成为一个结构上高度混乱、不一

〔1〕〔荷〕伊芙琳·T. 菲特丽丝：《法律论证原理——司法载决之证立理论概览》，张其山、焦宝亮、夏贞鹏译，商务印书馆 2005 年版，第 198 页。

〔2〕〔德〕罗伯特·阿列克西：《法律论证理论——作为法律证立理论的理性论辩理论》，舒国滢译，中国法制出版社 2002 年版，第 29 页。

致和不稳定的系统。[1] 由此可见，提出所有的主张和理由，并将其放入讨论和争辩之中，其目的原本是为了以理性的方式来处理非理性的事物，但实际上却也可致使理性消失在非理性之中。此外，论题学尝试构建论题目录，以期为论辩者提供一个挑选切合论辩情境和论辩主题的观点图谱，但在实际上，无论构建的论题目录如何庞大和丰富，均无法适应论辩实践的需求。一直以来，人们基本上沿用分类的方法在汇编论题目录，然而不管根据什么标准和方法来进行分类，所分的论题类型都不可能穷尽涵盖所有的实践生活，甚至所做的分类都不免存在着矛盾、含混或粗糙等缺陷。例如，阿列克西在研究了施特鲁克总结出的 64 个论题部目之后，发现这些部目根本不适合用来分析论辩的深层结构，有些部目之间明显地存在着互不相容之处。[2] 佩雷尔曼将论题——论证型式的分类推向了历史新阶段，但他的分类仍被批评为"仅仅给出了粗糙的、实用的而非十分精确和形式上成熟的说明"。[3] 因此，对于论题的分类，恰如韦恩·格伦南所言："恰当的分类可以简化使用推论评估策略的问题。如果熟知了假设的有效性和它们相联系的推论评估策略最常见的模式，我们就可以这样评估一个特殊论证：（a）辨识论证中的模式；（b）回忆相关的推论评估规则；（c）将它们应用于论证，达至对推论质量的判断。但是，记忆贮存遇到挑战，数量庞大导致混淆模式和原则……若基于内容和结构的某种结

---

〔1〕　陈林林：《裁判的进路与方法——司法论证理论导论》，中国政法大学出版社 2007 年版，第 240 页。

〔2〕　参见［德］罗伯特·阿列克西：《法律论证理论——作为法律证立理论的理性论辩理论》，舒国滢译，中国法制出版社 2002 年版，第 25~29 页。

〔3〕　Barbara Warnick, *Two Systems of Invention：The Topics in the Rhetoric and The New Rhetoric*, In Alan G. Gross and Arthur E. Walzer: Rereading Aristotle's Rhetoric, Southern Illinois University Press, 2000, pp. 107~129.

合来发展一个模式的恰当分类，我们或许会发现，只是存在一些不太多的带有相对一般的评估原则的模式类型，这就降低了对记忆的要求，因而促进对推论的更准确的评估。"〔1〕

论题学构想一切程序的展开都须在论辩中进行，应该说，论辩对个案判决结果的公正获得具有重要意义，毕竟"在不可能存在有说服力的证立的地方，并不必然要把地盘留给非理性的决断；理性证立的概念和理性讨论的概念是密切地交织在一起的"。〔2〕然而，利用论辩的主张却招致了两方面的批评：一是通过论辩不一定能够获得共识或同意，即便论辩可以成为协助共识的工具，但论辩结果的正确性是独立于对话者同意的；二是要想保证论题学思维对个案正义的实现产生积极功用，论辩条件必须达到一定的要求，〔3〕而从学者们总结出来的论辩条件来看，〔4〕这些条件要求过于理想化，在现实法庭论辩中往往并不具备，因而会导致论题学思维在实际的运用中难以发挥其预想功用。

---

〔1〕 Wayne Grennan, Informal Logic: Issues and Techniques, McGill Queen's University Press. 1997, p. 152, 转引自武宏志、周建武、唐坚:《非形式逻辑导论》，中国人民出版社 2009 年版，第 478 页。

〔2〕 [德] 罗伯特·阿列克西:《法律论证理论——作为法律证立理论的理性论辩理论》，舒国滢译，中国法制出版社 2002 年版，第 29 页。

〔3〕 菲韦格意识到了论题学思维的运行对论辩条件有一定程度的要求，但当年并未对此进行详细阐述，只是在《论题学与法学——论法学的基础研究》第九章中专门探讨论题学的继续发展时，简单提及了对论辩程序的伦理学思考。他指出，要想使一个理性的对话保持运行，论辩者必须履行一定的言谈义务。参见 [德] 特奥尔多·菲韦格:《论题学与法学——论法学的基础研究》，舒国滢译，法律出版社 2012 年版，第 125~126 页。

〔4〕 后来研究者多从程序和伦理角度对论辩条件进行详细论述，如荷兰学者埃墨伦和格鲁登斯特从伦理角度总结出了覆盖论辩全过程的"批判性讨论十大戒律"，阿列克西则从程序角度提出了理性法律论辩的规则，阿尔尼奥则提出了论辩共识形成所需的两个关键性条件等。但他们所总结的这些论辩条件都不同程度地被批评为不具有现实性。

　　论题学思维主张以问题为中心，通过在论辩中全面考虑问题的相关因素来寻求解决问题的方案和结论，从这个角度来说，它不啻是一种非常有利于实现个案正义的思维。然而，论题学所构想的前提理论、所试图建构的论题目录以及所依赖的论辩条件等都使得它在保证个案正义实现上存在一定的限度和缺陷。不过，在所有的缺陷当中，最为人诟病的是它对现行法约束力的消解，对此，有待下一节的探讨。

第三节　论题学思维与体系性思维融合的可能与限度

　　论题学思维通过论辩将包括法律之外的各种正当性理由都纳入了司法裁判应当考虑的范畴之内，希望借此使当事人达成合意，以实现个案正义。然而，"法律论题学或者修辞法学的这种理解忽视了法律适用者有义务有思考地服从由法律共同体制定的具有约束力的法律规范"。[1] 论题学思维引起的这种个案正义与现行法约束之间的矛盾与冲突在一定程度上体现的就是论题学思维与体系性思维之间的不同甚至对立：论题学思维强调从情境出发对个案进行实质化思考，现行法约束则更倾于对案件进行非情境的形式化考虑。而个案公正裁判要求论题学思维与体系性思维的并用，在这种情形下，论题学思维与体系性思维如何融合便成为我们必须要解决的问题。对此问题，目前学界主要发展出三种解决方法和进路：①在开放的体系下进行论证；②概念思维转向类型思维；③"动态系统论"。本节内容将围绕此三种方法和进路来探讨两种思维结合运用的可能与限度，以从中窥探出论题学思维对于实现个案正义的贡献与制约。

---

〔1〕〔德〕伯恩·魏德士：《法理学》，丁晓春、吴越译，法律出版社2013年版，第269页。

一、在开放的体系中论证

在司法裁判中，论题学思维强调以具体案件为导向，以多方应用且广被接受的看法为出发点，围绕案件展开论辩，寻找出合适的解决方案；体系性思维则认为只要将具体的案件事实涵摄于抽象概念之下，通过逻辑演绎手段便可推导出正确的裁判结论。

从思维进路上来看，两者存在诸多对立，具体来说，这种对立主要体现在三个方面：

第一，在论题学思维中，法律体系只起着引导作用，而在体系性思维中，法律体系则起着决定性作用。从论题学角度来看，论题学是以问题为定向的思维，论题学是一种寻找前提的技术，也就是说，论题学的思考方式不是从前提到结论的单线推理方式，而是以问题为中心，针对特定的问题寻求合适的前提，并以此为论据展开论辩。可见，论题学思维是一种从问题到前提然后到结论的思维。这种思维的关键在于发现前提和证立结论，而无论发现前提还是证立结论，法律体系都只起引导作用，而不起决定作用，因为发现前提依赖的是主体的修辞能力，证立结论则依赖的是主体间的论辩，在这两个关键的过程中，裁判参与主体发挥了积极的能动作用，而非消极地适用法律。但在体系性思维中，法律被设想为体系完备逻辑严密的体系，法律适用只是按照演绎逻辑的手段被动地适用这个体系，因此，在整个法律运用中，法律体系起着决定性作用，它不仅决定着法律运用的限度，也决定着司法裁判的结论。

第二，论题学思维将法律概念视为具有开放性的意义评价载体，而体系性思维则将法律概念视为高度抽象的结构性要素，所有的案件事实都能涵摄于相应的抽象概念之下。在体系性思维中，法律概念是第一位的，并保持着主导地位，司法裁判只不过是将具体的案件事实对应于合适的法律概念之下进行的形式推导而已。然而在论题学思维中，司法裁判远比这要复杂。立法的局限性等因素使得法律概念在法律运用过程中不可避免地呈现出模糊性，这样，我们就不可能用法律概念去套用案件事实，而是以案件事实为导向来寻求合适的概念作为当前案件的解决依据和解决方案。在这里，寻找概念的过程不是单纯的事实判断过程，而更多的是根据法律进行价值评判的过程。正是通过价值评判，在体系性思维中被高度形式化了的法律概念和法律框架才被赋予了意义内涵。

第三，论题学思维注重具体正义，体系性思维注重普遍正义。论题学思维以问题为定向，强调寻求针对特定问题的妥当解决方案。而体系性思维强调从整体或大局出发，注重一般概念对案件事实的涵摄作用，若当案件事实与法律概念发生不一致的情形时，案件事实就会遭到法律概念和法律体系的否定。

论题学思维与体系性思维之间尽管存在诸多对立，但菲韦格指出两者之间仍然存在着实质性的交错关系。在他看来，论题学思维并不怀疑体系的存在，甚至认为体系在它的思维中是潜在的确定秩序，只是它所指向的体系不是严密的逻辑演绎体系，而是"理解之关联结构"。作为论题学的推导体系，"理解之关联结构"的建立是以问题生发的情境为基础的，因而与整体适用的逻辑演绎体系不同，它只是取其所需进行片段式的省思。论题学思维采用这种体系，其目的是为了发现合适的论题作为推导前提，以便为问题寻求最佳的解决方案，这种思维体系改变了传统体系性思维被动适用案件事实以对问题进行"全有全无"处理的弊病。从这个意义上来说，论题学思维并不否定体系的存在，它否定的是体系对结论的决定性。不过，论题学思维虽然不反对体系，但"它会导向体系的多元化，并且它也没尝试由一个更广泛的体系来证实各体系间的相容性"，[1]这势必会破坏作为整体规整的法律体系的约束力，如何解决这个问题呢？学者们提出了应在开放的体系中进行论证。例如，恩吉施指出，法学不可能构成像数学或其他可精确计算的科学那样严格的公理式体系，原因在于社会生活不可能用一些不能表达任何法条内容的、纯粹形式的概念来表述，包含了意义内容的法律决定也不可能依靠简单的演绎推理就能得出。尽管公理式体系思维在法律适用中行不通，但他同时又认为不能因此而放弃了体系思维，因为法秩序依然是依照一些以其整体足以构成一个体系的内含原则发展出来的。由此看来，恩吉施所指的不能放弃的体系不再是法律的公理体系，而是由若干彼此有意义地相互结合的法律指导原则所构成的体系，这种体系相对于公理体系的封闭性，是开放的。埃塞尔也认为："'问题思考'有重新开始创意性工作的意义，有体系脉络的思考及与之相应的法律'构想'，则有合理地控制个案解决方式的意义。"[2]在他看来，"问题思考"对于个案正当裁判具有重要意义，但如果长期欠缺体系性思考，个案法将不能维持，因此只有借助于由概念和价值形成的推论脉络才能对个案决定作合理的事后审查。他于此所说的由概念和价值形成的推论脉络就是指由不同价值排列起来所构成的体系，这个体系也与封闭的公理性体系不同，它是开放的。拉伦茨在对萨维尼和黑格尔等人的体系思维进行

---

〔1〕〔德〕卡尔·拉伦茨：《法学方法论》，陈爱娥译，商务印书馆2003年版，第25页。

〔2〕〔德〕卡尔·拉伦茨：《法学方法论》，陈爱娥译，商务印书馆2003年版，第45页。

批评之后也提出了体系必须保持开放的观点，在他看来，"只有'开放'的，以及在某种程度上'可变'的体系，永远不会圆满完成而必须一再被质疑的体系，才能清楚指出法秩序'内在的理性'，其主导性的价值及原则。对此种体系的探寻，并且在所有原则性问题上均以此等体系为准则，两者乃是法律工作必不可少的构成部分"。[1]

恰如恩吉施、埃塞尔和拉伦茨所指出的："没有一种体系可以演绎式地支配全部问题，体系必须维持其开放性"，[2] 法体系也不例外。法体系必须保持开放，因为只有开放，才能在法律存有漏洞的情形下为个案问题寻求到公正解决；也只有开放，才能透过个别问题发现较广意义脉络关系以使法秩序得以永续发展。一直以来，法学家们试图运用体系思维建构一种公理式的法律体系，这种以公理式的体系性思维把法学设想为一门证明的科学，认为只要法律体系内部概念清晰、位序适当和逻辑一致，任何司法裁判都可以在自洽的体系内找到相应的裁判依据，并通过数学式的逻辑推演得出正确的裁判结论。固然，体系性思维对于司法裁判必不可少，毕竟，任何活动都不愿在杂乱无序的状态下进行。但是，司法裁判属于理性实践活动，与数学领域内高度形式化的演绎推理行为不同，它与外部世界存在着意义关联，因此还需要相应的价值判断；而一个只依据形式标准所构成的公理化体系，其切断了规范背后的评价关联，从而也错失了法秩序所固有的意义脉络，由此可见，纯粹逻辑演绎式的体系性思维并不适应合理性裁判的要求。尽管司法裁

---

〔1〕 ［德］卡尔·拉伦茨：《法学方法论》，陈爱娥译，商务印书馆 2003 年版，第 45 页。

〔2〕 ［德］卡尔·拉伦茨：《法学方法论》，陈爱娥译，商务印书馆 2003 年版，第 45 页。

判是根据法律进行思考的过程，但个案问题在这个过程当中一直发挥着导向作用，从这个角度上来说，裁判思维也是以问题为中心的论题学思维，质言之，司法裁判是根据法律进行论题学思考的过程，也就是在体系的框架下进行论题学思考的过程。

对个案正义的寻求要求在体系的框架下进行论题学思考，即体系性思维与论题学思维的并用，其中，体系性思维为司法裁判提供框架指引和运行限度，论题学思维则为司法裁判提供情境考察和意义内容。但是，一方面，封闭的公理式体系思维在根本上拒斥论题因素的涉入；另一方面，论题学思维在裁判中的运用又需得到体系的约束，在这种情形下，只能"在开放的体系中论证"才能解决这一两难问题。论题学思维将法学看成狭义的"理解性"学术，它强调对诠释学意义上依据而非涵摄性依据的运用，因此它实际上是进行价值评价的一种思维。价值评价不可能在高度抽象化的体系中通过逻辑推演方式来完成，它只能在包含了法律价值标准的价值判断体系或观点体系中进行，而基于观点或价值建构的体系是随着历史永续发展的体系，也即开放的体系。

"在开放的体系中论证"，体系为问题界定出了一个"合理的评价框架"，在框架之内，目的和因果等论题因素被纳入到论证中来，从思考进路上看，这种论证不啻为解决个案正义问题提供了一种最佳的解决方案。然而，人们对此亦产生怀疑，如施莱肯贝格认为开放的体系根本不是体系，体系思维应该让位于难题思维，他的观点也得到了考夫曼的赞成，考夫曼说："'敞开的体系'——或除了难题思维外，根本不存在体系。"[1] 在他们看来，开放的体系根本不是体系，论题学思维与体系性思维也

---

〔1〕 〔德〕阿尔图·考夫曼、温弗里德·哈斯默尔主编：《当代法哲学和法律理论导论》，郑永流译，法律出版社 2004 年版，第 149 页。

根本不可能并立。考夫曼指出："对均与理性主义的封闭体系观念相关的自然法和实证正义的超越，主要是通过敞开体系得以实现的"，[1] 但"通过打开体系的要害在于，它既将自然法，又把法律实证主义抛在身后"。[2] 开放的体系是基于诠释学立场提出的，其目的在于将超越法律之外的评价标准纳入法规范之内，以便为论辩理由的成立与否提供合法的判断依据，但是从抽象角度来看，可能的论辩理由之数量在根本上是无限的，体系要为可能的论辩理由都提供判断依据，这种体系要么是无所不包的，要么是未完成的。在意义内容上无所不包的体系不可能存在，那么开放的体系就是未完成的，问题的关键就在于未完成的法体系在规范层面是如何发挥其法律约束效力的？对此问题，拉伦茨曾进行了探讨。他将法体系分为"内部体系"和"外部体系"，"外部体系"是指借由抽象概念以及属此之抽象化及涵摄的逻辑程序所构建的体系，而"内部体系"是指以规定功能的概念和原则为基础所构建的观点体系，其目的在于显示并表达规范性的基本评价。[3] 他认为，当裁判要涉及价值标准及与之相应的评价时，仅凭"外部体系"已经难以应对了，此时便需构建出"内部体系"。与"外部体系"的封闭性相比，"内部体系"是一种开放的体系。作为开放的体系，"内部体系"是未完成的，这种未完成性一方面是相对于体系的永续发展而言的，另一方面是相对于"内部体系"不能将所有规范或规整集合成一体而言的，当"内部体系"不能将所有的规范或

---

〔1〕〔德〕阿尔图图·考夫曼、温弗里德·哈斯默尔主编：《当代法哲学和法律理论导论》，郑永流译，法律出版社2004年版，第143页。

〔2〕〔德〕阿尔图图·考夫曼、温弗里德·哈斯默尔主编：《当代法哲学和法律理论导论》，郑永流译，法律出版社2004年版，第129页。

〔3〕〔德〕卡尔·拉伦茨：《法学方法论》，陈爱娥译，商务印书馆2003年版，第317~318页。

规整集合成一体时，我们就需要"外部体系"。但是外部体系和内部体系之间如何桥接或耦合，拉伦茨除了提及借助于类似于类型思考的规定功能概念之外，并未有其他更有说服力的论述。开放的体系难以在规范层面发挥法律体系的约束力，从分析的角度来看，这种体系或许就不能算作是一种体系。而在个案中，由于论辩理由数量有限，通过开放体系的预设以获得个案的正当化裁决完全是可行的，因此，开放的体系是相对于论题学思维而言的。体系的开放让价值评价合法地进入到了法律之中，这对玄虚的自然法概念和形式化的法律实证主义都是一种超越，然而，它所导向的价值相对主义以及未落实开放的法体系在规范层面应该如何发挥效力，使得它如考夫曼所说，既抛弃了自然法，又抛弃了法律实证主义。

二、从概念思维转向类型思维

概念思维[1]的"非此即彼"性往往导致司法裁判丧失实质正义，而论题学思维对个案特殊性的关注又会消解法律的确定性。如何才能解决这个难题呢？学者们发现最好的方式在于将论题学思维与体系性思维进行融合使用，而融合的路径就是从概念思维转向类型思维。

概念式思维强调法律概念的意义固定性和法律体系的逻辑严密性，在这种思维指导下，司法裁判过程就是将案件事实涵盖于法律概念之下进行三段论的逻辑推理，当案件事实处于某个法律概念的涵摄之下时，就应该使用此概念作为大前提以对案件进行逻辑推理，否则就不予处理。对于概念思维的这种机械式操作模式，考夫曼指出它并不适合具有诠释学特征的司法

---

[1] 在传统体系性思维中，抽象概念是第一位的，且在逻辑推演中占有主导性地位，因此，体系性思维也被视为以抽象概念作为思考形式的概念式思维。

裁判过程，因为这种思维模式使裁判主体采取了接受的态度，并没有使其进入到认识过程之中，而在实际的司法裁判中，所有参与裁判主体都处于诠释状态，他们对文本和个案都存在意义期待，因此，裁判过程不可能是纯粹的演绎推论，也不可能是纯粹的归纳过程，而是"法律规范与生活事实的调适，一种当为与存在对应、同化的过程"，[1]这个对应和同化不是相同和同一，而是类似地联系在一起，即类型化推理（类推）的过程。

　　作为能够胜任司法裁判过程诠释学特征的一种思维，类型思维呈现出三大特征。第一，中等抽象性。与概念思维的高度抽象性和论题学思维强调完全的特殊性不同，类型思维是一种中等抽象程度的思维，"一方面，它是对抽象概念等'元叙事'的进一步区分和演绎，表现为一种具体化的精致思考；另一方面，它更是对具体事物及其重要要素的提炼与归纳，体现为一种抽象化的概括思维"。[2]这种思考方式既可以对法目的、法理念和抽象法概念等进行具体化和演绎，又可以对生活事实和具体案件进行提炼和归纳，从而避免了概念思维因高度抽象而导致意义空洞，也可以避免论题学思维因过分关注个案特殊性而产生的意义碎片化。第二，开放性。概念思维注重体系层次，强调概念固定的构成要件，当案件事实符合某个概念的构成要件时，就应用此概念，反之则被排除在概念之外。这种"全有全无"的适用方式体现了概念思维"分离式"的、"非此即彼"的特征，明显存在对生活现象的错误理解。真实生活除了彼此

----

　　〔1〕［德］阿图尔·考夫曼：《类推与"事物本质"——兼论类型理论》，吴从周译，学林文化事业有限公司1999年版，中文版序言，第4页。
　　〔2〕杜宇："'类型'作为刑法上之独立思维形式——兼及概念思维的反思与定位"，载《刑事法评论》2010年第1期，第210页。

的分隔之外，还存在很多"或多或少"的模糊或中间地带，因此，我们不能简单地用概念来涵摄案件事实，而应以类型为基础在规范和事实之间进行来回穿梭，以对案件做出恰当判断。与概念思维"非此即彼"的封闭僵化性不同，类型思维是一种流动开放的思维，它认可"或多或少"的判断。在类型与类型间的交界处，存在过渡地带，我们难以在这个地带划出明确的界限以做出"非此即彼"的判断，只能做出"或多或少"的判断。类型的开放式思维不仅表现在类型与要素之间的相互开放，还表现在类型与要素之间、类型与类型之间的相互开放，由于它们之间的彼此开放，在类型化思维中，事物的特征和概念才能以不同的强度、不同的变化和混合形态出现，从而更加符合现实生活的复杂多样性。当我们用类型思维来分析案件时，不是根据概念固定的构成要件去统摄案件事实的，而是根据个案的特殊性，在事实与类型之间寻找最佳结合点，其结果必然不是"非此即彼"的武断，而是更符合现实生活的合理判断。第三，意义性。与概念思维注重概念的构成要件以及法律逻辑体系不同，类型思维注重对规范和事实的意义评价。当用概念思维来分析一个案件时，首先任务是判断这个案件事实是否能涵摄于该概念之下，而判断的方法就是看该案件事实是否逐一具备该概念内含的所有特征或构成要件，如果具备，该案件便涵摄于概念之下，可以径直适用此概念规则。反之，只要任一要素不具备，案件便不被该概念涵摄而不得不被排除在该概念规则之外。我们无法完全否定概念思维对意义内容的关注，因为概念本身已经负载了一定的价值观点，但是概念将该价值观点内化于自身固定的结构要素和特征之中，概念适用也是通过对要素和特征的逐一吻合来进行的，在此种情况下，概念所负载的价值观点就会隐而不现，而被概念的构成要素或特征等形式要素所取代。从这个意义上看，概念思维可被视为一种形式化的思维。然而，如果我们用类型思维来分析一个案件，在对该案件类型归属进行判断时，就无须像概念思维那样将案件事实和概念的特征或构成要件进行逐一吻合，它允许案件在某一特征和要素上显现出程度的减弱甚至欠缺某一要素。可见，类型是一种有弹性的要素组合。既然类型的组合要素是可变的，那么，是什么决定了案件的类型归属呢？对此，拉伦茨给出了一个明确的答案："整体形象"。[1] 正是这种由要素以不同方式、数量或强度组合而呈现出的"整体形象"在案件类型归属的判断中起着决定性作用。而"整体形象"的建构又取决于主体的评价性观点，因为我们总是站在某一立场或基于某一目的来把握生活事实的。正因为在此种评价性观点下，不同的要素组合和存在对象才得以在意义上连接起来。类型思维的这一特征就叫作"意义性"，它可以用来弥补概念思维因其形式化而导致意义空洞化的缺陷。

　　类型思维相对于概念思维的优势使得类型化思考得到了学者们的极度青睐，如 H. J. Wolff 利用类型思考方式对法学应用形态进行了分类[2]，恩吉施认为类型思维为抽象概念的具体化提供了途径，[3] 拉伦茨指出类型思维是构建法"内部体系"的重要工具，[4] 考夫曼则认为"对事物本质的思考，直接指向类

---

[1]　拉伦茨说："在将特定契约归属其契约类型时，重要的倒不是个别特征的逐一吻合，具决定性的毋宁是'整体形象'"。参见［德］卡尔·拉伦茨：《法学方法论》，陈爱娥译，商务印书馆 2003 年版，第 343 页。
[2]　［德］卡尔·拉伦茨：《法学方法论》，陈爱娥译，商务印书馆 2003 年版，第 337 页。
[3]　［德］卡尔·拉伦茨：《法学方法论》，陈爱娥译，商务印书馆 2003 年版，第 337 页。
[4]　［德］卡尔·拉伦茨：《法学方法论》，陈爱娥译，商务印书馆 2003 年版，第 359 页。

型的思考方式"〔1〕等，一时之间，法学领域的思考方式大有从概念思维转向类型思维的趋势。然而类型思维也有其固有缺陷，我们应该理性地看待它。在司法裁判中，对案件类型归属的确认是建立在比较基础上的，比较点的选择对案件的结论就起着决定性作用，比较点的确定反映了主体的评价性观点，而这"主要不是根据一个理性的认识，而是很大程度地根据决断"，〔2〕因此，选择不同的比较点可能会将同一案件归属在不同性质的规范类型中，案件和结论也就会出现错误的等置。由此可见，我们在根据类型思维选择评价性观点作为论题时，不能完全否定法律概念构成要件的导向作用。完全脱离法律概念，避开构成要件来进行比较点选择，不免会出现自由甚至任意的价值判断，这显然不是类型思维的真正意图所在。在此，要特别指出的是，正如恩吉施指出的，现代关于类型思维的说明一直是建立在与概念思维相比较的基础上，无论是拉德布鲁赫还是考夫曼均如此，这种对照和比较无意识地放大了两者之间的对立，以至于让人们觉得两者处于相互排斥的关系之中。实际上，概念思维与类型思维之间是相互支持、相互补充的，概念不能脱离类型，概念脱离类型就会陷入空洞，反之，类型也不能脱离概念，类型脱离概念就会陷入盲目。正因为如此，在司法裁判中，我们不能完全抛弃概念思维走向类型思维，而应该在两者之间不断地循环往复，以寻求最为妥当的裁判方案。

三、"动态系统论"

在 20 世纪 40 年代，面对概念法学和自由法学之间的对立，

〔1〕〔德〕阿图尔·考夫曼：《类推与"事物本质"——兼论类型理论》，吴从周译，学林文化事业有限公司 1999 年版，第 103 页。
〔2〕〔德〕考夫曼：《法律哲学》，刘幸义等译，法律出版社 2004 年版，第 116 页。

奥地利学者沃尔特·威尔伯格提出了"以不同强度及结合方式显现出来的诸要素间的协作"[1]的"动态系统论"，试图使司法裁判既能够打破概念法学机械适法的僵化性，又能够避免自由法学自由发现法律的任意性。此理论虽然先于菲韦格的论题学理论问世，但它因拒绝法律的公理性意义而着眼于具体正义被菲韦格看作是"立足于问题思考的主题论（论题学）的实例"。此外，"动态系统论"对评价因素的关注同时又对法律约束力的尊重使得它被视为合理性裁判（特别是民事裁判领域）的有效尝试，从而一直备受人们的关注和推崇。

动态系统论的基本构想为"特定在一定的法律领域发挥作用的诸'要素'，通过'与要素的数量和强度相对应的协动作用'来说明、正当化法律规范或者法律效果"[2]。沃尔特·威尔伯格在设计这个构想时深受类型理论的影响。在类型思维中，类型被视为有弹性要素的组合，在类型归属确认上，无需将个案与要素逐一吻合，而是允许个案事物可以在某一要素上显现出程度的减弱甚至缺失。沃尔特·威尔伯格吸收了类型思维对待要素的这种弹性态度，但在将其引进动态系统论时也做了部分改造，他不再关注作为整体之组成部分的相关各要素间的协作，而是强调可正当化事由的各要素间的协作。

沃尔特·威尔伯格以损害赔偿法为例阐释了动态系统论的运作方式。他认为，面对传统损害赔偿原则过于零散杂乱的局面，尝试用某个统一的原理来进行规整的想法是不现实的，因为"在庞大的法律制度中其内在的独立价值和所要实现的目的

---

〔1〕〔德〕卡尔·拉伦茨：《法学方法论》，陈爱娥译，商务印书馆2003年版，第345页。

〔2〕〔日〕山本敬三："民法中的动态系统论——有关法律评价及方法的绪论性考察"，解亘译，载梁慧星主编：《民商法论丛》（总第23卷），金桥文化出版（香港）有限公司2002年版，第177页。

具有多元性"。〔1〕然而，这并不意味着在判决的过程中要对所有可能的观点进行平均考虑，而是要根据案件具体情况和各个损害赔偿原则之间的相互作用情况来确定影响责任归责的要素，并对这些给予综合考虑。他还认为损害赔偿的责任归责涉及四个决定性要素〔2〕：①因侵害或危险化而导致对他人权利领域的运用；②因责任承担者领域发生的事情而导致的损害事实的引发；③就瑕疵对责任承担者领域提出的责难；④责任承担者的经济能力以及付保可能性。他指出在构建责任基础时，这四个要素并非缺一不可，也不一定要有特定要素存在，它们可以不同的方式和强度相互结合。对于组合的各要素，它们之间在满足度上可以进行交换或者互补，也就是说，动态系统论强调整体评价，并不要求每个要素都得到充分满足，如果一个要素的满足度太小，可以由其他要素来支持或弥补。

要素的提出只是为我们指出了需要考虑的方向，问题的关键还在于如何对这些要素进行评价。在阐释了损害赔偿的基本四要素之后，沃尔特·威尔伯格接着对这四要素进行了进一步的分析。就第一要素而言，对于"利用"这种责任根据的考虑可以从"被侵害的财产是否值得保护"和"威胁该财产的行为种类"两方面来着手；在判断"被侵害的财产是否值得保护"时，评价的首要依据是权利；在确认"威胁该财产的行为种类"时，考虑的关键是行为所产生的危害程度。针对损害事实的引发要素，应从"领域"要素和"原因"要素两个方面来考虑；"领域"是指责任承担者应该承担的范围，应从受害人本人、所

---

〔1〕 [奥地利]海尔穆特·库齐奥："动态系统论导论"，张玉东译，载《甘肃政法学院学报》2013年第4期，第41页。

〔2〕 [日]山本敬三："民法中的动态系统论——有关法律评价及方法的绪论性考察"，解亘译，载梁慧星主编：《民商法论丛》（总第23卷），金桥文化出版（香港）有限公司2002年版，第183页。

使用的物品和为自己而行动的人等这几个方面来进行衡量和评估；对"原因"的审查可从损害行为与损害结果的关联程度上着手。关于瑕疵责难要素，可以从"行为的目的""受到威胁的法益"以及"危险性程度"等来进行利益衡量。对"被害人一方的损害原因"这一要素，可以从被害人的过失、被害人的自我危险化程度等方面来进行考虑。从沃尔特·威尔伯格的上述分析中可以看出，关于要素评价标准的选择，他并未超出法律的范畴，诉诸的主要是多元的法律原则或原理。但这样就产生了一个问题，法律原则的多元性有时会导致原则冲突，这时该怎么办？对此，动态系统论也强调原则的位阶。也就是说，"这些要素具有'相互比较'的个性。某个具体案件的法律后果取决于各个因素相比较后的综合权衡。这些因素在法律后果的确定上会呈现出自己的权重。在原则彼此发生冲突的情况下，则需要通过确定何者优先而实现一种妥协"。[1]

　　动态系统论主张从案件的具体情况和此案所属法律领域的诸原则间的相互作用情况来确定影响案件判决的要素，并对这些要素进行综合动态考虑。这种思考进路，一方面拒斥了法律的公理属性而着眼于具体正义，认为任何公理只有在具体问题和正义理解中才有意义，这显然具有论题学的属性；另一方面强调应从法律规定出发确定可供选择的要素来进行诸要素间的协动作用，这在一定程度上又保障了法的约束力。从这个意义上看，这个既具有论题学属性又带有体系性思维特征的"动态系统论"应该是解决个案正义问题的最有效方法，然而，人们对它还是存在很多非议。首先，动态系统论承认诸要素可以不同的强度进行组合，但是，组合要达到什么样的强度才能实

---

　　〔1〕　［奥地利］海尔穆特·库齐奥："动态系统论导论"，张玉东译，载《甘肃政法学院学报》2013 年第 4 期，第 42 页。

现法律规定的效果，动态系统论没有给出答案。奥塔曾以"比较命题"为线索对动态系统论进行了逻辑化构造，按照奥塔的理解，比较命题的基本形式可以概括为"A 越多越好，则 B 就会越多越好"，比如说"某人吸烟越多，则他得呼吸系统疾病的概率就越大"。比较命题反映了要素对效果的满足度，如果用"比较命题"形式来分析各要素的协动作用的话，即一个要素的满足度越高，另一个要素的满足度就可以低一些，反之，一个要素的满足度低，那么另一个要素的满足度就必定要高。这种逻辑构造使得动态系统论各要素之间的协动方式显得较为清晰，但它是以对各要素满足度可以量化评估为预设前提的，这本来在实践中就很难做到，更关键的是，它也没有指明诸要素的满意度总和为多少才算达到了效果的要求。实际上，所有的评价方法都面临这个问题，即只要存在强度差异，就难以给出一个明确的答案，而这对法律科学的分析性又似乎是一个致命的冲击。其次，动态系统论主张对诸要素的评价依据法律领域相应的原则来进行，如果原则之间发生冲突，就要通过确定何者优先而实现一种妥协。如此，问题也随即产生：优先规则需要对原则位阶进行排序，但这在法律领域一直是悬而未决的事情。原则涉及事实与规范之间的意义关联，对于意义世界，建立一个纯以理性标准支撑着的，具有逻辑强制的等级秩序显然是行不通的。最后，虽然动态系统论强调对影响案件判决效果的多个要素进行综合考虑，但它所指的要素被限定为应当考虑的要素，而非与个案问题相关的所有要素，这虽然有利于保证法律的约束力，但对保证问题的合理性解决显然不够充分。或许正是因为这些缺陷，山本敬三才认为动态系统论提供的是评价框架而非实质内容。[1]

虽然动态系统论存在诸多缺陷，但它并不因此就失去了意义。它不仅将价值评价引入了法律之中，打破了概念的涵摄神话，而且它所提示的评价框架，揭示了就某一评价而言应当如何考虑，考虑什么来进行正当化，[2] 从而使得价值评价有章可循，不至于陷入恣意。就此而言，动态系统论也不失为运用论题学思来解决个案正义问题的一种有效尝试。

---

〔1〕〔日〕山本敬三："民法中的动态系统论——有关法律评价及方法的绪论性考察"，解亘译，载梁慧星主编：《民商法论丛》（总第 23 卷），金桥文化出版（香港）有限公司 2002 年版，第 234 页。

〔2〕〔日〕山本敬三："民法中的动态系统论——有关法律评价及方法的绪论性考察"，解亘译，载梁慧星主编：《民商法论丛》（总第 23 卷），金桥文化出版（香港）有限公司 2002 年版，第 237 页。

第五章

图尔敏论辩模式：
"程序性"论辩与个案正义

英国学者图尔敏在其《论辩的应用》一书中提出了日常生活中的推理是论辩的和说服性的活动，它内含于具体的人类困境中，因而必须和它们的语境联系起来才能得到评价的主张。[1]在得出日常生活中的推论是运用实质逻辑的推论这一判断之后，他在对几何学中的形式概念进行程序解释的基础上发展出了"程序性"的法律论辩模型，并把这种法律论辩的基本模型普遍化为一般论辩模式。图尔敏论辩模式将潜藏于三段论推理之下的裁判复杂性呈现了出来，使得法律推理模式由单调的逻辑涵摄模式转换成了非单调的论辩模式。本章将在对图尔敏论辩模式进行阐述的基础上，从价值推论和裁判适用两个角度来探讨它对于寻求个案正义的意义和局限。

第一节　图尔敏论辩模式及其构成要素

图尔敏发现，在法律话语中，无论是主张的陈述、证据的确认、关于有争议事件的证言、条文的解释或其有效性的讨论，还是排除一个法律的适用和轻判的请求等，这些不同命题在法律过程中都有自己的角色，对于它们的刻画，仅仅区分前提和

---

〔1〕　武宏志、周建武、唐坚：《非形式逻辑导论》，人民出版社2009年版，第160页。

结论的传统三段论已经无法完整地把握其全貌了，应转而使用一种更具说服力的论辩模式。这个论辩模式如同法律程序一样总是以这种形式展开：第一步是提出某个特定的主张（Claim），这个就如法律程序中的控告或诉求；然后给出提出该主张所基于的事实（Data），这个相当于法律中的证据；接下来，提出确保从根据得出主张的规则、原则或推论之许可，即图尔敏称之为正当理由（Warrant）。这个正当理由有些像法律规则或法律原则。这三步构成论辩的基本模式。而当正当理由的权威性受到质疑时，就得提出支援（Backing），以强化正当理由的权威性。有时需要一个反驳（Rebuttal）来阐明例外情况。在一些情形下，也需要添加一些模态限定词（Qualifier），以表明正当理由对于结论的保证力度。这样，在一个完整清晰的论辩中，就可以发现有这六个要素：主张、事实、正当理由、支援、反驳和模态限定词。为了展示这些构成要素的功能，图尔敏制作了下图：

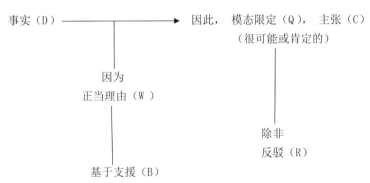

（资料来源：Stephen Toulmin, The Use of Argument, Cambridge University Press, 1958, p. 104 和 Bart Verheij, "Evaluating Arguments Based on Toulmin's Scheme", Springer2006, in Argumentation（2005）19, p. 348.）

为了更全面地阐释图尔敏论辩模式的含义，需对上述六个要素进行进一步地说明：

（1）主张（Claim），是指希望获得人们接受的某个断言或断定，在诉讼程序中，指试图在论证中被证立的结论。[1] 主张具有潜在争议的性质，当它受到质疑时，我们必须对它进行辩护。

（2）事实（Data），若提出的断言或主张得不到人们的接受，此时就需要一些事实，把它们作为提出主张的基础。在1979年的《推理导论》一书中，图尔敏将 Data 改为 Ground（根据）。Ground 与 Data 的区别在于：Data 不再需要材料和信息给予支持，但 Ground 可能还需要。Ground 比 Data 范围要广泛，它包含了像 Data 这样的根据。

（3）正当理由（Warrant），在一个论辩中，光有事实作为论辩基础并不能直接导向结论，在事实和结论之间还必须有一类命题作为连接桥梁，使得事实证据能够推出结论或主张，这一类命题就叫作正当理由（Warrant）。正当理由表现为一般性的或假言性的一类命题，如规则、原则或推论许可，[2] 以此表明从事实到结论（主张）过程具有合法性。

（4）支援（Backing），当正当理由具有可反驳性时，它就需要一个后续的支援（Backing），以增强正当理由的权威性和可信性，支援就是指"正当理由"背后那个更强有力的命题或陈述。

（5）模态限定词（Qualifier），正当理由有不同的种类，授予它们所证明结论的力度也会有所不同。有些正当理由本身的准确性没有争议，可以直接推导出结论，然而其他一些正当理由赋予从根据到结论过程的权威性却是暂时的，或者存在条件上的限制或例外。在这种情况下，一些模态限定词（Qualifier），如"可能"、"一定"等就会出现在修饰结论的适当位置。这种

[1] Stephen Toulmin, *The Use of Argument*, Cambridge University Press, 1958, p. 97.

[2] Stephen Toulmin, *The Use of Argument*, Cambridge University Press, 1958, p. 98.

表明正当理由对主张证明力度的词语就叫作模态限定词。

(6) 反驳(Rebuttal),表示从正当理由推出无效结论的某些可能条件或例外。在有些条件下,即使加上模态限定词,也无法实现从事实、正当理由到主张的跳跃,在这种情况下,反驳就出现了。反驳的出现表明从事实到主张的运动是不合法的,需要被取消。反驳的存在能够让主张只能在有限的范围内运动。

为了使他的论辩模式更明白易懂,图尔敏举了个例子:有人提出一个主张(Claim)说:"哈利是英国人。"对此主张,对方反问:"你凭什么说他是英国人?"此时,说者就不得不补充一个事实(Data),即"哈利出生在百慕大。"但只根据事实的补充,人们仍不明了"哈利出生在百慕大"这一事实与"哈利是英国人"这一主张之间有什么关联,此时就需说者补充一个正当理由(Warrant),即"在百慕大出生的人一般都是英国人"。如果对方对此正当理由没有质疑,那么主张就被接受了,此时论辩结束。如果对方对这一正当理由产生了质疑,即反问"为什么在百慕大出生的人就是英国人?"这时就需要说者给出一个支援(Backing),即"在英国制定法中,就殖民地出生者的国籍有明文规定",以强化正当理由的权威性。如果正当理由没有完全的证明力(total justifying force),此时就需要一个模态限定词。在说者给出的上述正当理由中,"一般"就是一个限定词,以表明这一正当理由的证明强度。此论辩也可以出现反驳,如"他的父母都是外国人或已更改国籍",以反驳上述正当理由。[1]

图尔敏指出,在所有的论辩领域,这种论辩形式都是相似的,出现在所有领域的论辩都可以依照这种论辩形式进行重构,

---

[1] Stephen Toulmin, *The Use of Argument*, Cambridge University Press, 1958, pp. 99~102.

正因为论辩必须遵循一个固定的程序，因而，论辩的有效性在一定程度上是场域永恒的。[1]然而，论辩的有效性也部分地被正当理由所决定，正当理由是判断一个主张是否正当的实质性标准，这种标准随论辩场域的不同而变化，因此是场域依存的。这样，论辩的有效性就有场域永恒和场域依存两个方面，一个论辩的有效性必须依靠普遍的场域永恒和一个特定的场域依存的有效性标准。

第二节　从评价性推论视角看图尔敏论辩模式

基于对形式逻辑拒斥价值评价的缺陷认识，也反对把价值论证看作是纯粹心理学上的阐释，图尔敏构造了一种针对价值推论的论辩模式，即图尔敏论辩模式。作为一种评价性推论方法，图尔敏论辩模式为司法裁判探寻到了一条通往公正判决的路径，然而，它自身理论和概念的模糊性却使得这条通往裁判正义的路径充满荆棘。

一、图尔敏论辩模式的优势

为了让固定的论辩形式能够容纳评价性因素的涉入，并保证价值评价的客观性，首先，图尔敏在构造其论辩模式时确立了"场域依存"的概念。他指出，论辩的标准有一些是场域永恒的，但还有一些是"场域依存"的。场域永恒是就论辩的样式或结构而言的，任何论辩都依照相似的程序而展开，但论辩内容是随着论辩的不同而不断变化的，因而对内容的评价标准也是随着论辩场域不同而变化的，每个论辩都必须按照充分地

---

〔1〕〔荷〕伊芙琳·T. 菲特丽丝：《法律论证原理——司法裁决之证立理论概览》，张其山、焦宝乾、夏贞鹏译，商务印书馆 2005 年版，第 41 页。

运用于该论辩所涉及的领域内的特定规范来进行评估。例如，关于来年夏天是炎热还是干旱的讨论需要气象学的标准，而非逻辑学的标准。"场域依存"概念的确立使得图尔敏论辩模式在关注论辩形式标准的同时又注重其实质性标准，将价值评价引入到法律之中，从而打破了三段论逻辑拒斥价值评价的缺陷。其次，为了让"场域依存"的实质性标准落到实处，不至于成为依靠论辩主体纯粹的心理活动才能把握的事物，图尔敏在其模式中构造了"正当理由"的概念。正当理由表明了从事实到主张（结论）的推论步骤是合法的和适当的。在传统三段论推理中，结论的合法性是由前提来决定的，前提只要为真，结论必然为真；但在图尔敏论辩模式中，结论的提出须以事实为基础，但结论的合法性则取决于正当理由。在此，正当理由并非是三段论中推理的大前提，而是连接事实和结论的桥梁。也就是说，在三段论推理中，结论内含在前提中，它只要依据前提直接经过演绎过程就能自然得出；然而在图尔敏论辩模式中，结论并非是演绎过程的直接结果，它本身是作为目的性因素首先被提出的，只是这个目的的合法性与否还要接受正当理由的检验，因此，正当理由扮演了实质有效性检验标准的角色。再次，为了保证单个行为证成中的正当理由在规则层面具有正当性和合法性，图尔敏构建了"支持"的概念。一方面，支持在第一层面的论辩中具有巩固和加强正当理由的权威性和可信性的功能，另一方面，依图尔敏之见，如果正当理由的合法性也受到了挑战，可以进行第二层面的论辩，而在第二层面的论辩当中，第一层面论辩中的正当理由成了第二层面论辩中的主张，支持则成了第二层面论辩中提出主张的根据，即事实。可见，支持不仅使得单个论辩行为在价值判断上能够获得一定的普遍性意义，而且还具有深化论辩以确保价值判断合理性的功能。

最后，图尔敏在其模式中构造了"反驳"的概念。"反驳"使得"论辩不仅包括对论点的支持，也包括对它们的攻击"，[1]论辩包括单向的追问和回答，也包括双向的驳斥和对峙。相比于单向的追问和回答，驳斥和对峙更能有效限制主体的恣意，因此承认反驳的存在能够将论辩限制在理性的轨道上进行。

二、图尔敏论辩模式的缺陷

图尔敏论辩模式为司法裁判进行合理的价值判断提供了一种具体的方法和路径，然而，对于它在实践中是否能够确保价值判断的合理性，人们却心存怀疑。怀疑的第一个方面体现在对场域概念的质疑上。相较于论辩形式的单一性和明确性而言，论辩内容因与情境紧密相连而表现出复杂多维的特性，对于复杂多维的实质性内容，人们不可能用一个绝对的、普遍的标准来进行评价，为了避免演绎逻辑的抽象形式化的评价标准对论辩内容的评估霸权，图尔敏确立了"场域依存"的概念。依他之见，每个论辩都涉及单个行为的证成，每个论辩的实质有效性不可能诉诸一个特殊的标准来进行评估，在诸多论辩中，一些论辩总是可以共享同一个或同一组评价标准，这样，共享同一个或同一组评价标准的论辩就处在同一个论辩场域之中。那什么样的论辩场域才会共享同样的评价标准呢？对此，图尔敏的阐释比较含糊，正如弗里曼所说，他并没有阐释清楚什么是论辩场域。[2]在《论辩的应用》中，他是用逻辑类型（logical

---

〔1〕 武宏志、周建武、唐坚：《非形式逻辑导论》，人民出版社2009年版，第194页。

〔2〕 James B. Freeman, *Systematizing Toulmin's Warrants*：*an Epistemic Approach*, in David Hitchcock&Bart Verheij, Arguing on the Toulmin model：New essays in argument analysis and evaluation, Spring2006, pp. 89～91.

type）来定义论辩场域的，他说："当两个论辩的事实和结论分别都属于相同的逻辑类型时，就可以说这两个论辩归属于相同的论辩场域，而当两个论辩的支援或结论不属于相同的逻辑类型时，就可以说它们来自不同的场域。"[1]根据他的定义，他将事实陈述、道德判断和预言归属于不同的场域，但在对支援的场域依存性解释中，他又将论辩场域、论题和学科视为同义的。显然，图尔敏在使用论辩场域概念时，并没有阐释清楚究竟什么才是论辩场域。另外，有些正当理由（由此也涉及支援）究竟应该归属到什么场域是很难判定的，对此，詹森举例进行了说明[2]：

假如　　　　　X 是一个以超现实主义绘画方式来开展其公共事务的社团

有人可能会认为　　X 可能会被认为比集权主义者还要坏

在这个推论中，连接事实和结论的正当理由可能是"以超现实主义绘画方式来开展公共事务的行为比集权主义者通常所为的行为还要恶劣"。除了它本身的有效性令人怀疑之外，这个正当理由是关于人类行为的判断，它或多或少地建立在共同经验基础之上，因而具有普遍性，并不属于任何一个特定场域。即便存在论辩场域，但如果论辩者提供的根据（ground）是来自不同场域，在这种情况下，显然任何一个正当理由都不可能用来连接根据和主张，除非把这个含糊的论辩场域概念扩展为

---

〔1〕　Stephen Toulmin, *The Use of Argument*, Cambridge University Press, 1958, p. 14.

〔2〕　James B. Freeman, *Systematizing Toulmin's Warrants: an Epistemic Approach*, in David Hitchcock&Bart Verheij, Arguing on the Toulmin model: New essays in argument analysis and evaluation, Spring2006, p. 89.

"超级场域（super-fields）"。[1]正因为论辩场域的这些缺陷，詹森主张放弃此概念；威拉德甚至认为此概念根本就没有什么价值，它最吸引人的特征就在于它可以被用来说任何东西的事实。[2]

论辩场域概念的含糊性和在适用上的困难使得其作为价值判断的工具意义大打折扣，如果说这只是反映了它在工具意义上的局限性的话，那么场域依存所内含的可能的相对主义缺陷则是对其理论意义的质疑。图尔敏认为，论辩的有效性取决于特定群体中人们具体的评价标准，这个群体不是主观臆断的，它包括论辩所属场域的专家，只有熟悉相关论辩场域的专家才能确定特定情形中的正当理由的支援是否具有充分性。对此，弗里曼认为，如果把论辩场域理解为每个成员都可以自由订立标准的特定群体的话语（discourse），那么图尔敏评价标准的场域依存理论就萦绕在"相对主义的幽灵"之下。[3]弗里曼的批评不无道理。依图尔敏之见，论辩的有效性取决于特定群体中人们具体的评价标准，但在一个特定群体中，每一个不与公共道德和善良风俗相违背的价值观点都应得到平等的尊重，这样，对论辩的有效性评价便会出现"怎么样都行"（anything goes）的情形。而如果按照图尔敏所说，只有熟悉相关论辩场域的专家才能确定特定情形中的正当理由的支援是否具有充分性，这

---

〔1〕 James B. Freeman, *Systematizing Toulmin's Warrants: an Epistemic Approach*, in David Hitchcock&Bart Verheij, Arguing on the Toulmin model: New essays in argument analysis and evaluation, Spring2006, p. 89.

〔2〕 Willard Charles Arthur, *Field Theory: Cartesian Meditation*, in George Ziegelmuller & \ Jack Rhodes , eds. , Dimensions of Argument: Proceedings of the Second Summer Conference on Argumentation, 1982, p. 2143.

〔3〕 James B. Freeman, *Systematizing Toulmin's Warrants: an Epistemic Approach*, in David Hitchcock&Bart Verheij, Arguing on the Toulmin model: New essays in argument analysis and evaluation, Spring2006, pp. 87~101.

就意味着论辩场域之外的任何人都不能对论辩场域内的专家所确立的标准提出反对或质疑，显然，这必然会导致价值场域的精英专制。更为严重的是，如 Lilian Bermejo-Luque 指出的那样，他将作为各个场域的社会实体的实践看作是相互独立、互不依存的，这意味着不同场域的评价标准是无法通约的（incommensurable），场域内的评价标准不可能获得场域外的赞同，这无疑是相当令人难以接受的。[1]

尽管图尔敏的论辩场域概念存在一些问题，他的场域依存理论也让人感受到了强烈的相对主义，但并不能因此就主张抛弃场域理论。司法裁判在本质上是一种理性实践活动，它不仅注重对法律语言进行语义学分析，更注重对法律语言在日常生活中的运用进行语用分析，场域理论的提出正好适应了司法裁判对语用学分析的需求，因此我们不应该放弃该理论，而应该坚持和发展该理论。对场域理论的进一步探索，一方面需要考虑将局域性思考置于整体主义之下，另一方面又需要考虑场域之间的不可通约性问题。关于前者，阿列克西的理性论辩理论提出了可供参考的解决方案。他将法律证成分为内部证成和外部证成，"内部证成处理的问题是：判断是否从为了证立而引述的前提中逻辑的推导出来这一问题，外部证成的对象是这个前提的正确性问题"。[2] 通过内部证成，可以将那些不能从实在法中引申出来的前提完全充分地显露出来，然后将其置于外部

[1] Lilian Bermejo-Luque, *Toulmin's Model of Argument and the Question of Relativism*, in David Hitchcock&Bart Verheij, Arguing on the Toulmin model：New essays in argument analysis and evaluation, Spring2006, pp. 73~75.
[2] ［德］罗伯特·阿列克西：《法律论证理论——作为法律证立理论的理性论辩理论》，舒国滢译，中国法制出版社 2002 年版，第 274 页。

证成中。〔1〕阿列克西的内部证成可视为对法律的整体性思考，而外部证成则可视为对法律的局域性思考，这两种证成的结合就是将局部论辩置于整体主义下，既保证了价值判断的合理性，又有助于法的安定性。对于场域理论将各个场域之间看作不可通约的问题，Lilian Bermejo-Luque 的主张或许可以看作是解决这一问题的有益尝试。她说，首先不要把作为论辩的某一片断性对话（a piece of discourse）归属到任何一个论辩场域，仅仅只对它的主张以及支持主张的理由进行分析，这样，论辩分析就不是场域依存的了。至于论辩评估，她将图尔敏的正当理由做了重新诠释。在图尔敏论辩模式中，正当理由被看作是推论性主张，其形式是"如果事实，那么主张"，Lilian Bermejo-Luque 将它看作某个特定的实质性条件，而模态限定词则被等同为主张，它的功能在于把提出主张的理由（Reasons）〔2〕的真理性价值或可接受价值和正当理由（Warrant）的真理性价值（Truth-value）或可接受性价值连接起来。详言之，在图尔敏论辩模式中，人们是围绕主张在进行论辩的，而她认为论辩的目的在于确立主张的模态，这样，论辩评估其实就是在确定哪一种模态词比较适合用来限定主张，即确定论辩者所列举的理由或其给出的模态限定词是对的还是错误的。〔3〕她把正当理由（Warrant）看作是从理由（Reasons）到结论（Claim）推论的一般性的正当化证明（a general justification），这是继承了演绎推

---

〔1〕 ［德］罗伯特·阿列克西：《法律论证理论——作为法律证立理论的理性论辩理论》，舒国滢译，中国法制出版社 2002 年版，第 283 页。

〔2〕 Lilian Bermejo-Luque 所说的 reasons 等同于图尔敏论辩模式中的 data 或 ground.

〔3〕 Lilian Bermejo-Luque, *Toulmin's Model of Argument and the Question of Relativism*, in David Hitchcock&Bart Verheij, Arguing on the Toulmin model: New essays in argument analysis and evaluation, Spring2006, p. 72.

论法，而这种做法刚好是图尔敏所反对的。在她看来，场域扮演修辞的角色，其作用在于为搜寻命题的真理性价值提供"备货"。这种把场域视为修辞的做法克服了场域不可通约的弊端，从而也有效地避免了场域依存的相对主义。[1]

第二个方面的怀疑体现在对图尔敏正当理由概念的质疑上。图尔敏将正当理由明确地定义为"能够桥接事实和主张，以使特定论辩的步骤具有合法性的、一般的假言性陈述"。[2] 按照他的理解，论辩的结论不是根据事实和正当理由推论出来的，而是依照正当理由由事实而推导出的，也就是说正当理由是一个推论认可规则，而不是推论前提。既然正当理由不是推论前提，那它对于论辩来说，其更多涉及的是内容考虑，而非形式分析。由此，我们可以说，"正当理由有时是普通的条件命题，也许是可能的条件句或一个概括；但有时，它又是一种'不同种类的命题：规则，原则，推理依据'"。[3] 质言之，一个正当理由不是逻辑原则，而是一个实质性规则。为了让人们更进一步地明白何谓正当理由，图尔敏在《论辩的运用》一书中论述"论辩的设计"（The layout of Argument）时，列举了至少7种定义正当理由的策略。

然而，这样的界定和阐释仍让人感觉有些模糊，一些学者也因此提出了挑战。如弗里曼认为，对于分析作为"产品"的而非"过程"的论辩，正当理由不是一个合适的概念，因为人

〔1〕　David Hitchcock & Bart Verheij, *Introuction*, in David Hitchcock&Bart Verheij, Arguing on the Toulmin model: New essays in argument analysis and evaluation, Spring2006, p. 6.

〔2〕　Stephen Toulmin, *The Use of Argument*, Cambridge University Press, 1958, p. 98.

〔3〕　武宏志、周建武、唐坚：《非形式逻辑导论》，人民出版社 2009 年版，第 188 页。

们不知道哪个陈述是事实，哪个陈述是正当理由。[1]他说在实际的论辩中，对"你凭什么提出这个主张？以及你凭什么从事实中能够得出这个结论？"这两个问题的回答构成了一个论辩过程，而通过对这两个问题的回答能够决定哪个是事实，哪个是正当理由。但在作为"产品"的论辩中，事实和正当理由却很难区分出来，如在"John不去参加舞会，如果Mary去的话他就不去"的论辩中，"如果Mary去的话他就不去"既包含了正当理由的形式特征也包含了事实的特征，因此很难区分出它究竟是正当理由还是事实。

还有学者从另一个角度指出了区分正当理由和事实的难度。如克伦普指出，图尔敏关于定义正当理由的各种策略存在前后不一致情形，比如有一些定义策略把正当理由概念和传统三段论的前提联系了起来；而第二种定义策略又用了类比方法，把正当理由比作了法庭论辩中的法律要点，是特定推论和一般性推论的结合。如果按照图尔敏的定义策略，他发现当在实践中要求人们对某个论辩的构成要素进行形式化命题分析时，他们很难区分出哪一个是正当理由，哪一个是事实。[2]爱默伦和格鲁登道斯特等人也指出，尽管图尔敏强调事实（根据）和正当理由之间功能上的区别是一个主要的区别，但是即使结合其他标准，依靠此功能区别，也常常难以在日常生活的具体论辩中对正当理由和事实（根据）做出区分。[3]图尔敏为了区分正当

〔1〕 J. Freeman, *Dialectics and the Macro Structure of Arguments*, Foros, 1991, p. 51.

〔2〕 James F. Klumpp, *Warranting Arguments*, *The Virtue of Verb*, in David Hitchcock&Bart Verheij, Arguing on the Toulmin model: New essays in argument analysis and evaluation, Spring2006, pp. 103~113.

〔3〕 F. H. Eemeren, R. Grootendorst & T. Kruiger, *the Study of Argumentation*, Irvington, 1984, p. 205.

理由和事实（根据），曾指出正当理由是隐含的，事实（根据）是明确陈述的，但依他们之见，就是加上这个区别方法，也难以区分出正当理由和事实（根据）。他对图尔敏常用的例子进行了重构来说明这一情形。在图尔敏的例子中：

爱默伦等人将其重构为：

从爱默伦的重构中可以看出，他将图尔敏例子中的事实和正当理由进行了调换，在假设攻击方熟悉哈利的出生地而不熟悉法律的情况下，这种调换是可以成立的。当攻击方知道"哈利出生在百慕大"这一情况时，对于论辩方提出"哈利是英国人"的主张，他的质疑显然只会是"为什么说出生在百慕大的人就是英国人？"对于攻击方的质疑，论辩方会回答"因为在百慕大出生的人一般都是英国人"。这样，论辩方关于"哈利是英国人"的主张是基于"在百慕大出生的人都是英国人"这一事实而提出的，而作为连接事实和主张的正当理由即"哈利出生在百慕大"因为论辩双方都知道而不用明确指出，所以是隐含的。由此，图尔敏最初的例子中明示的事实也可以作为正当理由而被隐含，反过来，图尔敏最初例子中所隐含的正当理由也可以被当作明示的事实。重构后的正当理由和事实的特征刚好和图尔敏对它们的特征描述相冲突，所以，他们认为在具体的论辩中区分两者是非常困难的。

图尔敏描述正当理由的关键词除了"隐含"（implicitness）之外，还有"概括化"（generality）一词，也就是说，正当理由应该是一般性的或普遍性的陈述。然而，爱默伦却认为，日常生活中具体论辩的正当理由并非都是普遍性的，在上述他重构后的图尔敏例子中，作为事实的"在百慕大出生的人一般都是英国人"是一个一般性陈述，而作为正当理由的"哈利出生在百慕大"则是一个特殊性陈述，它并非是一般性或普遍性陈述。布莱尔也表达了同样的观点，他认为有时对"如何达到那个结论？"的回答是一个特殊性陈述。如在论辩"被告犯了谋杀罪，因为被告是唯一的左撇子嫌疑人"中，正当理由可能是"凶手是个左撇子"。〔1〕虽然爱默伦和布莱尔都反对图尔敏正当理由应是一般性陈述的观点，但总体来讲，大多数学者（如 Pinto、Peirce、Wilfrid Sellars、Hitchcock 和 Brandom 等人）还是支持正当理由是普遍性陈述这一观点，这样的观点是可取的。爱默伦的例子是极端情形，并不能说明正当理由可以不是普遍性的，而在布莱尔的例子中，正当理由可以表达为普遍性陈述，即无论谁是唯一的左撇子嫌疑人，他都犯了谋杀罪。

虽然图尔敏的正当理由理论具有一些缺陷，但是它对于法律论辩的展开具有关键性作用，正是经由它才使得价值评价进入法律论辩之中成为可能。因此，正当理由应该是一个可取的概念，只是在取用这个概念的基础上需对它进行进一步的发展。

---

〔1〕 参见武宏志、周建武、唐坚：《非形式逻辑导论》，人民出版社 2009 年版，第 191 页。

对正当理由理论的发展一方面应立足于论辩推理的动态性特征,另一方面应需注意用外延逻辑方法处理内涵逻辑问题的不足之处。[1] 对此,一些学者们的观点颇具有建设性。如克伦普提出将正当理由由图尔敏论辩模式中的名词改为动词,即"to war-rant",这样就抓住了图尔敏论辩模式原本的对主张进行辩护过程的动态特征。[2] Robert C. Pinto 则将正当理由定义为实质性推论规则(material inference rules),并认为这种推论的有效性并不依赖于一种逻辑形式,而依赖于论辩和推论应有的德行和品质。[3] 或许这些观点也有待商榷,但它们对于我们进一步思考如何在论辩中保证价值判断的客观性和合理性具有重要的启发作用。

综上所述,作为一种实践逻辑的形式模型,图尔敏论辩模式是对推理者行为的理想化描述,这样它就不免存在一些问题:它的认知目标是相对适中的,其执行手段也是相对薄弱的。[4] 尽管如此,但它确实为人们合理地进行价值评价提供了一种设想和思路,其场域依存理论打破了三段论逻辑所崇尚的绝对性普遍性标准对日常生活的霸权地位,关注到了日常生活中依赖于特定情境的价值评价问题;而它的正当理由、支援和限定词等概念则使得价值评价进入推论成为可能,并将可能进入的价

---

[1] 图尔敏论辩模式在本质上是一种内涵逻辑,传统上对内涵逻辑的研究主要是使内涵的成分外延化,即用外延方法来处理内涵逻辑问题。

[2] David Hitchcock & Bart Verheij, *Introuction*, in David Hitchcock&Bart Verheij, Arguing on the Toulmin model: New essays in argument analysis and evaluation, Spring2006, p. 7.

[3] Robert C. Pinto, *Evaluating Inferences: The Nature and Role of Warrants*, in David Hitchcock&Bart Verheij, Arguing on the Toulmin model: New essays in argument analysis and evaluation, Spring2006, pp. 115~143.

[4] 武宏志、周建武、唐坚:《非形式逻辑导论》,人民出版社 2009 年版,第14页。

值评价限定在理性探讨的范围之内。然而，这种来源于法律诉讼程序的图尔敏论辩模式在运用于司法裁判时能否妥善处理其所引入的评价因素与法律体系之间的关系，这在下一节中将会得到分析。

第三节　从裁判适用角度看图尔敏论辩模式

图尔敏论辩模式通过正当理由和支援等概念使得价值评价因素进入推论之中，从而克服了形式逻辑拒斥价值评价因素的缺陷。正因为它相对于形式逻辑的这个优势，如果将图尔敏论辩模式运用于司法裁判之中则会产生这样的问题：依据个案正义要求，在通过价值判断实现个案公正裁判的同时，还必须保证在针对个案进行价值判断时不会破坏现行法秩序的约束力。然而并不是所有的价值评价都能在实证法体系之内明确地进行，它可能还须从社会的道德伦理价值、政策或其他理性实践知识获得支援，一言以蔽之，具体个案中的"正当理由"并不总能从实证法中直接获得"支援"。那么，在这种情形下，图尔敏论辩模式是如何解决这个问题的呢？它还能适用于司法裁判之中吗？在司法领域，当正当理由不能从实证法中获得支援时，其实就意味着法律规范的局限性导致事实与规范不能直接等置，即疑难案件出现。因此，这些疑问在本质上最终都导向一个问题，即图尔敏论辩模式能否适用于疑难案件。

众所周知，司法裁判过程是图尔敏论辩模式的原型，这就意味着司法裁判过程与图尔敏论辩模式具有相似性。这种相似性不仅体现在两者都是一种从事实到结论的推论过程，而且推论要件也存在着一一对应关系。图尔敏论辩模式中的事实（Data）对应的是司法裁判中的案件事实，主张（Claim）对应的是法官所要作出的判决，正当理由（Warrant）对应的是裁判规范，支援（Backing）对应的则是裁判规范背后的法律规则或原则，模态限定词（Qualifier）对应的是表达推理论证强度的"应当"或者"可以"等词语，而反驳（Rebuttal）对应的是法律规定中的但书或例外情形。从这个角度来看，图尔敏论辩模式与司法裁判的过程关系紧密，将它运用于司法裁判中应该不会出现任何问题。但是仔细思考后便会发现，这种情况是以"正当理由"总能获得法律上的"支援"为前提预设的，而当"正当理由"的"支援"不能从实证法规范中获取时，情况似乎并非如此。质言之，它对简单案件是完全适用的，但对疑难案件并非可以直接适用。也许正是在这个意义上，菲特丽丝说："一般来说，如果论述是法律规则无可争议地适用于案件事实的简单案件，那么，法律论述可以凭借图尔敏的模型加以分析。如果不要求对规则的解释或案件定性作进一步的证立，图尔敏模型可以作为法律论证的基础。"〔1〕她持这种观点的主要原因在于她认为这一模型没有提供可以用来描述支持法律解释或案件定性的各种论证的区分。〔2〕然而，对于菲特丽丝的这一观点，国内有学者提出了反对意见。如有人认为如果把疑难案件解释为牵涉到法律规则解释的案件，那么图尔敏论辩模式是可以适用于疑难案件的，〔3〕也有人指出图尔敏论辩模式在形式上涉及法律解释的结构，因此可以适用于疑难案件。〔4〕依他们之见，

---

〔1〕　［荷］伊芙琳·T. 菲特丽丝：《法律论证原理——司法裁决之证立理论概览》，张其山、焦宝乾、夏贞鹏译，商务印书馆 2005 年版，第 45 页。

〔2〕　［荷］伊芙琳·T. 菲特丽丝：《法律论证原理——司法裁决之证立理论概览》，张其山、焦宝乾、夏贞鹏译，商务印书馆 2005 年版，第 45 页。

〔3〕　杨宁芳："图尔敏模型在当代法律论证中的应用"，载《重庆理工大学学报（社会科学）》2010 年第 11 期，第 8 页。

〔4〕　张学庆："图尔敏论证模型述评"，山东大学 2006 年硕士学位论文，第 24～25 页。

简单案件只需类似阿列克西理论意义上的内部证立或麦考密克理论意义上的一级证立，疑难案件则还需他们理论意义上的外部证立或二级证立。而图尔敏论辩模式通过支援对正当理由的证立就可以使论辩进入这种外部证立或二级证立之中，在这种外部证立或二级证立即正当理由和支援的关系论辩中可能会涉及法律解释，而法律解释是解决疑难案件的有效方法，因此，图尔敏论辩模式也可以适用于疑难案件。

从形式上看，通过支援对正当理由的证立，图尔敏论辩模式的确可以导向更深层次的论辩。然而，从这个意义上就断定图尔敏论辩模式能够适用于疑难案件未免是对问题的一种简单化分析。图尔敏在建构其论辩模式时将注意力主要集中于它的六大构成要素，并将这六个构成要素都当作可以扩充的变量，以此来应对任何复杂程度的论辩。从这个层面上来说，图尔敏论辩模式已具备"普罗克拉提斯之床"的特征，它在形式上可以适用于任何论辩，自然也可以适用于对疑难案件的论辩，只是这种适用需要先对自己的模式进行拉长或对疑难案件进行"削足适履"。但这种适用仅从形式上而言的，在技术上它对于分析疑难案件没有太大的实质性意义。从技术角度来看，图尔敏论辩模式是对论辩过程的一种静态描述，这虽然对简单案件适用，因为简单案件通常依靠演绎三段论就能解决，而作为演绎三段论修正模式的图尔敏论辩模式显然就更能胜任解决简单案件这一任务，但对于疑难案件，这种静态描述并不能充分反映疑难案件推理展开的动态性和复杂性，而是更适宜作为我们理清论辩思路的工具。图尔敏论辩模式的这一功能特征恰如 Bill Hill 和 Richard W. Leeman 的评价所说："图尔敏模型中的六大构成要素在论辩的初稿中往往是隐形的，发现这些没有言明的要素往往是当庭论辩成功的关键。而图尔敏论辩模式就是帮助我

们发现这些因素的重要工具。"[1] 我们也可以通过图尔敏论辩模式在一个案例中的具体运用来说明它的这一功能特征:

美国公民威廉·格伯因开枪、非法拥有武器和向警官发布死亡威胁于 1997 年被捕入狱。在监禁期间,他要求一名医生前往狱中采集他的精子,并说美国宪法给予了他生儿育女的权利,但监狱官员拒绝了他的请求,于是他向法院提起诉讼。最终,美国旧金山上诉巡回法庭的法官于 23 日以 6 票对 5 票的投票结果,否决了犯人在押期间的生育权。主持美国西部九州司法工作的该法庭认为,在押犯威廉·格伯没有权利以邮寄精子的方式使其妻子怀孕。法官西尔弗曼说:"我们认为,在监狱中,生育的权利与监禁是完全相违背的。" 在押期间必须停止各项基本自由。此案属于疑难案件。依照图尔敏论辩模式对法院的论证可以分析如下:①主张:威廉·伯格没有通过邮寄精子的方式实现生育的权利;②事实:威廉·伯格是处于监禁期间的犯人;③正当理由:在押犯的人身权(生育权属于人身权)应受到限制;④支援:关于处理权利问题的法理;⑤反驳:美国宪法赋予公民人身自由权,但生育权与人身自由权有区别,它不属于人身自由权的组成部分。用图示表示如下:

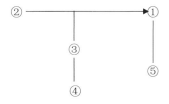

根据上述图示,可以发现,借助于图尔敏论辩模式构建论

---

〔1〕 Bill Hill & Richard W. Leeman, *The Art and Practice of Argumentation and Debate*, Mayfield Pub, Co. , 1997, pp. 38~39.

辩时可以轻易地帮助论辩者理清思路。在对思路进行清理之后，就知道本案论证的关键在于阐释清楚生育权是否属于人身自由权的组成部分，对它的论证决定了该案的判决结果。通过这种认识，论辩方可以对自己的论证进行修改和改进，以促使自己的主张更具有说服力和可接受性。但是，根据图尔敏论辩模式构建的这个论证依然存在一些问题：一方面，从②到①的推论显得过于粗略，作为正当理由的③并非是基于②和①，从④这个支援中一下子得出的，而是通过各种途径和方法将事实与规范之间进行反复等置或对应之后才能得出的，因此，这一过程还有待于细化，就本案来说，④对③的证立必然包括从法律规定、宪法解释、社会因素甚至是他人权利（在押犯妻子的生育权和可能出生的孩子的权利等）方面进行的论证，这一论证不是静态单线的，而是流动的多层次的；另一方面，③和⑤之间的对立是如何解决的也没有体现出来。由此可见，图尔敏论辩模式并没有反映出论辩的动态性和复杂性，因而，图尔敏论辩模式只是为我们构建论辩时理清了思路，并没有提供解决疑难案件的具体方法。或许正因为这个原因，爱默伦评价图尔敏论辩模式只能算得上是与由一个论据支持的一个或两个前提的三段论相提并论的古典修辞的延伸。[1]

图尔敏论辩模式在适用于疑难案件时还面临一个困难，就是它在寻求个案正义方面缺乏有效的方法和路径。在疑难案件中，由于法律因素、事实因素或评价因素等的涉入致使仅凭其构成要素的组合来实现个案判决的公正显得比较困难。一方面，图尔敏将注意力集中于构成任何论辩个体的六个要素，并将任何一个构成要素都当作可以扩充的，以此来应对任何复杂程度

---

〔1〕 ［荷兰］弗朗斯·凡·爱默伦、罗布· 荷罗顿道斯特：《批评性论辩 论辩的语用辩证法》，张树学译，北京大学出版社2002年版，第41页。

的论辩,然而,他却对复杂论辩中的推论关系没有进行细致地探讨和研究,[1] 从而使得图尔敏论辩模式在面对疑难案件中的复杂推论时缺乏分析性力量;另一方面,图尔敏没有阐明经过其模式重构的法律证立具体应该如何进行评估。论辩评估是实质逻辑的落脚点和核心,它的基本问题不是一个结论是否被接受,而是是否可以被接受,也即前提对结论的支持满足何种条件才足以使结论成为可接受的。[2] 对于论证评估,图尔敏在《论辩的应用》一书中没有给出一个关于如何进行评估的明确指南,虽然提及到比较论证的好坏应主要集中在正当理由、根据和支援层次上,并指出比较的目的不在于确定哪一个结论更为可靠,而是判断哪一个结论有更好的理由,但他仍没有给出一个关于如何进行评估的明确指南。虽然在后来与 Rieke 和 Janik 合著的《推理导论》一书中,他描述了好的论辩必须具备的八个基本特征[3]:论辩问题的明晰性、论辩目标的明确性、根据与主张的相关性、根据对主张支持的充分性、正当理由对于讨论案件的适用性、坚实支援基础上的正当理由、明确做出的结论主张的模态或强度、充分理解基础上的可能的反驳或例外等,但他这本书的主要目的更在于阐述论辩结构及论辩构成要素在不同领域的表现形式,对于这八个基本特征并未展开论述,因而还是没能为论辩评估提供出相对完善的标准和具体方法。由此可见,图尔敏论辩模式是将实现价值判断合理性的希望全部

　　[1]　在《论辩的应用》(1958 年)一书中,图尔敏并没有对复杂论辩的推论进行过多地探讨,只是到后来的《科学新哲学和超验怀疑性探讨》(1984 年)一文中才开始注重这方面的研究。

　　[2]　武宏志、周建武、唐坚:《非形式逻辑导论》,人民出版社 2009 年版,第563 页。

　　[3]　Stephen Toulmin, Richard Rieke and Allan Janik. *An Introduction to Reasoning*. Macmillan,1984,p.238.

寄托在论辩这一方式本身上，缺乏一个具体的标准和方法来对论辩结论是否具有可接受性进行判断和检验，从而也难以对案件裁判公正做出保证。此外，图尔敏论辩模式专注于论辩结构和论辩结构要素的讨论，显然，这是将论辩结论的合理性完全赋予论辩本身之中，认为论辩只要遵循了一定的论辩程序，符合了结构要素的特征，便自然能够得出一个合理的结论。然而案件判决公正除了依赖于论辩这一方式本身之外，还依赖于论辩实施的条件。哈贝马斯说："法律判决的正确性的衡量标准，说到底是判决过程对那些使公平谈判成为可能的交往性论辩条件的满足程度。"[1] 这些论辩性条件包括参与论辩主体的特质以及诸如谈话者机会均等、言论自由和特权不存在等论辩展开的外部环境（即法治环境），它们对于论辩过程之结果是否具有合理性也具有决定性作用。或许是由于当时图尔敏构建其论辩模式的主要目标在于思考如何将价值评价引入推论之中，以实现形式逻辑向实质逻辑的转换，还未对如何保证价值判断的合理性进行深入思考，所以他只关注了论辩这一方式本身，而未虑及论辩的实施条件，但这却为其论辩模式在实践中的运用留下了缺憾。

最后，置于疑难案件的裁判领域，图尔敏论辩模式必然包含两个层面的证立：个别行为的证立和道德规则层面的证立。第一个层面涉及的是个别行为在法律上的正当性证成，而当它通过支援对正当理由的证立要涉及第二个层面的道德规则证成时，这实际上已经关涉到了法律之外价值判断的正当性问题，对于如何证成法律之外价值判断的正当性问题，这涉及法律价值评价体系问题，然而图尔敏却诉诸了一个根本规则。由于这

---

〔1〕 〔德〕哈贝马斯：《在事实与规范之间：关于法律和民主法治国的商谈理论》，童世骏译，生活·读书·新知三联书店2003年版，第282页。

个根本规则具有模糊性特征，从而使得图尔敏论辩模式的次级证立不能彻底地解决法律之外的价值判断正当性的证成问题。图尔敏将第二层面的证立诉诸"避免本可避免的痛苦"这一伦理学目的，但"一个如'避免本可避免的痛苦'这样的说法只不过表示出某个功利主义理论的一般理念"，[1]它很难在实践中得到清晰的理解，因此对于诸如"什么应被视为痛苦？一个人的痛苦与另一个人的痛苦如何比较？而且最要紧的是：某个人或某几个人的痛苦与避免绝大多数的痛苦如何比较？为了保障后者（避免绝大多数人的痛苦）是否可以忍受前者（痛苦）?"[2]等问题，人们也难以找到明确的答案，因此，诉诸"避免本可避免的痛苦"这一根本规则在实践上很难解决法律之外价值判断的正当性问题。

---

〔1〕〔德〕罗伯特·阿列克西：《法律论证理论——作为法律证立理论的理性论辩理论》，舒国滢译，中国法制出版社 2002 年版，第 113 页。
〔2〕〔德〕罗伯特·阿列克西：《法律论证理论——作为法律证立理论的理性论辩理论》，舒国滢译，中国法制出版社 2002 年版，第 113 页。

第六章

佩雷尔曼新修辞学：
论辩说服与个案正义

20世纪50年代，比利时学者佩雷尔曼和奥尔布里希茨—泰特卡女士合作完成了《新修辞学：论论辩》一书，在该书中，佩雷尔曼系统地阐释了他的修辞观，并自称其为"新修辞学"。新修辞学是关于论辩的理论，司法裁判也不是传统逻辑三段论的运用，而是多方主体参与的论辩过程，因此，将新修辞学引入裁判之中，并探讨它对实现个案正义的意义便成为裁判理论研究的重要课题。

第一节　新修辞学：作为说服的正义

佩雷尔曼开创新修辞学的缘由在于他对正义问题的思考。在他于1945年所著的《论正义》（On Justice）一书中，他运用弗雷格的语言分析方法对正义这个令人倍感混淆的概念进行了阐释，试图在实证主义的范围内来解决正义问题。然而，研究的结果却使他感到非常不满意。他发现，依靠形式逻辑来解决正义问题是不可能的，因为"正义是盛载声誉却又含混暧昧的概念。某一清晰而精确的定义，绝无法穷尽其概念上丰富而又多变的内容"。[1]正义概念在实质内容上所体现出的复杂性使得正义是极难达成共识的，针对一个具体的问题，各方所提出

---

〔1〕　廖义铭：《佩雷尔曼之新修辞学》，唐山出版社1997年版，第215页。

的论点虽然并不表示它们都具有相同的价值，但它们都有得到同等尊重的权利，没有哪一种观点应该压倒其他观点而被完全接受。因此，他认为在道德、法律或政治的实践领域，正义问题都是论辩性的，不可能在无争论的情形下依靠形式逻辑的分析方法来解决。

既然正义的内涵是论辩性的，那么在论辩的过程中寻求关于正义的共识就是解决正义问题的关键。那如何才能达成正义的共识呢？佩雷尔曼在其《新修辞学：论论辩》中指出，只有通过对听众进行合理性说服才能达致这一目的。他抛弃了理性主义探寻最终真理的做法，认为实践领域应该寻求"合理性"。相较于"理性"的普遍性和确定性特征而言，"合理性"具有情境性和弹性，它深受历史、传统以及社群文化的影响，其特征表现为在某一时间、某一社会认为是合理的，而在其他时间、其他社会则未必如此。与理性真理只有通过形式逻辑的分析方法进行探寻不同，具有情境依赖的"合理性"可以通过修辞说服来获得。佩雷尔曼重新阐释了亚里士多德关于辩证性证明和修辞性说服之间的区分，认为这种区分不是基础性的，通过修辞说服也可以获得合理性。[1]

亚里士多德曾对辩证性推理和修辞式推理进行过区分。他认为，辩证性推理是利用归纳、类比等推理手段来达到求真的目的的，而修辞式推理主要是指利用说服和情感来影响人们的判断。亚里士多德的这一区分被逐渐演变成"信服"（convince）和"说服"（persuade）的区分。按照传统观点，信服一般指使某人确信一个陈述或观点的正确性，其主要是诉诸理性，而说服意为劝说和劝服，常常偏重于诉诸情感、利益和权威等，是

---

〔1〕　Francis J. Mootz Ⅲ, *Rhetorical Knowledge in Legal Practice and Critical Legal Theory*, The University of Alabama Press, 1984, p. 19.

非理性的。佩雷尔曼认为这样的区分没有考虑到论辩理论的语境，而是孤立地在看问题。这种脱离论辩语境和论辩听众的区分意义不大，例如，一个逻辑三段论可以导致"信服"，但并不一定能产生"说服"，因为它没有考虑整个论辩的语境，以为推论的前提可以独立于论辩环境而存在于论辩者的心里，只要通过推论就可以将前提转换为真理性结论。比如说，一个人确信快速咀嚼对身体有害，但他仍没有停止快速咀嚼的动作。这个具有"确信"但未产生"说服"的推理就是孤立地看问题而没考虑整个论辩语境的例证，这个明知快速咀嚼对身体有害的人之所以没有停止快速咀嚼，可能是因为他需要快速咀嚼来节省时间。[1]由此，佩雷尔曼认为应在论辩理论中重新考虑两者之间的差别。他指出，在论辩中，说服仅仅是针对特定听众而言的，而确信是对所有人而言的，也就是说，当一个结论获得某个特定听众接受时是说服，而它获得所有人接受时就是确信。不过，佩雷尔曼强调说服和确信之间的界限也不能划分得太苛刻，两者之间往往可以互动。他还指出，说服往往与行动相关，而确信往往与智识相联。论辩适用于实践领域，实践领域更为注重行动，因而，佩雷尔曼认为论辩说服应更多关注"persuade"而非"convince"。

佩雷尔曼以"合理性"作为实践领域之正义论的内涵，化解了形式正义原则在面对具体问题时所表现出价值判断不能的缺陷；而以对听众的说服作为获取"合理性"的途径，用论辩方法弥补了形式逻辑在处理人类事务上的不足和局限。据此我们可以说，在佩雷尔曼看来，正义是以合理性为目标的，是通过说服来实现的，新修辞学就是探讨如何通过说服来实现正义

---

〔1〕 Chaim Perelman, L. Olbrechts-Tyteca, The New Rhetoric, A Treatise on Argumentation, University of Norte Dame Press, 1969, pp. 27~28.

的理论。故此，下文关于新修辞学之于个案正义意义的探讨，合理性就成为一个核心词语。

第二节　新修辞学的主要论辩理论

以说服为目标的新修辞学，其特点在于强调听者对于命题的心理认知度，因此它更广泛地分析论辩说服的进行中各种要件、技巧与论证结果的关系，而不只着重于论辩中的逻辑与理性素材，并因而特别重视论辩中听众角色的分析。[1] 由此可见，佩雷尔曼新修辞学的论辩理论主要涉及以下几个方面：听众以及基于论辩要素之界定和听众之分析的论辩结构和论辩技术，简言之，就是听众、论辩的出发点和论辩技术（论辩型式）。

一、听众

听众（audience）概念在佩雷尔曼"新修辞学"中占据了核心地位。佩雷尔曼认为论辩的核心任务就是说服听众，而所谓"听众"，就是指"言说者通过论辩想要影响的人的总称"。[2] 听者是言说者企图说服的对象，言说者想要达到说服的理想效果，就必须正确构建其听众的概念，也就是正确地了解其想要说服的对象。为了正确掌握和理解听众，言说者一方面必须根据听众的社会背景、利益立场、个性、气质等特征来对听众进行区分；另一方面，还必须将听众与环境联系起来进行考虑，因为听众的性质通常与所处条件有关，如现场的音乐、灯光、人群

---

〔1〕　廖义铭：《佩雷尔曼之新修辞学》，唐山出版社1997年版，第39页。
〔2〕　Chaim Perelman, L. Olbrechts-Tyteca, *The New Rhetoric*, *A Treatise on Argumentation*, University of Norte Dame Press, 1969, p. 19.

和景观等都会对听众产生影响。[1] 当然，对于听众的利益立场、个性、气质和其所处环境等因素的重视并不意味着佩雷尔曼只追求迎合听众和对听众的片面说服，在他看来，论辩的目标在于通过理性言说让听众产生认同以达致对听众的说服。为了保证以赢得听众认同为目的的说服论辩不至于成为雄辩者对听众的煽动和欺骗，佩雷尔曼在其听众理论中找到了解决方法，即提出了"普遍听众"及与"普遍听众"相对的"特定听众"的概念。

佩雷尔曼认为，如果将论辩的目标定位为对特定听众的说服，则对于言说者而言，有时为了迎合特定听众的观点会过多考虑某些特定听众的特殊立场和特定观点，从而使得论辩与理性相违背，这样会招致其他更多人的攻讦与责难。为了避免这种情况出现，他认为论辩的最高层次应是使某一命题能得到"普遍听众"的认同和接受。[2]"普遍听众"由全体有理性的正常人组成，是言说者在头脑里对于所有理性人的构想。在实际的论辩中，为了获得"普遍听众"的认同和接受，言说者必须基于事物的自证性或基于命题具有超越时空因素的有效性来进行说服，这种说服方式有利于客观真理的掌握，从而能够克服以特定听众为目标的论辩往往因为追求片面说服而将真理置之不理的弊端。

那么普遍听众是如何克服特定听众的上述弊端呢？佩雷尔曼认为，一方面应将普遍听众的认同与接受作为合理性的标准。在他看来，普遍听众不仅是论辩结论的裁判者，还是论辩起点

---

[1] Chaim Perelman, L. Olbrechts-Tyteca, *The New Rhetoric, A Treatise on Argumentation*, University of Norte Dame Press, 1969, p. 23.

[2] Chaim Perelman, L. Olbrechts-Tyteca, *The New Rhetoric, A Treatise on Argumentation*, University of Norte Dame Press, 1969, p. 32.

和论辩过程的检验者。他提出，只有能够为普遍听众所接受的
准则、观点或意见才能作为论辩的前提或起点，在论辩过程中
也只能采用普遍听众所能接受和理解的语言和方式来进行，而
对于论辩结论，也只能因为它被普遍听众所接受才具备合理性。
另一方面，应根据普遍听众来确定特殊听众的特征，用普遍听
众来检验特定听众的组成方式和构成标准。尽管具体论辩的说
服对象通常是特定听众，但言说者心中对特定听众的构建应按
照普遍听众的形象特征和标准来进行，只有这样才能保证最佳
说服效力。

　　"特定听众"是指言说者在具体论辩中所针对的一群人。与
普遍听众相比，一方面特定听众在现实中真实存在，他叫以就
言说者的观点或命题提出质疑或反对意见，对言说者进行一对
一的严密抗辩，因此，特定听众是对普遍听众的具体化；另一
方面，特定听众是指特定时空中言说者说服的对象，因此，言
说者在对特定听众进行说服时必须考虑特定时空的情境因素，
从而赋予论辩以实质层面的思考。对于以特定听众为目标的论
辩有可能导致对说服的片面追求这一问题，佩雷尔曼认为，除
了以"普遍听众"来对应"特定听众"外，还应将论辩视为对
话而不是诘辩（debate）。对话与诘辩的区别在于对话是对话者
之间诚实地、不怀偏见地通过讨论寻找问题的最佳解决之道，
而在诘辩中，每一个对话者只为自己的观点辩护，[1]对于自己
所反对的观点则一味拒绝。

二、论辩的出发点

　　在新修辞学理论中，佩雷尔曼将论辩的目标定位为听众对

---

　　〔1〕　Chaim Perelman, L. Olbrechts-Tyteca, *The New Rhetoric, A Treatise on Argu-mentation*, University of Norte Dame Press, 1969, p. 37.

于言说者观点和意见的认同与接受，因此，论辩的出发点，只能是言说者与其听众之间具有的共识。

有条件作为论辩出发点的共识分为两类：基于真实（real）的共识和基于偏好（preferable）的共识。前者指包括受众在内的一般人确信是"真实"的事物或意见，可以进一步细分为事实、真理和推定三类。后者则指论辩的具体目标受众所偏好、喜爱或信服的各类见解，包括价值（values）、价值层级（value hierarchies）和论题（loci）等三类。基于真实的共识中的"事实"并非指某种客观的存在，而是指普遍听众觉得毫无争议或千真万确的一些主张或见解。一般来说，"事实"多指精确的客体和有限的共识（limited agreement），而"真理"则多指事实之间复杂的关系系统。[1]"推定"一般指人们就"在正常情况下会发生什么事或出现什么情况"持有的十分肯定的信念，[2]如法律规定中的无罪推定原则就属于"推定"。"推定"虽然也得到了听众的普遍共识，但听众对它未能达到最大程度的信奉，因此，听众对于"推定"的信奉需要其他因素加以强化，[3]而强化的方式就是论证。在三种基于"真实"的共识性前提中，佩雷尔曼最为重视"推定"。他认为，在大多数辩论中，"推定"可以直接作为论辩的出发点，无须再对它进行论证，因为它的有效性来自习惯。

与基于真实的共识针对普遍听众有效不同，基于偏好的共识只能针对特定听众有效。在基于偏好的共识中，"价值"虽然体现为个人内心的主观判断，但听众（基于这种主观判断）而

〔1〕 Chaim Perelman, L. Olbrechts-Tyteca, *The New Rhetoric*, *A Treatise on Argumentation*, University of Norte Dame Press, 1969, p. 69.

〔2〕 刘亚猛：《西方修辞学史》，外语教学与研究出版社 2008 年版，第 334 页。

〔3〕 Chaim Perelman, L. Olbrechts-Tyteca, *The New Rhetoric*, *A Treatise on Argumentation*, University of Norte Dame Press, 1969, p. 70.

对一种事态、存在或理念产生的认可必定会对行为和行为的意向产生某种特定的影响。[1]佩雷尔曼将价值分为具体价值和抽象价值两种。具体价值是指一个人、一个群体或被视作一个独特实体的特定客体所拥有的价值，[2]抽象价值则与具体价值相对，它在社会中被不特定的多数人所拥有。"价值层级"是指以价值判断为基础而对多种并存的价值所作的层级排序。它应根据各种价值在听众中接受程度的不同来建立。[3]当言说者想建立价值或价值层级，或想强化听众认同时，他可以运用其他价值或价值层级，当然也可以诉诸一般性质的前提，这个一般性质的前提就是"论题"[4]。所谓"论题"，就是论点所处的位置，它可以非常方便地为我们找到有用的论据，"论题"可以从量的、质的、排序、存在、本质以及人等各个方面进行分类。[5]

以共识作为论辩出发点是佩雷尔曼的一个基本观点，如上所述，基于真实类的共识针对普遍听众有效，而基于偏好类的共识只针对特定听众有效。既然共识有普遍听众共识和特定听众共识两种，那么在实际论辩中应选择何种共识来作为论辩的出发点呢？佩雷尔曼认为，应根据听众的特质来选择，不同特质的听众应采用不同的原则来选择论辩的出发点。当论辩是针

　　〔1〕　Chaim Perelman，L. Olbrechts-Tyteca，*The New Rhetoric*，*A Treatise on Argumentation*，University of Norte Dame Press，1969，p. 74.

　　〔2〕　Chaim Perelman，L. Olbrechts-Tyteca，*The New Rhetoric*，*A Treatise on Argumentation*，University of Norte Dame Press，1969，p. 77.

　　〔3〕　Chaim Perelman &L. Olbrechts-Tyteca，*The New Rhetoric*，*A Treatise on Argumentation*，University of Norte Dame Press，1969，p. 82.

　　〔4〕　Chaim Perelman &L. Olbrechts-Tyteca，*The New Rhetoric*，*A Treatise on Argumentation*，University of Norte Dame Press，1969，p. 83.

　　〔5〕　Chaim Perelman &L. Olbrechts-Tyteca，*The New Rhetoric*，*A Treatise on Argumentation*，University of Norte Dame Press，1969，p. 85.

对某一受有相同训练（particular discipline）的特定听众（certain special audience）时，因为经受了相同地训练，这一特定群体便具备了这一群体所特有的行为方式和习惯，并具备了他们自己的技术语言，[1]因而他们之间也容易形成特定的共识，因此，应选择他们之间所认同的共识作为论辩的出发点。例如，法律职业者对于事实的理解与普遍听众对事实的理解明显不同，如果言说者在法庭上要说服法官接受他的观点和意见，他只能采用法律职业群体对于事实含义的通常理解来作为论辩的出发点。当论辩是针对普遍听众时，由于普遍听众不像特定听众那样经受了某一行业的特定训练，并不秉持这一行业的特定立场，因此，只能从心理因素上寻找共识基础。佩雷尔曼指出，对言说者最有力地支持乃是在没有反证的情况下，普遍听众对既有行为或意见进行持续遵循的心理惯性。惯性使得人们依赖于正常的、习惯的和实在的事物，并赋予这些事物以价值，无论其是一种既存事物或已被接受的观点，还是持续并有规律发展的状态。相反，改变需要正当化，一旦一个决定作出，除非有充足理由，否则不能改变。在论辩中，坚称没有必要给以改变是非常普遍的做法。[2]总之，在对普遍听众进行说服时，最基本的做法就是掌握惯性原则作用下各种被认为是理所当然的观点和事理，以此为出发点来展开论辩。

三、论辩技术（论辩型式）

在新修辞学理论中，佩雷尔曼系统阐释和总结了各种论辩

---

〔1〕 Chaim Perelman &L. Olbrechts-Tyteca, *The New Rhetoric*, *A Treatise on Argumentation*, University of Norte Dame Press, 1969, p. 100.

〔2〕 Chaim Perelman &L. Olbrechts-Tyteca, *The New Rhetoric*, *A Treatise on Argumentation*, University of Norte Dame Press, 1969, p. 106.

技术。他认为论辩就是由所有联合起来致力于达成一个可欲结果的理由和论据所组成的关联结构，论辩过程就是建立这个关联结构的过程。这个过程一般可以通过结合（association）和离析（dissociation）两大技巧来建立。所谓结合，是指将分离的元素组合起来，使它们成为一个结合体，其目的在于组织它们或对它们进行肯定或否定的评价；而离析则是指将一些思想体系内原本认为是一个整体或至少是结合在一起的元素进行分离，通过对组成该体系之基本要素概念的修正来形成对该体系的修正。[1] 结合法和离析法相辅相成，在论辩中经常同时得到运用。

佩雷尔曼又将结合法分为三种类型："准逻辑论辩"（quasi-logical arguments）、"基于现实结构的论辩"（arguments based on the structure of reality）和"建立现实结构的论辩"（arguments establishing the structure of reality）。准逻辑论辩，是指通过类似于形式逻辑或数理逻辑的推理方法来建立前提（理由）和结论之间的关联结构，以达致说服的目的。与形式逻辑相比，准逻辑论辩只是（将论辩命题）做化约性努力，或者将其非形式特征予以规范化（specification），以使论辩的可证明性成为可能，[2] 而非以人工语言来做孤立于事理的推理。它大致又可以分为以下几种：一是不可共存性（incompatibility）论辩。与形式逻辑中的矛盾（contradiction）律运用相类似，言说者通过指出某一观点、见解与说法与社会接受的规范和观点相矛盾来否定这一观点、见解和说法的合理性。二是认定与分析（identity and a-

---

〔1〕　Chaim Perelman, L. Olbrechts-Tyteca, *The New Rhetoric, A Treatise on Argumentation*, University of Norte Dame Press, 1969, p. 190.

〔2〕　Chaim Perelman, L. Olbrechts-Tyteca, *The New Rhetoric, A Treatise on Argumentation*, University of Norte Dame Press, 1969, p. 193.

nalysis）。认定的最典型方法就是下定义，与形式逻辑所使用的定义具有不证自明性不同，准逻辑论辩所使用的定义具有修辞性质，"因为一个口语化的定义，其目的并非在于澄清概念的真意，而在于追踪所欲说明的事物中，其所能产生说服效果的面向，因此，定义是需要做出选择的"。[1] 如果选择的某一定义一旦被接受，那么所提出的两个概念之间对等关系的建立便是分析。通过分析性的判断，两个概念之间能够实现互易。三是交互论辩（argument of reciprocity）。与形式逻辑中的对称关系类似，论辩中的交互是指基于认定事物或事件的某些特定面向而呈现出本质上的对称性，从而给予它们同等对待。四是包含关系论辩（the relation of inclusion）。佩雷尔曼从两种形式来界定包含关系，一种是以量为基础关系的命题，强调部分与整体之间并没有质的差异；另一种是以质为基础关系的命题，强调部分与整体之间具有不同的关系，一般认为整体比部分具有更高的价值。五是比较论辩（arguments by comparison）。这种方法通常通过对客体之间的关系进行考量来对某一客体进行评价。六是概率论辩（probabilities）。概率论辩就是对某一事情必然发生或必然不发生进行量化，以发生或未发生的比率来对某一观点、意见或看法进行说服的方法。

　　基于现实结构的论辩是指以一般人相信在现实生活中确实存在于不同事物之间的关系为基础来进行说服的论辩，主要包括连续关系论辩（relations of successions）和共存关系论辩（relations of coexistence）两种。

　　连续关系论辩一般将现象与其前因后果结合起来，它通常包括四种情形：一是因果关系论辩。因果关系论辩是指以因果关系将两个连续发生的事件联系起来进行说服的论辩。二是实

────────────

〔1〕 廖义铭：《佩雷尔曼之新修辞学》，唐山出版社 1997 年版，第 105 页。

用论辩（the pragmatic argument）。所谓实用论辩，是指根据结果来评价一个事件或行为的论辩。三是浪费论辩（the argument of waste）。浪费论辩是指当一个人已经开始了一项任务，并且有所牺牲，如果给予放弃，那将是一种浪费。[1]四是方向论辩（the argument of direction）。方向论辩也可叫作阶段规划（device of stage），它是指人们往往用全盘的和静态的方式来处理因果联结或目的与方式之间的联结，但实际上，这种处理方式可能会引起说服上的很多困难，这时不妨将追寻目的的过程分为几个阶段，把它看成一个不完整的动态过程，以引导听者沿着言说者所规划的方向逐步接受言说者的结论。共存关系论辩将个人与其行为、团体与其成员以及本质与其外观结合起来，[2]它并不像通常理解的那样是指两个事物之间同时存在的关系，而是指事物的本质与其外在表象之间的关系。

共存关系包括六种情形：一是人及其行为关系（the person and his acts）。此种论辩是以人及其行为之间的联结关系为基础展开的，如可以根据某个人行为的好坏来评价这个人的品性。二是阻隔与限缩技巧（technique of severance and restraint）。所谓阻隔与限缩技巧，是指将人与其行为之间的联结关系降低或者消除，以完全切断人及其行为之间在评价上的相互影响。三是言说者及其言论关系（the speech as act of the speaker）。言说者及其言论关系就是通过建立和分析言说者及其言论之间的互动关系来论证某一命题的方法。四是团体及其成员关系（the group and its members）。团体及其成员关系是指将成员视作团体的代

---

〔1〕　Chaim Perelman, L. Olbrechts-Tyteca, *The New Rhetoric*, *A Treatise on Argumentation*, University of Norte Dame Press, 1969, p. 279.

〔2〕　Chaim Perelman, L. Olbrechts-Tyteca, *The New Rhetoric*, *A Treatise on Argumentation*, University of Norte Dame Press, 1969, p. 262.

表，通过对这一成员的评价来论证言说者对某一团体的印象或看法。五是象征关系（the symbolic relation）。作为元素和表征关系的延生，象征关系是指因为象征者与被象征者之间具有某种关系而使得象征者具有代表被象征者的价值。如国旗可以代表国家、十字架代表基督教等。六是双重层级关系（the double hierarchy argument）。所谓双重层级关系，简而言之就是将已被接受的层级作为论证另一层级的标准或定义。

建立现实结构的论辩是指引进一个受众深信不疑的范例、图解、模型、类比等，使他们相信正被讨论的问题与所提到的范例、类比等具有同构性，从而建立起前提与结论之间的关联，以实现听众的信奉转移。[1]建立现实结构的论辩主要包括五种情形：一是样例（example）。样例的运用是假定各个事例之间存在某一共同的规律或法则，言说者通过样例列举来使听众相信这种规律或法则的存在。二是示例（illustration）。与样例建立一项规律或法则不同，示例用来说明某一项规则或法则，以强化听众对这一规律或法则的认同与接收。三是范例（model）。可以用来为他人模仿的事例，便是范例。范例有正反两种，正面的范例可以激发他人之效仿，而负面的范例则是阻止类似不当行为的出现。四是类比（analogy）。一个论点之主张若是基于对两种类似情形之比较，便称为类比。[2]在类比中，欲确立的论点被称为本体，用于支持本体论点的叫喻体，只有本体和喻体属于不同领域，才叫类比，反之则属于样例或示例。五是隐喻（metaphor）。所谓隐喻，通俗地说，就是巧妙地使一个字词

---

〔1〕 刘亚猛：《西方修辞学史》，外语教学与研究出版社 2008 年版，第 335 页。

〔2〕 Doulas N. Walton, *Informal Logic: A Handbook For Critical Argumentation*, Cambridge University Press, 1989, pp. 253~256，转引自廖义铭：《佩雷尔曼之新修辞学》，唐山出版社 1997 年版，第 153 页。

从其适当的意义转换成其他意义，[1] 从性质上来看，它是浓缩的类比，是本体与喻体要素的融合。

第三节 新修辞学与个案正义

从表面上来看，以合理性为目标追求的新修辞学满足了人们对个案正义的所有想象：其听众理论一方面使司法裁判能够充分考虑听众的情境和感受，从而导致司法裁判具有了面向实践寻求实质正义的品性，另一方面又使司法裁判能够通过裁判者和听众之间的对话和讨论来实现裁判的客观性，并通过"普遍听众"的概念为论辩的合理性和规范性提供理论思路；其论辩出发点所体现出的论题取向以及论辩方法所体现出的或然性推理结构为裁判过程中的合理性推论提供了思路和方法上的指导。然而，作为一种描述性而非规范性的理论，新修辞学在个案正义寻求上仍存在诸多问题。

一、听众理论在实践上难于保证个案正义的实现

新修辞学是探讨如何解决实践领域里正义问题的理论。依佩雷尔曼之见，在实践领域，正义的内涵是"合理性"，它需依靠论辩而非形式理性才能获得，而论辩的展开又离不开听众。于是，听众便成为新修辞学的核心概念，并在其中起到了方法论重构的作用，[2] 佩雷尔曼正是凭借它解决了几乎所有的理论难题。作为正义内涵的"合理性"，它具有实践理性的蕴意，而将"合理性"与生活实践联系的媒介是"听众"概念。佩雷尔

---

〔1〕 廖义铭：《佩雷尔曼之新修辞学》，唐山出版社 1997 年版，第 165 页。

〔2〕 David Douglas Dunlap, *The Concept of Audience in Perelman and Isocrates: Locating the Ideal in the Real*, in Argumentation 7, Kluwer Academic Publishers, 1993, p. 465.

曼认为合理性意味着听众的可接受性，寻求合理性就是寻求对听众的说服，以使听众对论辩结论产生认可和接受。而为了避免追求片面说服而导致滋生非理性，他将检验合理性的标准也交给了听众，他认为一个结论只要能够得到普遍听众的接受便具备了合理性，进而便具有正义。这样，通过"听众"概念，佩雷尔曼一方面将"合理性"巧妙地置换成了听众的可接受性，将论辩过程看成了对听众的说服过程，从而使得"合理性"不再是一个纯粹的哲学概念，而是变成了一个可以通过具体途径来追寻的实践活动；另一方面他为合理性设置了一个检验标准，这不仅为论辩活动提供了一个规范性的指引，而且也使得新修辞学成为一个完整的理论。

如果将听众概念迁移到司法裁判中，它在理论上可以帮助司法裁判解决以下问题：第一，它使得司法裁判建立起了与经验世界的关联，满足了个案正义对实践因素的必要性需求。个案正义需求的不是针对案件在法律体系的框架内进行封闭式的逻辑化和程序性构造，而是具有强烈的实践面向：它不仅要求裁判必须面向所有的社会行为规范，以及关于正义和善的价值原则，甚至还有与价值无关的常识知识；还要求裁判具有适应性，因其所针对的是具体的个案，是特定的历史情境的产物，而更能适应现实问题。[1] 合理性裁判的这些要求通过修辞学听众得以实现，原因在于，修辞学听众并非一个符号式称谓，而是具有现实生活实践意蕴的人。作为"深深嵌入在这个社会中的人"，听众对于裁判的现实性和情境性有着最为深切的体验和

---

[1] Neil MacCorrnik: *Reasonableness and Objectivity*, in Fernando Atria &D. Neil MacCorrnik（eds.），law and legal interpretation, Ashgate Publishingeom Pany, 20, 3, p.538, 转引自谢小瑶、赵冬："裁判可接受性的'理想'与'现实'——源于听众理论的启示"，载《南京大学法律评论》2013年第1期，第179页。

感受。因此，听众理论使得裁判与现实生活实践从根本上连接起来，它将裁判置于一个更为广阔的社会和文化情势与背景中，从而满足了个案正义对实践因素的必要性需求。第二，它将裁判的合理性与听众可接受性紧密地联系了起来，为个案正义寻求探索出了一条具体的路径。依照新修辞学理论，作为实践活动的司法裁判，它不是自上而下的逻辑涵摄，而是围绕规范与事实对听众进行辩证说服，追求合理性的过程。合理性意味着听众的可接受性，裁判的合理性则意味着依法作出的判决在社会情感上能够得到裁判听众的认可和接受，由此可见，要想获得裁判的合理性，便需对听众进行说服论辩，以增强裁判的可接受性。第三，普遍听众概念为实现价值判断的客观性提供了一种思路。个案正义不仅存在对法的确定性诉求，还存在对法的正确性诉求。对法的正确性诉求离不开主体的价值判断，然而，要使价值判断具有客观性，能成为裁判的依据和理由，它必须具有可普遍化特征，即得到普遍的或大多数的承认或认同。为了获得价值判断的客观性，佩雷尔曼提出了"普遍听众"的概念，应该说普遍听众的概念是佩雷尔曼构建规范性价值判断逻辑的关键。新修辞学将裁判合理性的检验标准交给了普遍听众，认为若要价值判断得到正当化的证立，除非获得了普遍听众的广泛接受。在他看来，普遍听众能够实现对个案正义的检验。

然而，听众概念对司法裁判的理论意义并不意味着它在实践上就能够对司法裁判做出贡献。从裁判实践角度来看，听众理论并不能充分保证个案正义的实现。一方面，通过对听众的"说服"这一方式不能确保裁判的合理性。在《新修辞学：论论辩》一书中，佩雷尔曼曾明确指出："论辩理论是对引致或增强人们对某一命题产生认同之技术的研究。内心认同的特征在于其存在程度上的差异。"〔1〕由此可见，佩雷尔曼所关注的对听众的说服，强调的是一种心理上的影响。"由于强调他人内心的认同程度，其理论的重点不在于论证的理性与否及真伪之辩，而在于论证开始所提出的事实前提与论证所获致的结果之间的连接，对于听众内心所产生的影响。"〔2〕既然只强调心理的影响而不关注论证的理性与否，那么裁判的可接受性便可替换为对裁判结果的内心认同。不可否认，强调对听众的心理说服可以增强裁判的可接受性，但是裁判的可接受性并不仅仅可以依据修辞式说服而获得，它还必须以合法为前提，更为关键的是，在现有的法律体系下，裁判结果可接受性的获得不仅是司法制度运行的结果，还是依据一定的规范性命题对价值偏好进行可普遍化论证的结果。而强调对听众的心理说服必然会导致言说者使用修辞计谋，从而使得说服性论证丧失其客观性。因此，对听众的说服并不能保证裁判的合理性。其实，佩雷尔曼也注意到了对听众心理说服的强调所导致的修辞技术运用的缺陷。他引用 J. Paulhan 的见解指出："没有任何一篇文章不具有修辞，但是当它被认为是一种技能时，这种技艺将失去其效果。而论证也会因同样的理由而失其价值……这种表达，其所关切的不只是言辞上的表达形式，更在于论据的选择，选择一个无关讨论，却紧密地影响说话者感情的论据，同样可以作为诚挚的表达。对某些技巧的放弃或使用不迎合听众的论点，也可能会有反效果，有时候不是完全迎合听众的论证，才是好的论证。"〔3〕

　　另一方面，将说服听众作为裁判论证的目标不具有现实性。

〔1〕　Chaim Perelman, L. Olbrechts-Tyteca: The New Rhetoric, A Treatise on Argumentation, University of Norte Dame Press, 1969, p. 4.

〔2〕　廖义铭:《佩雷尔曼之新修辞学》，唐山出版社 1997 年版，第 36 页。

〔3〕　廖义铭:《佩雷尔曼之新修辞学》，唐山出版社 1997 年版，第 184 页。

新修辞学论证追求的目标是说服听众，迁移到法律论证中，即裁判论证的具体目标是说服诉讼当事人、法律职业者和有智识的大众，使他们对裁判结论产生信奉和认同。然而，这一目标在裁判实践中根本不可能实现。在实际的法律生活中，由于实际的价值取向不同、情感偏向差异，特别是利益诉求的冲突甚至对立，诉讼当事人双方根本难以从心底同时信服或认同某一司法裁判。更为吊诡的是，诉讼当事人之间利益和价值等方面的差异甚至对立，在以冲突为基调的文化背景下产生和发展起来的现代司法程序里得到了制度性保护，从而导致这种差异和对立得到极度彰显。实际上，在裁判实践中，当事人之间的冲突和对抗在制度保护下往往走向极致而非消失，对当事人的同时说服因而也几乎成为不可能，诸如唐慧案、李天一案等案件中原被告双方之间在法庭内外的肉搏战足以证明这点。因此，通过说服来达致听众认同某一裁判结论不具有现实性，事实上的司法裁判也并不追求对当事人的说服。这种以说服听众为裁判论证目标的理想主义观点忽视了裁判的有效性往往是权威和权力强制的结果，法院经常是在"用法律和机构代替同意"。[1] 即便当下裁判在法律强制之外越来越注重听众的同意，但同意的达成并非基于听众的共识，更多是基于专断的排除。当考夫曼暗示实践中法官的个人特质对判决的形成具有更大甚至更决定性的影响时，他就是在表明对裁判要说服听众没有信心。卢曼认为论证参与者之间的自由沟通不能偏离中立的裁判者的立场，这也表明他根本不相信一个人可以有效地说服另一个人。当说服听众作为裁判论证的目标不具有现实性时，试图通过说服听众来实现裁判的合理性和判决的公正也就不可行了。

---

〔1〕〔美〕马丁等：《法院：比较法上和政治学上的分析》，张生等译，中国政法大学出版社 2005 年版，第 8 页。

佩雷尔曼将价值论证合理性的评判标准交给听众，认为只有获得普遍听众的广泛认同和接受，这个论证才能被认为是公正和合理的。然而，"普遍听众"理论自身存在的问题致使其在实践中难以实现对裁判论证合理性的检验。首先，普遍听众"从没有实际地存在过，它是一个理想的听众，一个引证它的人之心智建构"。[1]佩雷尔曼将价值判断的重任交由听众来完成，为了保证价值判断的客观性和普遍有效性，他用普遍听众来作为修辞论辩应取信的听众。对于"普遍听众"，佩雷尔曼将之设想为"一切有理性的人"，或者概括地说就是"所有的人"。然而，在裁判实践中，一个论证要想获得利益对立的两造之间的一致认同已属不易，而要想获得所有人的认同则是永远不可能的事情。或许正是意识到人类全体所有人接受的不可能性，阿奥尼尔在借鉴佩雷尔曼的普遍听众理论时，又以维特根斯坦的"生活形式"为基础对其进行了改造，将听众定义为接受合理性的一般条件，同时也接受以解释性立场为基础的价值系统的人的集合。[2]也就是说，在裁判实践中，论证的可接受性不是来自全体人类的认同，而是来自于法律共同体的广泛接受。

此外，佩雷尔曼之"普遍听众"概念存在模糊不清甚至自相矛盾的地方。佩雷尔曼将普遍听众限定为"所有有理性的人的集合"，然而，"有理性的人"该如何理解才有意义？如果将其理解为"一切理性的人，和那些能够有资格讨论正在争论之问题的人"，[3]那么普遍听众可指全体人类，但如上文所述，

---

〔1〕 ［德］罗伯特·阿列克西：《法律论证理论——作为法律证立理论的理性论辩理论》，舒国滢译，中国法制出版社2002年版，第202页注524。

〔2〕 Aulius Aarnio, *The Rational as Reasonable: A Treatise on Legal Justification*, D. Reidel Publishing Company, 1987, p. 222.

〔3〕 ［德］罗伯特·阿列克西：《法律论证理论——作为法律证立理论的理性论辩理论》，舒国滢译，中国法制出版社2002年版，第204页注533。

法律论辩并非普遍性实践论辩，在现实裁判中，一个论证要想获得全体人类的认同和接受是不可能做到的。因此，将普遍听众视为全体人类显然不具有实践可行性。如果将普遍听众理解为"参与论辩的人"，那么普遍听众就成了"特定听众"，而针对特定听众的说服，在他看来就只具有时效性，不具有普遍意义上的有效性。由此可见，普遍听众概念的模糊性造成了其在运用上的困难。另外，在其新修辞学理论中，在论及说服普遍听众的方法时，他认为为了赢得普遍听众的接受和认同，言说者必须基于事物的自我证明性，或者基于命题具有超越时间和空间因素的有效性。[1]由此可见，佩雷尔曼把"普遍听众"当作了一个纯粹非经验的理性的产物，但另一方面，他又将普遍听众看作是言说者个人文化和社会经验性的产物。他认为普遍听众的建构离不开特定的社会和特定的文化。每一个人、每一个社会都有基于自身对同胞和本民族特定文化的了解这一基础来建构自己的普遍听众概念。这种对普遍听众自相矛盾的阐释导致了其作为论证合理性的判别标准时不是一个完善的标准，因而适用于现实时就失去了效力。[2]为了追求论证结果的普遍有效性，佩雷尔曼不得不将"普遍听众"抽象化为非经验性的理性人的集合，然而，"普遍听众"对于个人特定文化和社会经验的依赖又使得普遍听众在具体实践上常常被"精英听众"所代替，因此，用普遍听众来保证论证结果的普遍有效性，在现实中容易陷入普遍化与精英化的矛盾纠葛之中。

最后，普遍听众被抽象化为一个统一的整体，严重忽视了

---

〔1〕　Chaim Perelman, L. Olbrechts-Tyteca, *The New Rhetoric*, *A Treatise on Argumentation*, University of Norte Dame Press, 1969, p. 32.

〔2〕　John W. Ray, *Perelman's Universal Audience*, The Quarterly Journal of Speech, 1978, Volume 64, p. 361.

听众类别的多样性和复杂性，忽略了人类价值诉求的多元化和利益诉求的对抗性。佩雷尔曼将普遍听众视为"全体有理性的人"，这是一个抽象化的非经验性的理性人，属于单向度的人的集合。尽管他将普遍听众的建构与特定的社会经验和文化背景联系起来，但他依旧将其视为一个统一的整体，忽视了特定社会中的不同人群在利益诉求和价值诉求上的差异性。不同的论辩面对的听众类型也大为不同，特别是在司法裁判中，不同的个案裁判论证的具体听众是不同的诉讼当事人、不同的法官以及不同的智识大众，由于情感偏好、价值取向和利益诉求等存在差异甚至对立，他们对裁判论证结论的看法和观点也会不同。因此，对于针对个案的裁判论证应根据具体听众的不同来选择适宜的论辩策略和技巧，而非依据普遍听众的特征来进行说服。虽然佩雷尔曼也考虑到了真实论辩中说服对象的差异性而在其新修辞学理论中专门论述了"特定听众"概念，但他同时也提出"言说者心中对特定听众的构建应按照普遍听众的形象特征和标准来进行"这一观点。对于佩雷尔曼用普遍听众的标准和特征来建构特定听众的观点，我们可借用罗杰的话来进行批评，他指出，论证逻辑学家意识到在他们的论证哲学中有一个相对主义的幽灵在游荡。但是他们克服相对主义的努力——无论是提出普遍听众的观念，还是典型对话者的共同体观念都不成功。事实上，他们对普遍听众的各种讨论是在鼓吹康德绝对命令的形式。[1]佩雷尔曼认识到形式逻辑对于评价日常生活论述的无效性，于是提出用普遍听众来取代形式逻辑成为日常生活论述的评价标准。普遍听众的提出对于克服相对主义具有巨大的理

---

[1] George Boger, *Subordinating truth——is Acceptability Acceptable*? Argumentation 19, 2005, p. 187, 转引自冉杰："法律论证理论述评"，载《法律科学》2010 年第 5 期，第 30 页。

论意义，但它又太过抽象，从而导致当其牵涉具体情况时失去了效力：普遍听众被抽象化为一个统一的整体，使其呈现出单一性特征，严重忽视了论辩实践中听众类别的复杂性，忽略了现实生活中人类价值的多元化和利益诉求的互斥性，因而使得个案正义诉求试图通过听众建立与社会经验的关联成为不可能。而普遍听众的抽象性使得佩雷尔曼用普遍听众的标准和特征来建构特定听众的观点显得也不可行：一边是普遍听众，一边是特定听众，这样一种行动方针只不过是在他们想要废除的形式逻辑的绝对主义和大全主义与他们想支持的民主的可接受性等观念之间采取了妥协方案。[1]

　　"关于合理性的基本主张，不仅包含着关于语言性质的预设前提，而且也包含着关于社会性质的预设前提，主张合理性的核心是寻求达成理解的过程"。[2]佩雷尔曼通过其听众理论不仅彰显了裁判过程的修辞学性质，还建立起了司法裁判与经验世界的联结点，更为重要的是，他的普遍听众概念表达了个案裁判正义的核心是寻求基于共识的同意的过程。然而，听众理论自身的缺陷导致其在实践中无法担负实现个案正义的重任。正因为此，Julius Stone 指出，虽然新修辞学理论为认识或解释法律提供了一套新的术语或概念架构，但它仍没有为司法过程中的行动者提供一个新的方法，来解决他们所困惑的问题。[3]菲特丽丝也指出，他的理论不适宜作为分析和评价法律论辩的

　　[1]　George Boger, Subordinating truth——is Acceptability Acceptable?, Argumentation 19, 2005, p. 187, 转引自冉杰："法律论证理论述评"，载《法律科学》2010 年第 5 期，第 30 页。

　　[2]　[美] 马修·德夫林编：《哈贝马斯 现代性与法》，高鸿钧译，清华大学出版社 2008 年版，第 54 页。

　　[3]　Julius Stone, *Legal System and Lawyer's Reasonings*, Standford University, 1968, p. 336.

实践工具。[1]

二、论辩技术（论辩型式）不能作为裁判推理的恰当工具

佩雷尔曼在凭借听众概念搭建起论辩理论的基石之后，又以听众概念为基础阐释了用于论辩的各类出发点和各种方法。关于论辩的出发点，他认为只能是言说者与听众之间的共识。共识可以是一定时期内人们所持有的常识，也可以是一定范围内为人们所推崇的观点或意见。以人们所接受的立场、观点或意见作为论辩的出发点说明法律推理是论题取向而非公理取向的，[2]这正好符合以合理性为导向的裁判推理前提的特征。在明确了论辩出发点的性质之后，佩雷尔曼以此为基础描述了各种论辩技术或论辩型式。这些论辩技术或论辩型式尽可能地展

---

〔1〕 ［荷］伊芙琳·T. 菲特丽丝：《法律论证原理——司法裁决之证立理论概览》，张其山、焦宝乾、夏贞鹏译，商务印书馆 2005 年版，第 39 页。

〔2〕 佩雷尔曼将一般为人们所接受的立场、观点或意见作为论辩的出发点，而一般为人们所接受的立场、观点或意见，也即人们所持有的事实性或价值判断的信念，它们广泛地与一定社群成员的文化背景、社会环境和生活方式等相联系，这意味着佩雷尔曼不再从普适的、高度抽象的公理中获取推理前提，而是从法律实践的具体语境中寻找合适论题作为法律推理的前提，这充分说明在他看来法律推理是论题取向而非公理取向的。法律推理的论题取向在佩雷尔曼关于"共同论题"（loci commune）的讨论中得到了进一步的说明。佩雷尔曼指出，价值推论多诉诸"共同论题"。共同论题的特征在于其一般性，因而它在任何情况下都可以被使用。在价值推论中，论辩者之所以多寻求共同论题，原因在于其能为听众所认可，但是共同论题具有一般性，这并不意味着它就可以等同于单一概念或公理。与具有普适性的单一概念或公理相比较，共同论题并不具有超越时空的重要性和适用性，如平等、理性和正义就属于共同论题，但在适用时因适用地的文化背景之差异会产生诸多分歧，它们的意义便是由实际运用时的具体语境和意义脉络来决定的。因此，法律中的平等、正义和理性并不如形式逻辑或数学公式那样能抽象地被界定或使用，人们在不同的地区和社会对它们会产生不同的意义理解和实际要求。共同论题在司法裁判中可以用作推论的前提，如公共利益、法律原则和事物的本质等可以成为裁判推理的依据。在推理的过程中，"共同论题"在一定文化和社会内的大众可接受性可以保证从共同论题中推出的裁判结论同样具有可接受和合理性。

现了各种或然性推论的形式和结构，应该说，它符合了以合理性为导向的裁判推理的特征，因而可以用来作为分析裁判推理的工具。然而，作为一种描述性的方法，新修辞学的论辩技术（论辩型式）并不适宜用来作为分析裁判推理的恰当工具。

佩雷尔曼对论辩技术（论辩型式）的归纳和列举是描述性的，这种对论辩型式的简单叙述无法满足具有规范性维度的裁判推理的需求。以合理性为导向的裁判推理必然包含主体的价值判断，而裁判推理过程中的价值判断是一种规范性的价值判断，[1]它关涉到对他人行为的指导、要求或命令，暗含着对他人做出"应当"行为的期待，这就要求必须存在一种标准可以用来分析和检验主体的价值判断。虽然新修辞学采用了听众的可接受性作为检验价值判断是否合理的标准，但是这种标准具有严重的缺陷，无法担负其分析和衡量的使命。一方面，佩雷尔曼认为如果论辩被目标受众所接受的话，那么论辩就是合理的，这就意味着论辩的合理性等同于论辩在特定场合对作为判断者来说是否具有有效性。当论辩的合理性基本上是由主体的评价来决定时，论辩的合理性标准在很大程度上就是相对的：如果人们能够意识到判断者可以改变主意并且最终应用其他的评价标准，就可能导致有多少批评者，就有多少种合理性。另一方面，佩雷尔曼提出限制性规定，认为只有当普遍听众认为论辩合理的时候论辩才是合理的，这其实意味着没有任何限定，因为每个人都可以随意确定他认为谁属于世界听众。[2]因此，就价值判断的规范性而言，新修辞学的论辩技术缺乏一套可行

---

〔1〕　就价值判断的功能而言，价值判断可分为欣赏性和规范性两种，欣赏性价值判断仅指涉判断者和被判断者之间的价值判断关系，不会涉及他人判断和行为的指导，而规范性价值判断则关涉到对他人的要求或命令。

〔2〕　[荷兰] 弗朗斯·凡·爱默伦、罗布·荷罗顿道斯特：《批评性论辩 论辩的语用辩证法》，张树学译，北京大学出版社2002年版，第121页。

的标准来对价值判断进行分析和衡量。正因为此，爱默伦和格鲁登道斯特说，佩雷尔曼新修辞学中的描述观点不足以对作为论据的各种论辩型式的使用方式给予有理有据的评价，这套理论工具所缺少的是正确处理辩证观点的标准层面。[1]

以合理性为导向的裁判推理不仅要完成价值判断，而且要在受限制的条件下完成价值判断，也就是说，裁判过程中的价值判断必须受到现行法秩序的约束。这就要求司法裁判在运用修辞方法时必须考虑如何让那些表达现行法秩序约束的论述具有优先地位。然而，新修辞学的论辩技术主要表现为对论辩类型的描述和刻画，并没有涉及当不同论辩类型之间发生冲突时应该如何选择，更没有涉及如何将论辩效力与法律规范、法律原则表现出来的法律渊源的效力进行调和，这样，当它运用于司法裁判并出现与法律论述相冲突的情况时，它就会显得束手无策。因此，新修辞学的论辩技术不是针对法律实践的描述和规范化，它不能直接用来解决个案正义问题。

佩雷尔曼对各个论辩技术（论辩型式）的归纳和描述自身也存在一些问题，这也导致它在大多数时候不能用来分析裁判推理，进而也无助于解决个案正义问题。佩雷尔曼对论辩技术的归纳和描述过于依赖经验观察和个人直觉，因而他的归纳和总结缺乏一个统一的标准，表现为一种散漫杂糅式的综合，如他的准逻辑论辩是基于形式标准，而基于实在结构的论辩和建立现实结构的论辩却是基于内容标准，这样，在某些情况下被视为准逻辑的论辩也可能被视为是基于实在结构的论辩。而在没有统一方法指导的情形下，从这些没有统一标准的论辩技术中应该选择哪一种用来分析某一裁判话语也就具有了随意性。

---

〔1〕　〔荷兰〕弗朗斯·凡·爱默伦、罗布·荷罗顿道斯特：《批评性论辩　论辩的语用辩证法》，张树学译，北京大学出版社 2002 年版，第 43 页。

对于新修辞学论辩技术的这个缺点，爱默伦和格鲁登道斯特批评说："在佩雷尔曼及其追随者的作品中，不乏这种（修辞）分析的例子。然而，大多数情况下，这些例子给人以随心所欲的印象：这种分析过于依赖反思和个人的直觉。尽管这种分析形势历史悠久，但是还没有统一的实施修辞分析的方法对实施必要的转换给予指导。甚至对于这种方法的要求也没有统一的认可。不仅如此，分析标准方面的重要性也常常被忽略。例如，在对'她总是出错'〔1〕进行修辞分析时，把这个论辩说成是准逻辑的，并且实际上就是句俏皮话又有何关系呢?"〔2〕阿列克西更是尖锐地指出，佩雷尔曼的论辩技术属于是纯粹的视角或提问的方向，它们最多只能算是论述形式而非称得上是规则，说明不了什么东西必须有条件地或无条件地去做，或者必须努力去追求。〔3〕

〔1〕 此句出现在弗朗斯·凡·爱默伦和罗布·荷罗顿道斯特所著的《批评性论辩 论辩的语用辩证法》中所列举的一个例子，此例具体如下：一位先生总是和妻子争吵而受到一位大智者的警告：要求他安静，这位大智者问他："你为什么总是和妻子不和?"这位先生回答到："她总是出错。"

〔2〕 ［荷兰］弗朗斯·凡·爱默伦和罗布·荷罗顿道斯特：《批评性论辩 论辩的语用辩证法》，张树学译，北京大学出版社2002年版，第20页。

〔3〕 ［德］罗伯特·阿列克西：《法律论证理论——作为法律证立理论的理性论辩理论》，舒国滢译，中国法制出版社2002年版，第303页。

第七章

作为个案正义寻求进路的修辞学

在前面几章中，我们已经逐一探讨了争议点理论、论题学、图尔敏论辩模式和佩雷尔曼新修辞学等各个修辞学理论对于实现个案正义的功能和限度。对各个修辞学理论的逐一研究有利于我们更为透彻清晰地认识修辞学对于司法裁判的意义，然而片段化的分析可能会影响我们对修辞学的整体印像。于是，本章将在上述分析的基础上对作为个案正义寻求进路的修辞学进行总结和概括，以使我们对修辞学有一个全面而总体的认识。

第一节　修辞学对个案正义寻求的贡献与制约 [1]

实现个案正义的关键是要解决如何在现行法律秩序内妥当地进行价值判断这一问题。修辞学因其在价值判断上"心证公开"的独特优势而受到裁判理论研究者的青睐。然而就司法裁判而言，修辞学因其对内容的关注超越了对形式的重视，从而在保证法律正确性方面有所建树但却在维护法律确定性方面存在诸多不足。"在一种当下的未来的视阈中判决实际案例的法官，是以合法的规则和原则而主张其判决的有效性的。就此而

---

[1]　此节内容撰写参见沈寨："修辞方法对司法的贡献与制约"，载《法学论坛》2013 年第 1 期。

言，对判决的论证必须摆脱法律之形成情境的种种偶然性"，[1]
修辞学显得无能为力。总之，对于个案正义能"在对判决基于
即成前提的内部论证转向对前提本身的外部论证的过程中得到
明确的实现"，[2]修辞学在作出诸多贡献的同时，也形成了一
定的制约。

一、修辞学对个案正义寻求的贡献

近代理性主义法律观将法律规范看作是逻辑严谨、完备无
缺的真理体系，司法裁判也通常被看作是依照法律规范对案件
事实进行逻辑涵摄的过程。然而在案件具有强烈的独特性，难
以比照法律事实进行归类时，从法律规范层面入手来处理司法
裁判，显然无法获得公正的判决。在此种情形下，法官不得不
从个案具体情况出发来进行裁判。当司法裁判不得不考虑个案
具体情况时，如何将个案具体情况引入裁判之中，在获得司法
判决正确性的同时又能保证法律的确定性，是司法裁判不得不
面对的一个问题。修辞学一方面因直接关注个案而为解决此问
题提供了一个新的视角，另一方面也因其论辩性和情境性而更
加符合司法裁判的实际情况，从而为寻求个案正义提供了一种
切实可行的进路。总之，修辞学对于个案正义寻求具有独特的
贡献和意义。

个案正义问题的本质在于以遵守现行法秩序的方式实现个
案判决的可接受性，从法理的角度来看，它一方面涉及法律的
确定性，另一方面则关乎法律的正确性。由于法律的确定性关

---

[1]　[德]哈贝马斯：《在事实与规范之间：关于法律和民主法治国的商谈理
论》，童世骏译，生活·读书·新知三联书2003年版，第245页。
[2]　[德]哈贝马斯：《在事实与规范之间：关于法律和民主法治国的商谈理
论》，童世骏译，生活·读书·新知三联书2003年版，第245页。

涉法律体系问题，而法律的正确性标准一直以来被诉诸道德，因此，对于个案正义问题的处理，人们从法律与道德关系的角度进行了不同层面的思考和分析。在法哲学层面，拉德布鲁赫意识到法律实证主义主张价值无涉的缺陷以及自然法提倡绝对法价值的弊端，从而提出了其著名的"拉德布鲁赫公式"，试图以此来克服自然法与法律实证主义之间的冲突，调和法的安定性和正确性之间的对立。所谓"拉德布鲁赫公式"，是指通常情况下，实证法的安定性应受到尊重，但"一旦实在法的非正义目的达到这样的程度，即通过实在法保障的而与非正义相对的法的安定性根本不再起决定作用，在这种情况下不公正的实在法就应该服从正义"。[1]拉德布鲁赫在尊重法的安定性或确定性的基础上，将正确性诉求引入法律之中，从而克服了法律实证主义"恶法亦法"的缺陷和弊病。拉德布鲁赫为现代法哲学的发展翻开了新的篇章，后来者大多在他的启发下探索法律与道德的关系处理问题。然而，拉德布鲁赫的法哲学见解仅仅为法律与道德关系问题的处理提供了一种立场和姿态，对于实践经验层面的问题解决并无大的裨益。虽然拉德布鲁赫坚持了正义对实在法的统摄，然而，对于作为正义体现的法的最高价值应该如何在实践中实现对实在法的指引，他选择了康德主义的哲学立场，把这个过程看作是独白式的，也就是说，按照他的观点，要想在司法实践中实现正义对于实在法的统摄，只有依靠法官内心的慎思和独断。但是，如前文所述，这种依托法官良心和理性的独白式解决方案并不能确保法律的正确性，因为法律的正确性价值只有在主体间的沟通、商谈与论辩中才能实现。由此可见，虽然拉德布鲁赫意识到了正确处理法律与道德

〔1〕［德］古斯塔夫·拉德布鲁赫：《法律智慧警句集》，舒国滢译，中国法制出版社2001年版，第27页。

之间的关系对于解决裁判合理性问题具有重要意义，并提出了
解决问题的法哲学立场，但最终并未提出令人满意的解决方案。
后来的哈贝马斯和阿列克西等人循着拉德布鲁赫的法哲学立场
进一步思考和探索，最终发展出了法律商谈理论和法律论证理
论，试图为个案正义问题的解决提供一种可行的方法和路径。
然而，无论是哈贝马斯还是阿列克西，虽然他们都注意到了法
律的论辩特征，但他们所创立的法律商谈理论和法律论证理论
只是解决法律与道德关系问题的理想模型，并不能为具体的法
律实践提供具有切实的、可操作性的指导。因此，总体而言，
对于个案正义问题，法哲学层面的思考往往提供的只是解决问
题的视角或立场，即使是提出了解决方案，这种解决方案也带
有强烈的形而上性，不能为具体的法律实践提供技术性指导。

　　对于个案正义问题，尽管法哲学层面的思考没有为具体的
法律实践提供技术性指导，但它所提出的立场或视角却指引着
人们不断地深入探索实现个案正义的具体路径。既然个案正义
包含了对法律体系上的安定性和道德上正确性的双重诉求，那
么实际的司法裁判应该如何满足此种双重诉求呢？对此，庞德
和德沃金等人引入了法律原则的概念，以对法律规则形成修正
和补充。庞德提出了实在法的构成不仅有律令，还有技术与理
想[1]的观点；德沃金更是系统地阐释了其对法律原则的理解。
他指出法律的内容既包括具体的法律规则，也包括作为具体规
则背景根据的原则、政策、政治道德原则和一般的法律理论和
政治道德姿态。[2]这种原则源自于人们的社会生活，它"不仅
承担着一种为维系某种群体所必须的功能，而且也得到有效的

---

　　〔1〕　〔美〕罗斯科·庞德：《通过法律的社会控制·法律的任务》，沈宗灵译，
商务印书馆1984年版，第22页。
　　〔2〕　Ronald Dworkin, *A Matter of Principle*, Harvard University Press, 1985, p. 146.

传播和实施"。〔1〕显然，在他看来，原则与规则一样也是法律体系的重要内容，并和法律规则一样在法律实践中扮演着重要角色。而所谓原则，德沃金将其概述为"法律规则以外的其他准则的总体"，〔2〕并指出原则之所以应该得到遵守，"并不是因为它将促进或保证被认为合乎需要的经济、政治或者社会形式，而是因为它是公平、正义的要求，或者是其他道德层面的要求"。〔3〕可见，德沃金的法律原则概念具有强烈的道德内涵，或者说，德沃金的法律原则概念体现的就是法律对道德的诉求，只是他将这种诉求转换成了专业的法律术语，并将其巧妙地安放在法律体系中。而关于法律原则的作用，他认为，作为一种抽象的陈述，法律原则也能进入法律实践，只是它的作用往往是间接的，仅在通过影响规则的解释或填补规则的空白时才起到作用。

应该说，德沃金所阐释的法律原则对于解决个案正义问题具有十分重要的意义：一方面，当"大量法律推理所凭借的前提，在较为特定的和具体的规范不能解决或不能完全彻底解决案件之时，可以正当地使用适合于案件的一般原则"〔4〕以保证个案正义的实现；另一方面，将法律原则视为法律体系的构成部分，在有利于实现个案正义的同时也可以保障法律体系的稳定性和安定性。然而，德沃金对法律原则该如何具体运用并未

---

〔1〕 ［英］弗里德利希·冯·哈耶克：《法律、立法与自由》（第1卷），邓正来等译，中国大百科全书出版社2000年版，第63页。

〔2〕 ［美］罗纳德·德沃金：《认真对待权利》，信春鹰、吴玉章译，中国大百科全书出版社1998年版，第40页。

〔3〕 ［美］罗纳德·德沃金：《认真对待权利》，信春鹰、吴玉章译，中国大百科全书出版社1998年版，第41页。

〔4〕 ［英］戴维·M. 沃克：《牛津法律大辞典》，李双元等译，法律出版社2003年版，第898页。

进行详细阐释。而法律原则本身不预设任何确定的、具体的事实状态，没有规定具体的权利和义务，也没有规定确定的法律后果，因而，它具有高度的抽象性和概括性特征，只适宜于从宏观上确定法律的精神和目标，对案件的处理缺乏针对性和操作性。[1] 此外，德沃金对于法律原则作用的阐释是以法官独白式裁判思维为基础的。他指出，规则的适用是全有或全无，但是原则并非如此，相互冲突的原则可以同时有效，通过相互权衡以决定如何适用于具体的法律实践。[2] 也就是说，在什么情况下该运用法律原则，以及该如何运用法律原则，完全要依凭法官对个案做出衡量后来决定。显然，在他看来，原则的运用完全掌握在法官一人手中，是否适用原则以及该如何适用原则纯粹是属于法官个人慎思和权衡的范畴。这种法官独白式思维并不能确保原则在裁判中的正当化运用，因为原则在以增强法律弹性的方式来弥补规则的缺陷和不足的同时，也为司法专断和任意留下空间和余地。德沃金在后期著作中将整全性作为司法者应该遵循的最佳法律原则，以替代他先前的司法权衡原则。或许他在前期已意识到了法官独白式思维的不足，但他后来的整全性原则依旧没有摆脱法官独白式思维的窠臼：他仍将司法裁判的重任寄托在法官一人身上，只是为了使其整全性司法成为可能，他对法官的要求进行了理想化的提升，即将法官设想为全知全能式的"赫拉克勒斯"。

尽管德沃金理论没有为法律原则的运用提供具体指导，但是相较于法哲学层面的思考，它在法律与道德关系问题的处理上已经朝着形而下的方向前进了一大步。后来很多学者在他法

---

〔1〕　陈金钊主编：《法理学》，山东大学出版社 2008 年版，第 130 页。
〔2〕　参见［美］罗纳德·德沃金：《认真对待权利》，信春鹰、吴玉章译，中国大百科全书出版社 1998 年版，第 45~48 页。

律原则概念的启发下向着形而下的方向继续努力，不断探索法律原则运用于司法实践的具体方法和指南。如我国学者舒国滢认为，适用法律原则有三个条件规则：一是穷尽法律规则，方能运用法律原则。这一原则的目的在于禁止向一般条款逃逸。这是因为，一般来说，规则比原则更具有针对性，如果舍弃规则，法官的裁量权太大，法律的规范作用就会减弱。二是法律原则不得迳行使用，除非旨在实现个案正义。通常情况下，规则比原则具有优先适用性，但是如果适用规则可能导致个案裁判的极端不公正，那么此时就可以适用原则，以弥补适用规则的弊端。三是若无更强理由并经论证，不得适用法律原则。若无中介，不得在个案中直接适用法律原则。这个中介就是法律解释，只有通过解释，法律原则的抽象意义才能变得相对具体，其模糊之处才能变得相对清晰。这个解释过程也是原则的具体化过程，而当今具体化的方法主要就是法律论证。[1]通过对原则适用条件的阐释，舒国滢教授使得法律原则转化为裁判规范有了章法可循，这个章法既能保证法律原则的充分运用，又能防范法律原则的滥用，从而使得通过法律原则来实现案件裁判公正的设想有了相当程度的可操作性。但是，仅凭对这个章法的遵循仍无法完全保证法律原则能够自然而然地转化成裁判规范，因为法律原则的具体化过程还充斥着原则与原则之间、原则与规则之间的冲突。倘若说原则与规则之间的冲突能够通过上述三个条件规则得到妥善解决，那么对于原则与原则之间的冲突，希望得到一种清晰、便捷和科学的方案来处理，几乎是一件不可能的事情。

　　法律原则适用的难题促使当代理论在寻求个案正义问题的

---

　　〔1〕　参见舒国滢："法律原则适用中的难题何在"，载《苏州大学学报》2004年第6期，第18~19页。

解决时转而诉求修辞学方法。与法哲学层面的思考和法律原则视角的探索相比较，修辞学方法的优势在于着眼于个案，将案件的具体情况交由裁判当事人来解决，通过他们之间的论辩来寻求妥协和达成合意，而非仅凭法官一人的内心慎思和理性权衡来完成。论辩模式相较于法官独白式裁判模式的优势，前文已有阐释，在此不再赘述。另外，修辞学进路避开了宽泛、抽象的法律推理，将焦点集中在个案具体争议上，通过对具体问题进行细致而又深入地争辩和交流来解决意见分歧。与从法哲学层面和法律原则层面探索个案正义问题的解决方案不同，修辞学方法是通过"关注实际的生活与现实，而不只是停留在抽象的制度和规则之上"[1]来寻求正义的。这一方法在价值多元的现代社会显然具有更强的操作性。在价值多元的社会，不同价值之间的冲突有时是非常尖锐甚至是根本对立的，在这种情况下，裁判若从对抽象的价值原则讨论出发来达致当事人"既接受某个一般理论，又接受这一理论与具体结论的一系列步骤"[2]是非常困难的。这时，不如朝着更加具体的方向发展，从具体案件出发来寻求一致的意见。其实，在真实的裁判实践中，正如孙斯坦所说："尽管人们对是非善恶存在各种不同理论，但是对于如何解决具体案件却往往能够达成一致意见。"[3]比如说，"人们或许认为保护濒危物种是值得的，而对于为什么要这样做却存在截然不同的理论。有的人可能强调这是人类对于物种或者自然的义务；有的人可能关注的是濒危物种在维持

---

〔1〕 〔印〕阿玛蒂亚·森：《正义的理念》，王磊、李航译，中国人民大学出版社 2012 年版，译者前言，第 2 页。

〔2〕 〔美〕凯斯·R. 孙斯坦：《法律推理与政治冲突》，金朝武、胡爱平、高建勋译，法律出版社 2004 年版，第 39 页。

〔3〕 〔美〕凯斯·R. 孙斯坦：《法律推理与政治冲突》，金朝武、胡爱平、高建勋译，法律出版社 2004 年版，译者前言，第 2 页。

生态稳定中的作用；还有的人可能强调濒危物种对于人们可能
具有药用价值"。[1] 在这个例子中，尽管人们对于为何要保护
濒危动物持有不同的观点和理论，但这并不影响他们达成对
"保护濒危动物是值得的"这一一致观点。修辞学方法并不从案
件争议背后的理论根据或抽象价值入手，而是从案件具体争议
出发，通过论辩来化解分歧，寻求问题的解决，因此，它为个
案正义问题提供了可行、务实的解决方案。

除了为寻求个案正义提供了一种新的视角外，修辞学方法
还因其论辩性和情境性等特征而更能满足司法裁判的实际需求。

首先，修辞学方法对个案正义的寻求冲破了客观主义的局
限，充分注意到了主体性因素的作用，为司法决定提供了更加
全面充实的支持理由。在传统裁判观中，裁判活动通常被看作
是法律的自动适用过程，为了尽量避免人的主观性因素对法治
的干扰，裁判主体的自身特征往往被遮蔽。且不说机械裁判观
把法官看成是"自动售货机"角色，完全无视法官的主观性，
就连包括法律现实主义的法官中心论、哈特的法官自由裁量权
理论、德沃金的"司法整体性"原则、法律诠释学的"前理
解"观点、及司法能动观等在内的现代裁判理无不遮蔽了主体
性因素在裁判活动中的作用。法律现实主义和司法能动观非常
强调法官在裁判活动中的主观能动性，在很多人看来，这应该
是充分注意到了主体性因素在裁判活动中的作用。然而，法律
现实主义和司法能动观对主体性因素的关注表现出片面化倾向，
它仅仅关注的是法官一方的主观性，而无视其他裁判参与主体
的作用，在法律现实主义和司法能动观眼里，其他裁判参与主
体都是法官工作的对象，因此，它们并没有真正冲破客观主义

---

〔1〕 ［美］凯斯·R. 孙斯坦：《法律推理与政治冲突》，金朝武、胡爱萍、高
建勋译，法律出版社 2004 年版，译者前言，第 3 页。

的局限，注意到主体性因素的作用。哈特强调法官的自由裁量权，从表面来看，他似乎注意到了法官在裁判过程中的主体性作用，但在实质上，一方面，哈特对法官的自由裁量权做了非常严格的限制，尽力限缩法官在裁判活动中的主观性，[1]他说，在词语的开放结构处，没有唯一正确答案，法官必须行使自由裁量权；而在词语的一般核心地带处，规则的适用是自动的，法官就是"自动售货机"，不能进行自由裁量；[2]另一方面，哈特要求法律主体从"内在观点"的立场对法律进行建构式而非批判式的理解。虽然建构式理解不是完全被动地反映法律，但终究不像批判式理解那样表明法律主体在法律活动具有主体性地位。因此，从总体上看，哈特的自由裁量权理论仍属于是从客观主义立场来看待司法活动的性质的。德沃金的"整体性司法原则"虽然主张法律理解是一种"诠释性"行为，但他一贯认为法律的本质是由内在观点单独决定的，拒绝法官个体的心理和意识形态等因素对诠释内容的影响。[3]从这一点上看，德沃金也坚决地拒斥了法官的主体性因素在裁判过程中的作用。法律诠释学关注法官的"前理解"对裁判活动的影响，但它与法律现实主义一样，仅仅注意到了法官的主观性发挥，而忽视了其他裁判参与主体的作用，因此也没有真正突破客观

---

〔1〕 在此用主观性而非主体性，是因为主体性与主观性存在区别和联系。主观性是指人的精神意识形态，而主体性是指拥有主观性的人通过能动的实践活动而确立对客观世界的主导性地位。主观性是主体性形成的前提，只有拥有主观性，人才涉及主体性问题（参见朱宝信、肖新生："简论主体性与主观性的三个区别"，载《广东社会科学》1994年第2期，第48~49页）。哈特注意到了法官在司法裁判中的主观能动性，但还未将法官上升到主体性地位。

〔2〕 参见［英］H. L. A. 哈特：《法律的概念》（第2版），许家馨、李冠宜译，法律出版社2006年版，第130页。

〔3〕 参见［美］罗纳德·德沃金：《法律帝国》，李冠宜译，时英出版社2002年版，第93页。

主义的局限。

"法律作为一种社会构造体，它的生成与适用以及据此而作出的裁决，本质上是人类的一种社会活动及活动结晶。"〔1〕因此，对司法裁判的研究不能忽略"人"这一主体性因素在其中的作用。然而，上述各种裁判理论都从客观主义的立场出发，拒斥了主体性因素在司法裁判活动中的作用，因而难以反映裁判活动的真正本质，不能为个案裁判正义提供充实的支持理由。而修辞学恰恰关注人之主体性的彰显，从而弥补了传统裁判理论的缺陷。一方面，修辞学具有强烈的合目的性思维特征，无论争议点理论、论题学，还是图尔敏论辩模式和佩雷尔曼新修辞学都将说服对方作为论辩的最终目标。以主体的目的为出发点来理解法律规范，不同于仅仅把法律规范作为一种客体来对其进行简单的字面理解，而是融入了主体的主观意志、心理愿望和价值取向等。这样，不同的人因具有不同的主观性而对法律规范产生不同的理解，司法裁判便在不同的理解中通过劝说来寻求普遍接受的理解，以达成主体间的"共识"。于是，裁判过程便成为一种诠释过程，在这个过程中，人既是最初的出发点也是最终的目的，人的主体性得以彰显。另一方面，修辞学的情境化思维特征使得人的主体性得以具体展现。"情景意义是我们在某一特定语境中交流时基于对语境的识解和经验'现场'组合而成的一种图像和模式。"〔2〕争议点理论对论辩焦点的关注，论题学对具体问题的强调，图尔敏论辩模式对六大构成要素的阐释以及佩雷尔曼新修辞学对听众的重视无不体现了修辞学情境化的思维特征。正是通过情境化思维，人们才实现了对

---

〔1〕 侯学勇：《法律论证的融贯性研究》，山东大学出版社 2009 年版，第 103 页。

〔2〕 ［美］詹姆斯·保罗·吉：《话语分析导论：理论与方法》，杨炳均译，重庆大学出版社 2011 年版，第 66 页。

意义和内容的关注，而只有在意义和内容的世界，人之主体性才有了展现的空间。在裁判的过程中，法官和其他裁判参与人首先都会基于自身的立场和经验形成自己关于个案正义的观点，然后为了验证自己的正义观点，他们会根据相应的法律原则或规则对案件事实进行识别和裁剪，以及根据个案的具体情况和庭审情况等因素选择恰当的表达方式，以说服对方接受自己的判断。在对个案正义的判断、事实的裁剪以及表达方式的选择等过程中，无不包含着主体的价值评价，从而使其主体性因素得到充分展现。此外，修辞学对论辩的关注使得人之主体性得以充分展现。论辩是指发生于双方或多方主体之间的争论或交流，它让多个裁判主体参与到裁判过程中来，而不存在一方主体相对于另一方主体的被动地位，因此它最能使人的主体性得到展现，从而冲破客观主义的局限。争议点理论直接关注论辩双方之间的争论和对抗，论题学主张通过各方论辩来寻求问题的最佳解决方案，图尔敏论辩模式通过六大要素构建了一个适合正反方展开论辩的程序，而佩雷尔曼新修辞学则主张提高听众的地位来实现言说者和听众之间的理性论辩。这些修辞学理论都是通过对论辩的关注来展现人之主体性因素作用的。当今裁判活动中利益衡量和法律解释等理论的出现已充分表明司法裁判过程是有价值负载的。这种价值负载把裁判活动置于裁判参与主体之间的不断交流和沟通的过程之中。只有在这种动态的交流和沟通过程中，裁判参与主体才能达成共识，形成对法律价值的判断。裁判活动的这种动态特征使得司法裁判的本质由法官对法律的机械适用逐渐转变成了法官与其他裁判参与主体之间的互动，从而更加凸显了裁判主体性因素的作用。

其次，修辞学方法将裁判推理拓展为一种复杂的推理组合，而非单一的理性推理，从而增强了司法裁判的实践面向。或许是人类理性的自负，抑或许是对客观世界的极度膜拜，人们曾将规范人类事务的法律视同为自然世界的规律，认为只要摸索出了人类活动的客观规律，就可以将其制定为法律来规范人类的行为。与之相适应，司法裁判也曾被认为是根据案件事实和法律规范的严格对应关系，单纯地依赖理性演绎推理就能进行的活动。然而，法律规范是一种实践知识，而实践性命题的真并不能单纯依靠理性演绎推理获得，只有在具体的实践中才能获得。"但是随着具体化的程度越来越强，这些法律规范表述方式的可变异性就愈来愈高。此际其合理性就愈带有强烈的文化与社群之依附性。"〔1〕因此，必须将裁判推理拓展为一种复杂的推理组合，而非单一的理性推理。

如何将裁判推理拓展为一种复杂的推理组合？修辞学为此提供了一种恰当的思路。传统裁判方法将裁判过程建立在单一的理性推理基础之上，而单一的理性推理只能保证司法裁判形式上的有效性和正确性，无法保证其内容上的合理性和可接受性。修辞学将形式理性之外的合理性作为自身的出发点和要求，凸显了其面向实践的特性。图尔敏论辩模式摈弃了数理逻辑的合理性概念，认为论辩的合理性取决于特定群体中人们具体的评判标准。佩雷尔曼的新修辞学对理性（rational）与合理性（reason）进行了区分。他认为，"合理性与理性两者的差异，即在于批判某一行为、言论或其他相关对象时，合理者乃是根据修辞学要求，以听众之能否接受、遵从为导向；而理性则以服膺某种绝对法则为依归，而不关切听众之问题"。〔2〕相对于理性的形而上性，合理性注重听众的接受和认同，因而是面向

<hr />

〔1〕 颜厥安："规范建构与论证——对法学科学性之检讨"，载颜厥安：《规范、论证与行动——法认识论论文集》，元照出版有限公司 2004 年版，第 28 页。

〔2〕 廖义铭：《佩雷尔曼之新修辞学》，唐山出版社 1997 年版，第 73 页。

大众生活实践，是形而下的。司法裁判是重视合理性而非理性的活动，修辞学以合理性为导向的特征正好克服了司法三段论只能保证形式有效性而无法关涉内容有无意义的缺陷和不足，为判决结论提供了实质性的支持理由。在裁判过程中，判决结论不能单从法律规范中逻辑的推导出来，它往往还要受到政策、伦理以及公共利益等多方面因素的影响。面对诸多因素的影响，法官必须作出"唯一正确的判决"，并为"唯一正确的判决"给出充足的理由。而给出理由的程度全在于裁判受众的接受与否，劝说和说服裁判受众接受判决结论则是法官依靠修辞论辩才能完成的目标和任务。

如果说修辞学的合理性概念只是在方向引导上保证了个案正义对判决结果公正的目标追求，那么论题学则为个案正义寻求提供了具体的思维方法。论题学强调从具体问题出发来寻求问题的最佳解决方案，具体来说，就是在裁判过程中，当依涵摄的方法来适用法律不能获得个案裁判的正义时，法官便会"对法律问题从各种不同的方向，将全部由法律本身，或是由法律以外的领域所获得，对于问题的正当解决有所助益的观点都列入考量，希望借此使有关当事人获致合意"。[1]这种"问题性思考"的方法一方面有利于解答此时此地何为正当行止的问题；另一方面，它为司法裁判如何达致个案的正义提供了具体的方法和途径：首先找出关于法律问题的争议点，然后列举支持或反对此争议点的各种意见，最后围绕争议点，通过对各种理由进行讨论和磋商，达成合意。而合意能否达成，关键在于得出结论的前提理由是否可靠，是否能被受众接受。总之，修辞学所具有的"问题性思考"方法，能够在法律规范理解、法

---

〔1〕〔德〕卡尔·拉伦茨：《法学方法论》，陈爱娥译，商务印书馆2003年版，第25页。

律事实认定、裁判结论以及劝导语言等之间建立起一种修辞的内在关联，能够对难以定论的裁判问题作出最佳定论，为难于解释的法律问题找到最佳解决方法。它使司法裁判摆脱了狭窄的公理性体系思维的桎梏，具备强烈的面向实践的能力和品性。

最后，修辞学方法为司法价值判断提供了一套完整的理论和方法，使得个案正义寻求有了明确具体的进路。自发现司法三段论对法律中的价值判断无能为力以来，人们便尽力发展出其他方法来弥补三段论的此种缺陷。而对于法律中的价值判断，人们普遍认为只是司法裁判者个人确信的表达。如何对"个人确信的表达"这种纯属主体认知范畴的活动进行方法上的探索？在20世纪70年代，人们从存在于现实生活语境的推理中发展出了实践逻辑。实践逻辑强调实践主体的认知实现，而"一个主体认知实现的测度是三个因素的函数：他的认知目标；达到该目标必要的（或充分的）标准；以及基于他，他能达到满足该标准的手段"。[1] 修辞学因强调人的主体性因素和认知作用而具有强烈的实践性特征，而作为一种蕴含实践逻辑的方法，它也拥有了测度主体认知实现的三大因素，结合裁判语境，这三大因素为：裁判的合理性是裁判主体认知的目标、裁判受众的接受是检验个案正义的标准、各种论辩方法和论辩技巧是达致说服裁判受众接受的手段。修辞学是研究对主张或论题如何进行合理性维护的一种学问，在将修辞学引入司法裁判中时，"合理性"仍是裁判实践所追求的目标，正如佩雷尔曼在其《新修辞学：论论辩》一书中所说："在法律和政治环境的一般情形下，支持或反对某一意见，应是基于审慎的考量，运用严格的

---

〔1〕 武宏志等：《非形式逻辑导论》，人民出版社2009年版，第10页。

论证技巧，其目的乃在于对听众阐述其判决的合理性。"〔1〕判决的合理性并非取决于某一个人的判断，而应具有一般性，虽然这种一般性具有可变迁的特征，不像理性那样具有普遍性，但是应以社会大众所普遍认识的常识和所接受的意见为条件。换言之，在司法裁判中，虽然无法排除个人价值判断，但它总是力图将个人价值判断通过"社会大众普遍持有的常识和意见"的检验来看其是否具有可普遍化和一般化的性质。如果一个人的行为或价值判断不能为别人所接受或认为合理，它便不具有普遍化和一般化的性质，相应地，它也就不是合理的。

既然价值判断只有获得受众的接受和认同才具备普遍化和一般化的特质，那么受众便成为检验合理性与否的标准。图尔敏论辩模式将检验合理性的任务交由熟悉相关论辩领域的专家来进行，佩雷尔曼新修辞学则交由普遍听众来完成。关于普遍听众，依照新修辞学的观点来看，"不能被看作是一个具体的、实存的人群。它是在特定情形下，论辩者关于理性人愿意接受的观点的一种建构"。〔2〕详言之，所谓普遍听众，是指"一切有理性的人"，而"一切有理性的人"并非由实际上存在着的人类全体构成，它是由论辩者在特定时刻特定地点下对"普遍常识"内容的理解来决定的。据此，普遍听众的概念具有语境依赖性，它一般依赖于具体的历史、文化和社会因素。在司法裁判中，法官必须取得案件双方当事人、法律职业者和公众这三种听众的认同，因此，这三种听众构成的所有理性人就是检验裁判之合理性的标准。因为法官的论述是针对在特定时空下的

---

〔1〕　Chaim Perelman and L. Olbrechts-Tyteca, *The New Rhetorics: A Treatise on Argumentation*, John Wilkinson & Purcell Weaver (trans.), University of Notre Dame Press 1969, p. 43.

〔2〕　[荷] 伊芙琳·T. 菲特丽丝：《法律论证原理——司法裁决之证立理论概览》，张其山、焦宝乾、夏贞鹏译，商务印书馆 2005 年版，第 47~48 页。

构成法律共同体的所有理性人，所以，法官的听众是他想象中的生活在特定时间、某些特定法律共同体中所有理性人的集合。[1]为了说服听众接受自己的观点和结论，论辩者必须从大众接受的常识和观点出发，通过一定的论辩方案，将人们对常识和观点的信奉转移到对结论的信奉上。为了获得听众的认可和接受，修辞学发展出了一系列的论辩技术和方法。图尔敏论辩模式为论辩的展开提供了程序，佩雷尔曼新修辞学则总结了多种论辩的型式和方法。从合理性目标的认知，到合理性检验标准的设定，直至达到合理性目标的途径，修辞学发展出了一套完整的理论和方法，这套理论和方法使得司法价值判断有章可循，从而为个案正义寻求提供了一条明确具体的进路。

二、修辞学对个案正义寻求的制约

修辞学为个案正义寻求提供了一条新的进路和方法：一方面，它所蕴含的诠释学品性使得人们对个案正义的寻求由法律"独白式"转向了具有主体间性的"对话式"，解决了依靠传统裁判方法难以解决的司法价值判断问题；另一方面，它通过扩大理性的概念，赋予与严格意义上的逻辑不相干的司法裁判活动领域一个理性的基础，使得裁判推理由单一的理性推理拓展为复杂的推理组合，从而增强了司法裁判的实践性品格；更为重要的是，经过长期的发展，修辞学拥有了一套系统的理论和方法，以技术化地处理裁判领域中诸如道德、伦理和情感等非理性的因素，从而使得司法中的价值判断不再是纯粹主观臆想的过程和产物。尽管修辞学为司法裁判带来上述诸多便利与好处，但仍对个案正义寻求形成了一定的制约。

---

〔1〕〔荷〕伊芙琳·T.菲特丽丝：《法律论证原理——司法裁判之证立理论概览》，张其山、焦宝乾、夏贞鹏译，商务印书馆2005年版，第51页。

一是修辞学难以满足个案正义既要实现个案判决的可接受性又要遵守现行法秩序的双重要求。个案正义既要求实现个案判决的可接受性，又要求以遵守现行法秩序的方式来实现个案判决的可接受性，个案正义的上述双重要求实际上体现了司法裁判对法的正确性和确定性的双重诉求。为了实现法律秩序的社会整合功能和法律的合法性主张，一方面，判决必须是在现行法律秩序之内自洽地作出，也就是判决必须与现行法律制度相符合，与过去类似案例的处理相一致；另一方面，判决还必须是合乎正义的，即能在有关问题上得到合理论证，从而所有参与者能够把它作为合理的东西加以接受。[1] 但是，这两种要求在理论上存在着张力，如何妥善解决它们之间的冲突一直是法学家们努力思考的问题。作为一种方法和进路，修辞学对解决个案判决的可接受性方面做出了独特贡献，然而它在维护法的确定性、保证现行法秩序约束方面仍存在一定的缺陷。修辞的情境性特征与法的确定性要求之间存在着内在的冲突。法的确定性主要是指法律具有相对确定的意义。法律从根本上来说是要为社会提供一套相对确定的行为规则，以利于人们能够根据确定的规则来指导自己的行为。法律规则往往通过法官的司法裁判活动被具体化为社会实践或为人们所接受的具体规则，因此，为了保证法的确定性，个案裁判必须以遵守现行法秩序的方式进行，也即法官必须依据法律进行裁判，以保证同类案件同类处理。然而，修辞追求的是具体情境下的合理性，它探究此时此地能够被此人所接受的理由和结论。所以，从修辞学进路所寻求的个案正义，"并不是放之四海而皆准的，而是依赖

---

[1] [德] 哈贝马斯：《在事实与规范之间：关于法律和民主法治国的商谈理论》，童世骏译，生活·读书·新知三联书店2003年版，第245页。

于修辞情景，在特定的时候背景下的各种综合因素决定的"。[1]
修辞的情境性会使法官采用相对主义和实用主义的态度来寻求
判决的可接受性，而相对主义和实用主义的态度则会导致对案
件的个别化处理，不考虑法律适用的一致性问题，由此导致了
法律的不确定性。

对于修辞与法律之间的这种内在冲突，各个修辞学理论并
没有谈及该如何处理。争议点理论虽然源自法庭论辩，但它产
生的背景是当时希腊各城邦尚不存有法律体系，论辩的依据主
要是人们的生活常识、意见道理或公平观点等，不存在个案正
义与现行法秩序约束之间的冲突问题，因而它根本就没有涉及
这一问题。论题学理论主张司法裁判应采用问题性思维，但是
对于如何将问题性思维与体系性思维融合起来以保证实现个案
判决可接受性的同时不破坏现行法秩序的约束力这一问题，它
没有提出任何观点和主张。图尔敏论辩模式来自于图尔敏对法
律诉讼程序的观察和思考，其模式本身也具有强烈的程序性特
征，从这个角度上来说，它似乎不存在破坏现行法约束力的问
题。然而，当因对"正当理由"的质疑而产生二次论辩的时候，
如何保证"正当理由"的"支援"获取法律上的有效性，图尔
敏论辩模式没有提及，因此，它也没有解决如何保证现行法秩
序约束力这一问题。与图尔敏一样，佩雷尔曼也是以裁判推理
模式为基础来阐释其新修辞学理论的。但作为一种描述性理论，
新修辞学完全是针对普遍论辩而言的，其论辩技术都是对日常
论辩类型的简单描述和归纳，缺乏规范性的分析因素，因此，
对于如何在获取个案判决可接受性的同时也能够保证现行法秩
序的约束这一问题，新修辞学和其他修辞学理论一样也采取了

---

[1] 刘兵："中国古代司法判决的修辞方法与启示"，载《山东科技大学学报》
2010年第5期，第68页。

236

漠视的态度。正因为修辞学在保证现行法秩序约束上所具有的缺陷，魏德士才说："借助论辩理论，陈旧的科学观点披上新颖的科学理论的外衣作为直接产生规范的源头重新出现。由于它并不能产生'真实'规范，所以在民主国家中它与历史法学派以及概念法学一样是违反体系的（systemwidrig）。"〔1〕

二是已有的修辞学理论和方法在实践上难以保证个案判决可接受性的实现。虽然修辞学进路对于实现个案判决的可接受性具有独特的优势，但已有的修辞学理论与方法不足以保证个案判决可接受性的实现。第一，修辞论辩在理论上应不受时间上的限制，否则难以保证共识和合意的最终达成，已有的修辞学理论正是以这种"无休止的论辩"为前提预设的，然而"能够无休止地进行论辩也许是学术梦想，而没什么实践意义"。〔2〕相反，"对于法学、司法和法政策学：要么总是受到实践限制的法政策学论辩得到普遍的相互理解，调整问题从而通过合意来解决；要么在所给的时间内不能达成相互理解。论辩方中各方都认为自己的立场是'理性的'。这时，必须作出裁判"。〔3〕司法裁判必须按照规定的程序形成，具有严格的时间限制，因此，无休止的论辩并不适宜司法裁判。对于修辞论辩的这种缺陷，修辞学理论往往为论辩设置外部环境来对此加以辩解，然而外部环境的理想化使得修辞论辩仍旧缺乏实践上的可行性。佩雷尔曼新修辞学理论与政治哲学存在紧密关联，他说："在较少权威而有更多民主色彩的法律观念中，修辞学变得越来越不可或

---

〔1〕　［德］伯恩·魏德士：《法理学》，丁晓春、吴越译，法律出版社2013年版，第259~260页。

〔2〕　［德］伯恩·魏德士：《法理学》，丁晓春、吴越译，法律出版社2013年版，第259页。

〔3〕　［德］伯恩·魏德士：《法理学》，丁晓春、吴越译，法律出版社2013年版，第259页。

缺。"〔1〕这就意味着，以对话、磋商、商谈和交流为主要形式的修辞论辩在现代社会中的运用必须以政治宽容为基础，以话语批判的理性和开放性为基本条件。然而，当深入到修辞论辩的具体运作机制时，所需的政治宽容与话语批判的理性和开放性等基本条件往往被具体化为理想的言谈环境。佩雷尔曼虽未就修辞论辩的具体条件进行详细论述，但他对"普遍听众"概念的阐释已经表明论辩的展开需以理想的言谈环境为前提条件。他所谓的普遍听众是指作为理性存在体的全体人类，这就意味着论辩必须以论辩参与者的理性和开智为前提条件。但是实际上的论辩不可能只对理性人和开智的人开放，因为"即使那些没有拥有如此资质的人，之所以必须参与论辩，是因为他们的利益也受到了影响"。〔2〕不具有理性能力而利益相关者也可能成为实践论辩的参与者这一事实表明修辞论辩只能对理性人开放这一言谈条件太过于理想，难以在实践中得到满足。第二，已有的修辞学方法在实践上并不能完全用来作为寻求个案判决可接受性的工具。关于这一点，前面几章已经做过详细分析。总体来讲，争议点理论仅是对论辩过程的简单描述，缺乏对论辩过程的规范性分析；论题学理论提出了适用于裁判过程的问题性思维，这为个案判决可接受性的获得提供了一种新的思维技术，但它没有虑及如何保证现行法秩序的约束力问题；图尔敏论辩模式通过"正当理由""支援"和"主张"等概念将价值判断引入了裁判推理之中，从而有利于个案判决可接受性的寻求，然而，它的场域依存观点所导致的相对性以及其一些基

---

〔1〕　Chaim Perelman, *Law and Rhetoric*, in his *Justice*, *Law*, *and Argument*: *Essays on Moral and Legal Reasoning*, D. Reidel Publishing Company, 1980, p. 121.

〔2〕　[德] 罗伯特·阿列克西：《法律论证理论——作为法律立法理论的理性论辩理论》，舒国滢译，中国法制出版社 2002 年版，第 204 页。

本概念存在的模糊性致使它在实践上不能保证个案裁判的正义；佩雷尔曼新修辞学通过听众概念解决了司法裁判对实质正义的需求问题，然而它的理想化"普遍听众"概念以及描述性的论辩方法无法在实践上为规范性的裁判推理提供一条切实可行的路径。因此，在司法裁判中，仅仅依靠修辞学方法难以推导出具有效力的裁判结论，它更适合于为裁判结论提供"有理由"的论证。修辞学的这一缺陷正如达勒姆所说："把修辞学作为方法是缺乏方向感的，它是规范性论证的媒介，而不是结论。"[1]

第二节　逻辑方法之于修辞学方法运用的必要性

从第一节的讨论可知，作为个案正义寻求的一种进路，一方面，修辞学因其在价值判断上的独特优势使得它对寻求个案判决的可接受性特别有所助益，然而，它因缺乏规范性分析的工具而在保证现行法秩序约束方面无能为力，修辞学在个案正义寻求上所具有的这一特征致使我们在将修辞学运用于司法裁判时必须特别注重逻辑的作用，逻辑方法是裁判推理的基本方法。

在当代，修辞学的复兴是伴随着人们对形式逻辑的批评和反思而出现的，对于形式逻辑的批判，修辞学承担了重要角色。菲韦格是在对法律的公理性体系思维进行深刻检讨之后提出其论题学理论的，在他的《论题学与法学——论法学的基础研究》一书中，论题学思维被置于体系性思维的比较和对照地位。图尔敏也是在对形式理性进行深刻批评之后构建其论辩模式的，

---

〔1〕　〔美〕科尔·达勒姆："西方两大法系比较视野下的论题学"，张青波译，载郑永流主编：《法哲学与法社会学论丛》2009 年第 1 期（总第 14 期），北京大学出版社 2009 年版，第 285 页。

他在《返回理性》一书中说到："从现在开始……我们不需要把逻辑看得比修辞高，伦理学比决疑术高，形而上学比论辩术高"。[1] 佩雷尔曼构建其新修辞学的目的也是为了改变形式逻辑在人文社科等领域中的垄断地位，为人的非理性行为领域确立一个理性基础。他认为法律总是渗透着价值判断，而形式逻辑并不适用于价值的推理过程，于是在其修辞学中，他力图建构一种论辩逻辑以作为价值领域的推理工具。正因为各个修辞学家对修辞学方法的推崇与对形式逻辑的批判紧密相关，因而，逻辑方法被置于修辞学方法的对立面，给人以两者互斥的印象。然而，事实并非如此。虽然形式逻辑的必然性和精确性特征与修辞学对或然性和情境性的关注确实存在严重对立，但它们只是所适用的领域不同，并非水火不容。在司法裁判领域，修辞学与逻辑方法两者可以兼用，并且修辞学的运用须以逻辑方法的运用为前提和基础。

　　"逻辑是研究评价一个论证的前提是否合理地支持其结论的方法。"[2] 从其发展历史来看，它通常包括两种：一种是以亚里士多德三段论为代表的传统逻辑，另一种是现代逻辑，即由弗雷格、罗素和怀特海等人发展起来的数理逻辑。[3] 传统三段论逻辑可以表述为："所有的 A 都是 B，所有的 B 都是 C，所以，所有的 A 都是 C。"这是一种类型计算法。在这个类型计算法中，我们可以对这个推理前提进行任意替换，替换之后的结果可能多种多样，但是有一点不会变化：由于这个推理形式是有效的，因此只要前提为真，结论就一定为真。这就说明，推

---

〔1〕 Stephen Toulmin, *Return to Reason*, Harvard University Press, 2001, pp. 5~6.
〔2〕 ［美］斯蒂芬·雷曼：《逻辑的力量》（第3版），杨武金译，中国人民大学出版社 2010 年版，第 1 页。
〔3〕 王路：《逻辑基础》，人民出版社 2004 年版，第 1~3 页。

理的有效性只关涉前提和结论之间的必然联系，而并不关涉前提和结论的真假问题，其最主要的特征在于只保证从真的前提推出真的结论。亚里士多德的三段论一方面仅仅代表了一元谓词所表达的特征，因此，它只能解决相对简单的命题，对于复杂的、需要精确化的命题，则无法给出一个合理的解释；另一方面，它以自然语言为工具，容易产生歧义，因此对推理也无法进行精细、严格的分析。在这种情形下，弗雷格和皮尔士等人基于不同的进路和符号开创出能够代表多元谓词所表达的特征、能够整合命题计算和谓词计算的新的形式逻辑，即现代逻辑。现代逻辑借助数学方法，引进了人工语言或符号，从而使得表达更加精确与严格，推理也更为系统和完善。

虽然现代逻辑明显优于传统逻辑，但它与传统逻辑一样关注的还是推理形式的有效性，这也就是说，无论是传统逻辑还是现代逻辑，其研究对象通常指的都是那些形式的逻辑系统，而形式逻辑只研究"按照句法的，仅仅使用形式语言语句的形式或者结构予以表达的完整公式，并不考虑具体的内容"。[1] 由此可见，"逻辑代表'话语'的'关节'而非'心脏'；逻辑是对'论题中立的'，必须与其他词连接使用，它并非任何事情的全部"。[2] 正因为逻辑的这一特征，它在法律中的作用受到了猛烈批评。法学家们对形式逻辑的批评主要集中在以下几个方面[3]：①形式逻辑建立在命题真值的语义基础之上，它不适于无关真假的命题的推理评价；②形式逻辑研究的核心是推

---

〔1〕　［美］苏珊·哈克："逻辑与法律"，刘静坤译，载陈金钊、谢晖主编：《法律方法》（第8卷），山东人民出版社2009年版，第27页。

〔2〕　［美］苏珊·哈克："逻辑与法律"，刘静坤译，载陈金钊、谢晖主编：《法律方法》（第8卷），山东人民出版社2009年版，第26页。

〔3〕　张传新："对形式逻辑作为法律分析评价工具的辩护"，载陈金钊、谢晖主编：《法律方法》（第8卷），山东人民出版社2009年版，第37页。

理的有效性，而法律裁决的可接受性并不依赖于逻辑的有效性；③形式逻辑是单调的、封闭的、协调的、单主体的、静态的系统，而法律思维具有非单调性、非协调性、开放性、多主体性、动态等特征，对于法律思维的这些特征形式逻辑是无法表达的；④形式逻辑缺乏语境敏感性，应该说这些批评都非常具有道理，它们都抓住了形式逻辑无法为法律推理或论证提供实质标准的缺陷。然而，形式逻辑在法律推理中的基础性地位仍不容动摇，它为法律思维发挥着其他方法所不能替代的作用。

　　一方面，在法律领域，自身一致性是最重要的目标之一，是所有法律人就其职业道德而言的基本要求，而形式完美性是推理自身一致性的前提条件，逻辑方法则是保证形式完美性的最基本有效的手段。逻辑推理是运用合适的推理规则根据给定的前提必然地推出特定结论，对于一个逻辑有效的推论，如果它的前提不存在矛盾并且在实质内容上也是成立的，那么其结论在实质上必然成立。这就意味着逻辑推理中所运用的原则和方法对于该推理目的而言是"确定的"，因而在进行逻辑思维的过程中可以安全地运用这些原则和方法。[1] 就司法裁判而言，这种运用逻辑方法来获致法律推理自身一致性的做法可以充分保证推理的大前提——法律规则——的约束力，从而能够满足法治的合法性要求。另一方面，形式逻辑是分析法律论述的一个重要的工具。费雷格曾将自然语言比作人的双手，把形式逻辑比作锤子等专门工具，他指出，尽管自然语言的灵活性和多功能性在很多方面非常有用，但它所固有的模糊性和歧义性使得它无法对论证做出严格表述，而形式逻辑具有严格性和固定性，

---

〔1〕 ［奥］伊尔玛·塔麦洛:《现代逻辑在法律中的应用》，李振江、张传新、柴盼盼译，中国法制出版社 2012 年版，第 2~3 页。

因而它比双手更加具有准确性，能够对论证做出严格表述。[1]形式逻辑的这一优势不仅能够用来消除法律领域的各种歧义，而且还可以用来帮助我们分析和理解什么是合理性的，什么是理性的，从而对我们的裁判活动既形成一种指引，又形成一种约束。总之，逻辑方法对于法律和司法的意义，正如陈金钊教授所说，"在法律影响人们思维的因素中，逻辑规则起着保证法律的固有意义不被丢失的作用。法治所需要的合法性形式、客观性追求、合理性反思、正确定答案和正当程序等命题的实现都离不开逻辑规则的运用"。[2]形式逻辑在法律推理中的作用和意义使得逻辑方法在司法裁判中的地位是其他任何方法所无法替代的，对于以个案正义为追求目标的修辞学之运用来说，仍需保持逻辑方法的前提性和基础性地位。

　　从个案正义的要求角度来看，个案正义具有实质向度和形式向度的双重要求。修辞学方法对裁判推理和法律论证的实质分析和评价具有重要意义，但无法对裁判推理和法律论证进行形式分析和评价，逻辑方法则正好克服了修辞学方法的这一缺陷。个案正义要求以遵守现行法秩序的方式来获取个案判决的可接受性，这就意味着个案正义具有实质向度上和形式向度上的双重要求，在实质向度上，裁判推理和法律论证必须是可接受的：事实必须是众所周知的或已获证明的，且法律规则必须是有效的或者是对某一有效法律规则所作的可以接受的解释；在形式向度上，推理和论证必须是正确的：裁决必须是从推理

---

〔1〕　苏珊·哈克："逻辑与法律"，刘静坤译，载陈金钊、谢晖主编：《法律方法》（第8卷），山东人民出版社2009年版，第30页。
〔2〕　陈金钊："逻辑对法治原则性命题的意义"，载《扬州大学学报（人文社会科学版）》2010年第3期，第19页。

的前提和证立所提出的理由中得出。[1]修辞学是关于如何进行价值判断或价值推理的学问，把它引入司法裁判中可以解决裁判推理和法律论证在实质向度上的合理性和可接受性问题，因为修辞学方法注重论述的内容以及可接受性之语境的依赖向度。然而，正因为对语境的依赖使得修辞学之运用必然会对寻求规则之治的法治形成消解，所以修辞学的运用须以逻辑方法的运用为前提和基础。从功能层面来看，逻辑旨在评估前提和结论之间的形式关系。如果推理或证立所依据的论述是立基于一个逻辑有效的论述，那么该裁决就是得自于推理的前提或证立的理由。而裁决得自于推理的前提或证立的理由则意味着裁判结论是从法律规则和事实前提中推导出来的，这是现行法秩序约束力的体现，也是个案正义的一个基本要求。从属性角度来看，"'逻辑'一词是指对形式可靠的推理和原则和方法予以规范和检验的科学"，[2]它关涉其有效性不依赖于特殊适用范围的规则[3]，因而将逻辑有效性作为个案正义的一个必要条件有利于满足法治的基本要求。法治首先是一种规则之治，它要求同样情况同样对待，而不是对每个个体和特定事例进行特别指示。形式逻辑因其对特殊性的排斥和对一般化的诉求从而能够满足法治的这一要求，这个优势为修辞学方法所不具有。因此，对于个案正义寻求而言，形式逻辑是基础性的。正是通过形式逻辑，限定了由前提推出结论的条件，使得裁判活动能够遵循预先设定的一般性规则，而非完全依赖于个案的特殊情形，从而

---

〔1〕 〔荷〕伊芙琳·T.菲特丽丝：《法律论证原理——司法裁决之证立理论概览》，张其山、焦宝乾、夏贞鹏译，商务印书馆2005年版，第23页。

〔2〕 〔奥〕伊尔玛·塔麦洛：《现代逻辑在法律中的应用》，李振江、张传新、柴盼盼译，中国法制出版社2012年版，第1页。

〔3〕 〔德〕阿图尔·考夫曼、温弗里德·哈斯默尔主编：《当代法哲学和法律理论导论》，郑永流译，法律出版社2004年版，第315页。

克服了修辞学方法因对语境的依赖而对法治形成消解这一缺陷。

　　从修辞学自身特征来看，修辞学方法具有对法律论述分析不足的缺陷，而这一缺陷必须借助逻辑方法才能加以克服。作为以日常语言为媒介的裁判推理的确不可能达到像在数学里那样的精确结论，实际的裁判过程更像是运用多样化的语言手段对对方进行说服的过程。然而，这并不意味着修辞学方法在裁判过程中可以随意运用。以理性为基础的裁判推理总是试图寻求结论上的"唯一正解"或"最佳答案"，而修辞学方法是以自然语言为媒介的描述性方法，它缺乏分析性工具，以至于无法对法律论述做出严密分析和严格表述。相较于以自然语言为媒介的修辞学方法，形式逻辑则具有"显微镜"般的功能，它能够保证比肉眼看得更精确、更细微，因而特别有助于分析，只是在面对一些肉眼比显微镜更具有优越性的任务时，才能运用修辞学这样类似肉眼的方法。正因为此，阿列克西才说："不能放弃逻辑分析，这个判断也由下面一点而来，论述的任何分析必须首先应考察其逻辑结构。只有这样做，才有可能系统地揭示隐含着的前提，才能够搞清楚在逻辑上不能进行有结论的过渡（推导）时如何插入有说服力的手段去跨越这个鸿沟。"[1]因此，修辞学的运用不能放弃逻辑分析，它必须以逻辑方法的运用为基础和前提。

　　逻辑是人类正确思维的原则和条件，传统法哲学家一直把逻辑看作是保障法律确定性的主要手段和方法，制定出概念精当逻辑严密的法律体系曾经是法学家们的崇高梦想。然而随着"法律公理体系之梦"的破灭，人们开始将法律的不确定性看成是一个普遍的真理，逻辑在法律中的作用随之也遭到越来越多

---

〔1〕　〔德〕罗伯特·阿列克西：《法律论证理论——作为法律证立理论的理性论辩理论》，舒国滢译，中国法制出版社 2003 年版，第 211 页。

地质疑甚至否定。人们普遍认为逻辑的缺陷在于它只能用来评估前提和结论之间的形式关系，对于评估法律论述的前提在内容上的可接受性无能为力。尽管如此，这并不意味着我们就应该从一个极端走向另一个极端，彻底放弃逻辑方法而完全倒向一种实用方法，逻辑方法在法律推理和法律论证中仍占据着基础性地位，毕竟"无论今天对于形式逻辑还存在着何其多样的争论甚至批评，逻辑合理性始终都是我们法律推理所追求的一个基本目标"，[1]并且逻辑是保证论证正确性的最可靠方法。

第三节　修辞学方法运用于寻求个案正义的外部条件

　　佩雷尔曼曾指出，作为一种言说方式，修辞的使用必须以排除独断和暴力为前提，这意味着，从外部条件上来说，修辞活动只有在民主和自由的制度环境下才能展开；相应地，修辞学在司法裁判中的运用也须以公平的法律制度为条件。只有在民主和自由的制度条件下，修辞论辩才具有使用空间，个案正义的实现也才具有切实的保障。此外，修辞适用于具有或然性的"意见"领域，"意见"的流动性和虚妄使得修辞活动可能会沦为观点的随机碰撞，具有强烈的非理性特质，这就要求法律修辞必须以理性的方式展开，因此理性的言谈环境也是修辞论辩必不可少的外部条件。

　　从历史角度来看，修辞学本身的产生和发展就与西方民主自由的制度环境密切相关。在古希腊的民主制度下，每个公民都可以通过演讲和论辩来影响公众对公共事务的决策。在这种情形下，每个公民都渴望掌握说话的技巧，以期在公共决策中

---

〔1〕　孙海波："告别司法三段论？——法律推理中形式逻辑的批判与拯救"，载《法制与社会发展》2013 年第 4 期，第 142 页。

发挥重要影响。于是，修辞学就在这种民主自由制度的催生下产生了。然而，随着罗马帝国统治的确立，寡头政治取代了民主政治，民主的制度环境不复存在，修辞学也随之走向沉寂。在漫长的中世纪，"一切按照神学通行的原则来处理。教会教条同时就是政治信条，圣经词句在各法庭中都有法律的效力"，〔1〕基督教神学一统天下，民主与自由的制度环境不复存在，修辞学也丧失了其发展的空间。修辞学的沉寂一直持续到现代，随着西方资产阶级民主制度的发展，它才开始复兴并逐渐走向繁荣。从修辞学的产生、发展、衰落、复兴和繁荣的历史来看，修辞学的命运与西方民主自由制度的命运呈现出高度的一致性，这充分证明了修辞学方法的运用需以民主自由的制度环境为前提条件。

　　从修辞活动的特征来看，修辞是以实质正义为目标追求的一种实践活动，修辞对实质正义的追求是通过对听众的说服这一方式来进行的，因此，正义与否全在于听众对某一主张或观点是否同意、接受或认同。为了实现听众在心理上的接受或认同，"所有的话语活动都应该用它基本的平等，基于它与特定实践的关系和相关性来分析，无论这一实践是一个集体决定、一个判决还是一个行动"，〔2〕也即各言说者在围绕特定观点或主张进行论辩时，一方面，他们必须享有平等的言说机会以充分表达出自己的意见和主张；另一方面，他们必须围绕特定观点或主张展开自由论辩，而非受到某种胁迫或压制。这种言说方式只有在民主和自由的氛围下才能展开，因此，修辞学的运用须以民主和自由的制度环境为前提条件，这正如美国学者彼得·

〔1〕《马克思恩格斯全集》（第7卷），人民出版社1959年版，第400页。
〔2〕［美］彼得·古德里奇：《法律话语》，赵洪芳、毛凤凡译，法律出版社2007年版，第94页。

古德里奇所说，修辞是共和主义的，它的共和主义精神最突出的体现在这样一个直观的言语社区形象中，在这个社区中，权力和权力高于意义的概念被驱散了而不是占据统治地位。[1]

只有在民主和自由的制度环境下才能使用，修辞学的这一特征决定了它运用于司法裁判时也需以公平的法律制度为前提条件。个案正义寻求的修辞学进路旨在通过当事方之间的论辩获得对个案判决的理性合意与共识。要使当事人之间达成合意与共识，法律论辩与普遍实践论辩一样，都需要在平等、理性的论辩环境下展开才行，而只有公平合理的法律制度才能保证平等、理性的论辩环境的存在。当然，与普遍实践论辩相比，法律论辩还具有其特殊性。正是这种特殊性决定了修辞学在司法裁判中的运用更应以公平合理的法律制度为前提条件。法律论辩具有时间性和程序法上的限制，它不可能像普遍实践论辩那样可以进行无休止的论辩，也就是说，个案正义所需的正确性不能完全诉诸论辩，"法律原理和判例法中的分歧，排除完全不合理的解决方案之后，使得求助于权威强加一个解决方案成为必要"，[2]即它最终还得求助于一个司法权威。当裁判的正确性寻求不得不诉诸司法权威时，为了避免正确性寻求止步于论辩的结束而毁于司法权威之手，一个公平的法律制度就必不可少，因为当司法裁判最终不得不求助某个权威来进行决断时，这种决断总会具有一定程度的主观性和随意性，而制度是将这种主观随意性尽可能降低的最有效途径。

此外，法律论辩是通过当事人之间的言说和交流以达致主

---

〔1〕［美］彼得·古德里奇：《法律话语》，赵洪芳、毛凤凡译，法律出版社2007年版，第93页。

〔2〕［比利时］Ch.佩雷尔曼：《法律逻辑学》，法国巴黎达拉兹出版社1976年，第6页，转引自［美］彼得·古德里奇：《法律话语》，赵洪芳、毛凤凡译，法律出版社2007年版，第114~115页。

体间的合意和共识，并以此来保证个案正义的实现。然而，与普遍实践论辩追求的通常意义上的正义不同，通过法律论辩所获取的个案正义必须具有可普遍化的特征。而当我们论及个案正义的普遍性的时候，自然会遇到实证法体系的限制，为了满足个案正义所隐含的对法的正确性要求，如拉伦茨所言，这个实证法体系必须是可发展的，是向社会和历史开放的法律体系。而只有在公平、民主的制度环境下，才能保证实证法体系的可发展性和开放性，也才能使正确性宣称具有意义。相反，如果在一个集权和暴政的国家，正确性只会是一种口头的无意义的宣示，也并不能使个案正义具有可普遍化的特征。[1]

　　除了民主自由的外部制度条件外，法律修辞的运用还必须以理性的言谈环境为条件。通过确定的事物证明不确定的事物是所有各种论辩的本质，[2]修辞论辩也不例外。然而，修辞适用于"意见"领域，"意见"的流动性和虚妄使得修辞论辩的展开必须首先为"意见"寻找确定性的根基，这样修辞论辩才会获得理性基础，否则修辞论辩只会成为各言说主体之间"意见"的随机碰撞，难以通过平等交流形成共识。那么，流动性和虚妄的"意见"应该从哪里寻找确定性的根基？最关键的一点在于修辞主体必须首先养成从事实中寻找自己论辩的出发点的习惯和意识。事实一经发生便不可更改，因而具有确定性，事实的这一特性为论辩提供了可靠的基础。具体到裁判语境中，各裁判参与主体必须将自己的主张和价值推论建立在法律事实的基础之上，这样才能避免主观臆断及观点交流的不可通约性。倘若修辞主体这一习惯和意识得以养成，那么理性的言谈环境

---

〔1〕　蔡琳：《裁判合理性理论研究》，法律出版社 2009 年版，第 260 页。
〔2〕　转引自刘亚猛：《追求象征的力量：关于西方修辞思想的思考》，生活·读书·新知三联书店 2004 年版，第 67 页。

就会形成，修辞说服随之也就会以理性的方式展开，而不会沦为靠强力才能取得一致意见的压服。

第四节　修辞学在我国司法裁判中的运用及未来发展

学术研究之目的在于对本民族的问题和事务赋予深切地关照和严谨地关怀。从争议点理论到论题学，再到图尔敏论辩模式和佩雷尔曼的新修辞学，西方的修辞学研究一直具有强烈的西方问题意识，即解决他们所面临的个案裁判正义问题，而他们解决个案裁判正义问题的关键在于如何引入并妥当地进行价值判断以弥补形式主义法治的缺陷。因为在个案正义寻求上的独特优势，修辞学也受到我国法学研究者的重视，并也被用来作为解决我国个案正义问题的一种进路。然而，我国在解决个案正义问题上所面临的困境与西方不同，我国法治并没有经受过科学理性精神的洗礼，很少存在因过度追求法律形式正义而淹没实质正义的问题，相反，中国社会甚至法律共同体内部因为特别强调实质正义而更为倾向于和擅长价值判断。正因为此，修辞学在我国司法裁判中的运用不能像西方那样以反形式主义的姿态来出现，而应特别强调其在价值判断上对裁判主体的任意进行限制和约束的能力，以弥补我国轻视法律形式主义所带来的缺憾。

我国现代法律体系基本上都是以西方法律知识和法律体系为蓝本而建立起来的，传统意义上的法律知识几乎没起到太大的作用。但是人们的实际生活却深受传统观点和习俗的影响，具有强烈的文化承继性，而并未像法律体系那样呈现出时代的断裂，这就导致面向实践生活的司法裁判不得不考虑传统观点和习俗的影响。再加上我国严格规则的意识相对淡薄，诸如传统道德观点、党政方针、政法政策、生活常理与常识，甚至个别官员的命令和法官个人的价值观点等法外因素很轻易地进入到司法裁判之中，成为案件判决的依据。而司法裁判对这些法外因素的引入全凭法官个人依据其权威性地位来进行，大多缺乏充分地论证，因此，虽然我国司法裁判非常偏重个案正义的实现，但对法官在价值判断上主观任意性的约束还是极其有限的。在现实生活中，人们常常习惯于将个案裁判不公正的原因归结为法官职业素养的低下或品行不端而并不是去怀疑法律规则本身的合理性便是对上述结论的最好明证。

　　"法官对纠纷的裁决并非如教科书上所描述的演绎推理那样简单，处理实际纠纷时，法官往往不得不不断往返于各项路线、党政方针、政法政策、法律规范和外部事实之间，进而预先形成对自己案件的判断，同时还会考虑到判决的社会效果以及将来的可能影响，不断修正自己已有的判断，最终使得案件判决基于当下的社会文化情景，以及同时还基于未来可能走向的合情合理的预测之上，并体现出合法性与正当性的统一。"[1]由此可见，在司法裁判中，法官不可能排斥价值判断，而在进行价值判断的过程中，法官将传统道德观点、党政方针、政法政策、生活常理与常识甚至法官的价值观点引入司法裁判之中作为判决的依据也是不可避免的，但是法官在援引这些法外因素时不能草率甚至武断行事，而要严格遵循特定的方法程序，并时刻进行反思和论证，只有这样，价值判断的过程才是理性的。那如何才能约束法官恣意，保证价值判断活动的理性进行呢？长期以来，我国对法官在价值判断上恣意的防范主要依靠的是公正裁判信念的灌输、正义观点的指引和司法纪律的制定等，然

----

　　〔1〕　侯学勇："法律修辞在中国兴起的背景及其在司法审判中的作用"，载《政法论丛》2012 年第 4 期，第 91~92 页。

而这些措施因为一些司法保障制度的缺失在一定程度上流于空泛或无形。在这种情形下，通过司法技术来规制法官的主观立场就成为一种切实可行的办法，毕竟"技术之精当，至少可以为立场提供某种程度的有效辩护"。[1]然而，针对价值判断所产生的法律解释方法和利益衡量方法，它们的运用都需以法官自由裁量权的存在为条件，但在使用的过程中如何来规范法官自由裁量权，这些方法本身又缺乏一套技术性的程序。而"修辞学因其致力于通过运用的一定的方法来达到合理的结果"[2]从而能够被视为规制法官的主观立场、约束法官恣意的有效手段。

　　修辞学强调以公众接受的意见或常识作为裁判推理的出发点，通过主体间的论辩以获得为公众所接受的法律判决或裁判结论。在我国司法裁判中，以公众接受的意见或常识作为推理的出发点可以防范法官在援引法外因素时的专断和随意；强调通过增加主体间的论辩来获得裁判结论可以增强裁判过程的公开性和透明度，能够降低公众对于法官的不信任甚至对立情绪；而注重裁判结论的公众可接受性则可以防止法官过度诉求个人尺度标准，有利于裁判结论获得可普遍化特征。这样，从价值推理的起点到推理过程再到推理结论，修辞学方法在裁判的每一个环节都能够对法官恣意做到有效约束和限制。总之，在我国当前规则意识极度缺乏的条件下，面向听众和常识的修辞学方法是防范裁判主体任意的有效手段，它的运用可以充分增强民众对司法的满意度，提升司法公信力。

---

〔1〕 黄伟文："司法过程中的技术与立场——以彭宇案为分析对象"，载郑永流主编：《法哲学与法社会学论丛》，北京大学出版社2008年版，第52页。
〔2〕 杨贝："合理的法律决定何以可能——衡平论证理论的初步设想"，载郑永流主编：《法哲学与法社会学论丛》，北京大学出版社2008年版，第70页。

鉴于修辞学在司法价值判断上的独特优势以及对于限制我国法官恣意的特殊意义，笔者认为在修辞学的未来发展中，应使其在法律方法论中处于与逻辑方法相并列的核心地位，逻辑方法用于保证裁判在形式上的合法性，修辞学方法则用于保证裁判在实质内容上的正当性和可接受性。因为"价值判断既不能单纯通过经验的确认（自然主义），也不能够通过任何一种自证（直觉主义）来加以证立"，[1]而只有通过修辞论辩才能证立。在司法裁判过程中，法官的一个主要任务就是在法定的程序中，通过对其他裁判参与人的论辩与说服，以使自己的价值判断获得一种客观性和普遍性，并最终能够成为合理的司法判决或裁判结论。而法官如何才能使自己的价值判断获得客观性和普遍性呢？现有的论辩修辞学理论非常强调听众和常识等因素的介入，然而它们关于常识和听众的理论阐释多为描述性的，缺乏规范性分析的层面。对听众和常识的描述性分析有利于揭示影响法律论辩的关键因素和法律论辩的典型结构，但是对于如何评价论辩结构的使用方式以及正确处理论辩观点，它们则缺乏分析的标准。而司法裁判是一种规范性活动，它不仅要在法律的框架内进行，而且还要保证所作出的判决从实质意义上来看是最优的或正确的，以便对他人行为产生规范效力，由此可见，面向司法裁判的修辞学理论必须由描述性向规范性方向发展。

在当前我国，法律修辞学研究要想发展出规范性的修辞学理论，应至少从以下两个方面着手：一方面，应注重对论辩过程的程序性探讨。修辞学是以听众同意或共识为出发点和目的来保证论辩结论的正确性的，但在价值体系多元化的当代社会，

─────────

〔1〕［德］罗伯特·阿列克西：《法律论证理论——作为法律证立理论的理性论辩理论》，舒国滢译，中国法制出版社2002年版，第195页。

人们意图在实体性问题上达成共识是非常困难的，只有通过对公民程序性权利的合理设置和保障，才能确保论辩的理性展开和论辩结论的正确性。当下中国，如何配置公民的程序性权利和设计出一套能够确保得出正确或最优判决的论辩程序是法律修辞学研究的关键任务之一。另一方面，应结合我国法律文化的特征，构建出适宜我国的对论辩结构和论辩观点进行合理分析和评价的标准。面向司法裁判的修辞学不只是为了真实刻画司法裁判与实践理性之间的密切关系，或者正确揭示法律论辩的内部结构，它还涉及裁判结论的正确性证立，因此，修辞论辩理论要想获得实践上的重要性，就必须把标准和描述的观点融合起来，即在描述性分析的基础上加上对论辩结构和论辩观点进行分析和评价的标准层面。只有这样，才能使规范的法律论辩成为可能。

参考文献

一、英文原著类

1. Michael H. Frost, *Introduction to Classical Legal Rhetoric: A Lost Heritage*, Ashgate Publishing Company, 2004.

2. Christopher W. Tindale, *Acts of Arguing: A Rhetorical Model of Argument*, State University of New York Press, 1999.

3. Frances J. Ranney, *Aristotle's Ethics and Legal Rhetoric: An Analysis of Language Beliefs and the Law*, Ashgate Publishing Company, 2005.

4. Giorgio Bongiovanni et. al, *Reasonableness and Law*, Springer, 2009.

5. Julius Stone, *Legal system and lawyers' reasoning*, Stanford University Press, 1994.

6. Francis J. Mootz Ⅲ, *Rhetoric Knowledge in Legal Practice and Critical Legal Theory*, the University of Alabama Press, 2006.

7. Takuzo Konishi, *Stasis Theory and Arguers' Dialectical Obligations*, Windsor, Ontario, Canada, 2000.

8. Regla Fernández-Garrido, Stasis-theory in Judicial Speeches of Greek Novels, *Greek, Roman, and Byzantine Studies*, 49 (2009).

9. Malcolm Heath, The Substructure of Stasis-theory From Hermagoras to Hermogenes, *Classical Quarterly*, 44 (1994).

10. Alan Gross, Why Hermagoras Still Matters: The Fourth Stasis and Interdisplinarity, *Rhetoric Review*, Vol. 23, No2, 2004.

11. John R. Edlund, Stasis Theory: Finding Common Ground and Asking Pertinent

Questions, *ERWC Teaching Materials*.

12. Sharon Crowley, Debra Hawhee, *Ancient Rhetoric for Contemporary Students*. *Longman*, Pearson Education Inc, 2004.

13. Sara Rubinelli, *The Classical Technique of constructing Arguments from Aristotle to Cicero*, Springer, 2009.

14. J. P. Zompetti, *The Value of Topoi*, Springer, 2006.

15. Eddo Rigotti, Whether and How Classical Topics can be Revived Within Contemporary Argumentation Theory, in F. H. van Eemeren, B. Garssen (eds.), *Pondering on Problems of Argumentation*, Springer , 2009.

16. Eddo Rigotti , Sara Greco Morasso, Comparing the Argumentum Model of Topics to Other Contemporary Approaches to Argument Schemes: The Procedural and Material Components, *Argumentation*, 24 (2010).

17. Barbara Warnick, Two Systems of Invention: The Topics in the Rhetoric and The New Rhetoric, in Alan G. Gross and Arthur E. Walzer, *Rereading Aristotle's Rhetoric*, Southern Illinois University Press, 2000.

18. Stephen Toulmin, *The Use of Argument*, Cambridge University Press, 1958.

19. David Hitchcock, Bart Verheij, *Arguing on The Toulmin Model: New Essays in Argument Analysis and Evaluation*, Springer, 2006.

20. Douglas N. Walton, *Argumentation Schemes for Presumptive Reasoning*, Lawrence Erlbaum Associates, 1996.

21. Bill Hill, Richard W. Leeman, *The Art and Practice of Argumentation and Debate*, Mayfield Pub, Co. , 1997.

22. Stephen Toulmin, Richard Rieke , Allan Janik, *An Introduction to Reasoning*, Macmillan, 1984.

23. Aulius Aarnio, *The Rational as Reasonable: A Treatise on Legal Justification*, D. Reidel Publishing Company, 1987.

24. Stephen Toulmin, *Return to Reason*, Harvard University Press, 2001.

25. Perelman & Olbrechts-Tyteca, *New Rhetoric: A Treatise on Argumentation*, University of Notre Dame Press 1969.

26. Perelman, *The Realm of Rhetoric*, University of Notre Dame Press, 1982.

27. Perelman, *Justice*, *Law*, *and Argument*, D. Reidel Publishing Company, 1980.

28. Perelman, *The Idea of Justice and the Problem of Argument*, Routledge and Kegan Paul, 1963.

29. Perelman, *The New Rhetoric and the Humanities*, D. Reidel Publishing Company, 1979.

30. Neil McCormick, *Rhetoric and the Rule of Law*, Oxford University Press, New York, 2005.

31. Mieczyslaw Maneli, *Perelman's New Rhetoric as Philosophy and Methodology for the Next Century*, Kluwer Academic Publisher, 1994.

32. Alan G. Gross , Ray D. Dearin, *Chaim Perelman*, State University of New York Press, 2003.

33. Ray D. Dearin, *The New Rhetoric of Chaim Perelman*: *Statement Response*, University Press of America, 1989.

34. Frederick Schauer, Giving Reason, 47 *Stanford Law Review*, 1995.

35. Brian Leiter, Rethinking Legal Realism: Toward a Naturalized Jurisprudence, *Texas Law Review*, vol 76, 1997.

36. Machael J. Hoppmann, *Argumentative Defense*: *Foundations for a Modern Theory of Stasis*, Argumentative Verteidigung, Grundlegung zu einer modernen Statuslehre, Weidler Verlag, 2008.

37. Bryan A. Garner eds. , *Black's Law Dictionary*, The ninth edition, West/Thomson Reuters, 2009.

二、中文译作类

1. ［德］卡尔·拉伦茨：《法学方法论》，陈爱娥译，商务印书馆 2003 年版。

2. ［荷］伊芙琳·T. 菲特丽丝：《法律论证原理——司法裁决之证立理论概览》，张其山、焦宝乾、夏贞鹏译，商务印书馆 2005 年版。

3. ［德］罗伯特·阿列克西：《法律论证理论——作为法律证立理论的理性论辩理论》，舒国滢译，中国法制出版社 2002 年版。

4. ［德］阿列克西：《法：作为理性的制度化》，雷磊编译，中国法制出版社 2012 年版。

5. ［德］特奥多尔·菲韦格:《论题学与法学——论法学的基础研究》,舒国滢译,法律出版社 2012 年版。

6. ［德］哈贝马斯:《在事实与规范之间:关于法律和民主法治国的商谈理论》,童世骏译,生活·读书·新知三联书店 2003 年版。

7. ［德］尤尔根·哈贝马斯:《交往行为理论》(第 1 卷),曹卫东译,上海人民出版社 2004 年版。

8. ［德］阿尔图·考夫曼、温弗里德·哈斯默尔主编:《当代法哲学和法律理论导论》,郑永流译,法律出版社 2004 年版。

9. ［德］考夫曼:《法律哲学》,刘幸义等译,法律出版社 2004 年版。

10. ［德］阿图尔·考夫曼:《类推与"事物本质"——兼论类型理论》,吴从周译,学林文化事业有限公司 1999 年版。

11. ［美］本杰明·N.卡多佐:《法律的成长　法律科学的悖论》,董炯、彭冰译,中国法制出版社 2003 年版。

12. ［德］齐佩利乌斯:《法学方法论》,金振豹译,法律出版社 2009 年版。

13. ［德］卡尔·恩吉斯:《法律思维导论》,郑永流译,法律出版社 2004 年版。

14. ［德］伯恩·魏德士:《法理学》,丁晓春、吴越译,法律出版社 2013 年版。

15. ［美］布赖恩·莱特编:《法律和道德领域的客观性》,高中等译,中国政法大学出版社 2007 年版。

16. ［古希腊］亚里士多德:《修辞学》,罗念生译,上海人民出版社 2006 年版。

17. ［古罗马］西塞罗:《西塞罗全集·修辞学卷》,王晓朝译,人民出版社 2007 年版。

18. ［英］H.L.A.哈特:《法律的概念》(第 2 版),许家馨、李冠宜译,法律出版社 2006 年版。

19. ［德］汉斯-格奥尔格·加达默尔:《真理与方法——哲学诠释学的基本特征》(上卷),洪汉鼎译,上海译文出版社 1999 年版。

20. ［美］理查德·A.波斯纳:《超越法律》,苏力译,中国政法大学出版社 2001 年版。

21. ［荷］弗兰斯·凡·爱默伦、斯诺克·汉克曼斯：《论辩：通向批判性思维之路》，熊明辉、赵艺译，新世界出版社 2005 年版。

22. ［英］迈克尔·毕利希等：《论辩与思考》，李康译，中国人民大学出版社 2011 年版。

23. ［英］A. 塞森斯格：《价值与义务——经验主义伦理学理论的基础》，江畅译，中国人民大学出版社 1992 年版。

24. ［荷兰］弗朗斯·凡·爱默伦、罗布·荷罗顿道斯特：《批评性论辩 论辩的语用辩证法》，张树学译，北京大学出版社 2002 年版。

25. ［德］古斯塔夫·拉德布鲁赫：《法律智慧警句集》，舒国滢译，中国法制出版社 2001 年版。

26. ［美］罗斯科·庞德：《通过法律的社会控制·法律的任务》，沈宗灵译，商务印书馆 1984 年版。

27. ［美］罗纳德·德沃金：《法律帝国》，李冠宜译，时英出版社 2002 年版。

28. ［美］罗纳德·德沃金：《认真对待权利》，信春鹰、吴玉章译，中国大百科全书出版社 1998 年版。

29. ［英］戴维·M. 沃克：《牛津法律大辞典》，李双元等译，法律出版社 2003 年版。

30. ［美］凯斯·R. 孙斯坦：《法律推理与政治冲突》，金朝武、胡爱萍、高建勋译，法律出版社 2004 年版。

31. ［美］马丁等：《法院：比较法上和政治学上的分析》，张生等译，中国政法大学出版社 2005 年版。

32. ［美］马修·德夫林编：《哈贝马斯 现代性与法》，高鸿钧译，清华大学出版社 2008 年版。

33. ［英］哈耶克：《法律、立法与自由》（第 1 卷），邓正来等译，中国大百科全书出版社 2000 年版。

34. ［美］詹姆斯·保罗·吉：《话语分析导论：理论与方法》，杨炳均译，重庆大学出版社 2011 年版。

35. ［美］斯蒂芬·雷曼：《逻辑的力量》（第 3 版），杨武金译，中国人民大学出版社 2010 年版。

36. [奥] 伊尔玛·塔麦洛:《现代逻辑在法律中的应用》,李振江、张传新、柴盼盼译,中国法制出版社 2012 年版。

37. [美] 彼得·古德里奇:《法律话语》,赵洪芳、毛凤凡译,法律出版社 2007 年版。

38. [加拿大] 道格拉斯·沃尔顿:《法律论证与证据》,梁庆寅等译,中国政法大学出版社 2010 年版。

39. [美] 希拉里·普特南:《理性、真理与历史》,童世骏、李光程译,上海译文出版社 1997 年版。

40. [瑞典] 亚历山大·佩岑尼克:《法律科学:作为法律知识和法律渊源的法律学说》,桂晓伟译,武汉大学出版社 2009 年版。

41. [英] 韦恩·莫里森:《法理学:从古希腊到后现代》,李桂林等译,武汉大学出版社 2006 年版。

42. [法] 保罗·里科:《论公正》,程春明译,法律出版社 2006 年版。

43. [德] 克劳斯·罗克辛:《德国刑法学总论》(第 1 卷),王世洲译,法律出版社 2005 年版。

44. [美] 丹尼斯·M. 帕特森:《法律与真理》,陈锐译,中国法制出版社 2007 年版。

45. [美] 哈利·米尔斯:《说服的艺术》,黄志强译,上海人民出版社 2003 年版。

46. [德] 弗朗茨·维克亚尔:《近代私法史——以德意志的发展为观察重心》,陈爱娥、黄建辉译,上海三联书店 2006 年版。

47. [法] 布勒丹、雷维:《说服的艺术》,车琳译,百花文艺出版社 2000 年版。

48. [美] 特西托勒:《德性、修辞与政治哲学——亚里士多德<尼各马可伦理学>解读》,黄瑞成译,华东师范大学出版社 2013 年版。

49. [美] 杨克勤:《圣经修辞学——希罗文化与新约诠释》,宗教文化出版社 2007 年。

50. [美] 玛丽安·康斯特布尔:《正义的沉默——现代法律的局限和可能性》,曲广娣译,北京大学出版社 2011 年版。

51. ［美］肯尼斯·博克等：《当代西方修辞学：演讲与话语批评》，常昌富、顾宝桐译，中国社会科学出版社 1998 年版。

52. ［美］科尔·达勒姆："西方两大法系比较视野下的论题学"，张青波译，载郑永流主编：《法哲学与法社会学论丛》2009 年第 1 期（总第 14 期），北京大学出版社 2009 年版。

53. ［比利时］佩雷尔曼："法律与修辞学"，朱庆育译，载陈金钊、谢晖主编：《法律方法》（第 2 卷），山东人民出版社 2003 年版。

54. ［日］山本敬三："民法中的动态系统论——有关法律评价及方法的绪论性考察"，解亘译，载梁慧星主编：《民商法论丛》（总第 23 卷），金桥文化出版（香港）有限公司 2002 年版。

55. ［奥地利］海尔穆特·库齐奥："动态系统论导论"，张玉东译，载《甘肃政法学院学报》2013 年第 4 期。

56. ［美］苏珊·哈克："逻辑与法律"，刘静坤译，载陈金钊、谢晖主编：《法律方法》（第 8 卷），山东人民出版社 2009 年版。

57. ［德］罗伯特·阿列克西："法律的双重性质"，张霄爽译，载《中外法学》2010 年第 3 期。

58. ［德］乌尔弗里德·诺依曼："法律方法论与法律论证理论"，张青波译，载郑永流主编：《法哲学与法社会学论丛》2008 年第 1 期（总第 14 期），北京大学出版社 2008 年版。

59. ［英］蒂莫西·恩迪科特："法律与语言"，戴飞译，载郑永流主编：《法哲学与法社会学论丛》2008 年第 1 期（总第 14 期），北京大学出版社 2008 年版。

60. ［荷］伊芙琳·T. 菲特丽丝：《法律论辩导论——司法判决辩护理论之概览》，武宏志、武晓蓓译，中国政法大学出版社 2018 年版。

61. ［印］阿玛蒂亚·森：《正义的理念》，王磊、李航译，中国人民大学出版社 2012 年版。

62. ［美］伯纳德特：《情节中的论辩——希腊诗与哲学》，严蓓雯等译，华东师范大学出版社 2016 年版。

63. ［英］罗伯特·沃迪：《修辞术的诞生：高尔吉亚、柏拉图及其传人》，何博超译，译林出版社 2015 年版。

三、国内论著

1. 武宏志、周建武、唐坚：《非形式逻辑导论》，人民出版社 2009 年版。

2. 廖义铭：《佩雷尔曼之新修辞学》，唐山出版社 1997 年版。

3. 刘亚猛：《西方修辞学史》，外语教学与研究出版社 2008 年版。

4. 刘亚猛：《追求象征的力量：关于西方修辞思想的思考》，生活·读书·新知三联书店 2004 年版。

5. 焦宝乾：《法律论证导论》，山东人民出版社 2006 年版。

6. 陈金钊等：《法律方法论研究》，山东人民出版社 2010 年版。

7. 姚喜明等编著：《西方修辞学简史》，上海大学出版社 2009 年版。

8. 谭学纯、朱玲：《广义修辞学》，安徽教育出版社 2008 年版。

9. 温科学：《中西比较修辞论：全球化视野下的思考》，中国社会科学出版社 2009 年版。

10. 胡曙中：《美国新修辞学研究》，上海外语教育出版社 1999 年版。

11. 朱庆育：《意思表示解释理论——精神科学视域中的私法推理理论》，中国政法大学出版社 2004 年版。

12. 汪子嵩等：《希腊哲学史》（第 3 卷），人民出版社 2003 年版。

13. 蔡琳：《裁判合理性理论研究》，法律出版社 2009 年版。

14. 颜厥安：《规范、论证与行动——法认识论论文集》，元照出版有限公司 2004 年版。

15. 陈林林：《裁判的进路与方法——司法论证理论导论》，中国政法大学出版社 2007 年版。

16. 卓泽渊：《法的价值论》，法律出版社 1999 年版。

17. 张文显：《二十世纪西方法哲学思潮研究》，法律出版社 1996 年版。

18. 孙伟平：《事实与价值》，中国社会科学出版社 2000 年版。

19. 胡辉华：《合理性问题研究》，广东人民出版社 2000 年版。

20. 王路：《逻辑基础》，人民出版社 2004 年版。

21. 侯学勇：《法律论证的融贯性研究》，山东大学出版社 2009 年版。

22. 罗仕国：《科学与价值：作为实践理性的法律推理导论》，中国社会科学出版社 2008 年版。

23. 从莱庭等编著：《西方修辞学》，上海外语教育出版社 2007 年版。

24. 《黄海学术研究集粹》委员会编：《中国修辞理论与批评》，山东人民出版社 2004 年版。

25. 余友辉：《修辞学、哲学与古典政治——古典政治话语的修辞学研究》，中国社会科学出版社 2010 年版。

26. 张纯辉：《司法判决书可接受性的修辞研究》，法律出版社 2012 年版。

27. 童世骏：《批判与实践：论哈贝马斯的批判理论》，生活·读书·新知三联书店 2007 年版。

28. 柴改英、郦青：《当代西方修辞批评研究》，国防工业出版社 2012 年版。

29. 沈宗灵：《现代西方法理学》，北京大学出版社 1992 年版。

30. 陈金钊等：《法律解释学——立场、原则与方法》，中国政法大学出版社 2006 年版。

31. 陈金钊主编：《法理学》，山东大学出版社 2008 年版。

32. 苗力田主编：《亚里士多德全集》（第 1 卷），中国人民大学出版社 1990 年版。

33. 谢晖：《制度修辞论》，法律出版社 2017 年版。

34. 焦宝乾等：《法律修辞学导论——司法视角的探讨》，山东人民出版社 2012 年版。

35. 焦宝乾等：《法律修辞学：理论与应用研究》，法律出版社 2015 年版。

36. 侯学勇等：《中国司法语境中的法律修辞问题研究》，山东人民出版社 2017 年版。

37. 彭中礼：《法律修辞论证研究——以司法为视野》，厦门大学出版社 2017 年版。

38. 刘燕：《法庭上修辞：案件事实叙事研究》，中国书籍出版社 2017 年版。

39. 郑东升：《中国法庭语用学研究》，中国政法大学出版社 2018 年版。

40. 樊明明：《修辞论辩的机制》，军事译文出版社 2003 年版。

41. 陈郭华："价值判断是不可证实的吗？"，复旦大学 2006 年博士学位论文。

42. 刘兵：“作为法律的修辞——法律的修辞性质与方法研究”，中国政法大学 2011 年博士学位论文。

43. 张其山：“司法三段论研究”，山东大学 2007 年博士学位论文。

44. 孙光宁：“可接受性：法律方法的一个分析视角”，山东大学 2010 年博士学位论文。

45. 云红：“西方修辞论辩理论与应用研究”，上海外国语大学 2010 年博士学位论文。

46. 王佳：“司法证明思维研究”，中国政法大学 2009 年博士学位论文。

47. 陈常燊：“戴维森的合理性理论研究”，中国社会科学院 2010 年博士学位论文。

48. 张学庆：“图尔敏论证模型述评”，山东大学 2006 年硕士学位论文。

49. 吕玉赞：“‘把法律作为修辞’的理论研究”，山东大学 2015 年博士学位论文。

50. 蔡广超：“佩雷尔曼的论证理论及其理性观研究——以论证型式为中心”，华东师范大学 2017 年博士学位论文。

51. 舒国滢：“走近论题学法学”，载《现代法学》2011 年第 4 期。

52. 封利强：“司法证明机理：一个亟待开拓的研究领域”，载《法学研究》2012 年第 2 期。

53. 舒国滢：“‘争点论’探赜”，载《政法论坛》2012 年第 2 期。

54. 侯学勇：“解决纠纷还是培养规则意识——法律修辞在司法中的作用定位”，载《法商研究》2013 年第 2 期。

55. 陈伟：“司法确定性的寻求——析哈贝马斯的‘程序确定性’理论”，载《法律科学（西北政法大学学报）》2011 年第 1 期。

56. 王晓：“法律论证客观性的寻求——以真性、正当性和合法性为基点”，载《国家检察官学院学报》2011 年第 1 期。

57. 黄伟文：“司法过程中的技术与立场——以彭宇案为分析对象”，载郑永流主编：《法哲学与法社会学论丛》，北京大学出版社 2008 年版。

58. 侯欣一：“中国传统社会轻视程序法原因再探”，载《华东政法学院学报》2005 年第 5 期。

59. 周舜隆：“司法三段论在法律适用中的局限性——兼论法官裁判思

维"，载《比较法研究》2007年第6期。

60. 韩世远："论中国民法的现代化"，载《法学研究》1995年第4期。

61. 舒国滢："法律原则适用中的难题何在"，载《苏州大学学报》2004年第6期。

62. 杨宁芳："图尔敏模型在当代法律论证中的应用"，载《重庆理工大学学报（社会科学）》2010年第11期。

63. 杜宇：" '类型'作为刑法上之独立思维形式——兼及概念思维的反思与定位"，载《刑事法评论》2010年第1期。

64. 谢小瑶、赵冬："裁判可接受性的'理想'与'现实'——源于听众理论的启示"，载《南京大学法律评论》2013年第1期。

65. 冉杰："法律论证理论述评"，载《法律科学（西北政法大学学报）》2010年第5期。

66. 刘旺洪："佩雷尔曼的法律思想述论"，载《法制现代化研究》2001年第0期。

67. 陈金钊："逻辑对法治原则性命题的意义"，载《扬州大学学报（人文社会科学版）》2010年第3期。

68. 聂长建："司法三段论的迷局破解"，载《学术探索》2010年第2期。

69. 孙海波："告别司法三段论？——法律推理中形式逻辑的批判与拯救"，载《法制与社会发展》2013年第4期。

70. 张传新："对形式逻辑作为法律分析评价工具的辩护"，载《法律方法》2009年第0期。

71. 涂家金："当代西方论辩研究的三个视角及启示"，载《江西社会科学》2012年第6期。

72. 李祖军："自由心证与法官依法独立判断"，载《现代法学》2004年第5期。

73. 胡全威："修辞与民主：亚里士多德论政治修辞"，载《政治思想史》2013年第2期。

74. 杨贝："民主与法治的修辞学诉求"，载《文史哲》2012年第5期。

75. 洪汉鼎："伽达默尔的前理解学说（上）"，载《河北学刊》2008年第1期。

76. 陈景辉："裁判可接受性概念之反省"，载《法学研究》2009 年第 4 期。

77. 陈林林："公众意见在裁判结构中的地位"，载《法学研究》2012 年第 1 期。

78. 贾敬华："法律论证的效能：排除专断而非达成共识"，载《环球法律评论》2008 年第 6 期。

79. 张真理："法律判断如何正当化——拉伦茨《法学方法论》的解读与批判"，载《法哲学与法社会学论丛》2005 年第 0 期。

80. 焦宝乾："德沃金的司法自由裁量权理论与中国实践"，载张文显、李步云主编：《法理学论丛》（第 3 卷），法律出版社 2002 年版。

81. 卢德友："价值评价合理性的困境及其新路径"，载《南都学坛》2011 年第 1 期。

82. 陈坤："法律、语言与司法判决的确定性——语义学能给我们提供什么?"，载《法制与社会发展》2010 年第 4 期。

83. 赵冬："修辞学的法概念：解放的可能性及其限度"，载《清华法治论衡》2012 年第 1 期。

84. 胡学军、涂书田："司法裁判中的隐形知识论纲"，载《现代法学》2010 年第 5 期。

85. 侯学勇、杨颖："法律修辞在中国兴起的背景及其在司法审判中的作用"，载《政法论丛》2012 年第 4 期。

86. 徐红军、孙冠豪："法律修辞与司法运作的功能衔接——以基层司法为视域"，载《法律方法》2017 年第 2 期。

87. 杨铜铜："作为一种说服过程的法律修辞的作用场域及其限制"，载《甘肃理论学刊》2015 年第 5 期。

88. 熊明辉、卢俐利："法律修辞的论证视角"，载《东南大学学报（哲学社会科学版）》2015 年第 2 期。

89. 张华："法律修辞与指导性案例的功能融合——以提升司法的正当性为目标"，载《西部法学评论》2018 年第 3 期。

90. 徐国栋："从'地方论'到'论题目录'——真正的'论题学法学'揭秘"，载《甘肃社会科学》2015 年第 4 期。

91. 何卫平："论题学与解释学"，载《山东大学学报（哲学社会科学版）》2018 年第 1 期。

92. 韩振文："论题学方法及其运用"，载《法律方法》2017 年第 1 期。

93. 高伟伟："法律论证之论题学进路"，载《苏州大学学报（法学版）》2017 年第 4 期。

94. 舒国滢："法学实践知识之困与图尔敏论证模型"，载《国家检察官学院学报》2018 年第 5 期。

95. 孙光宁："图尔敏论证模型在指导性案例中的运用及其限度——以指导性案例 23 号为分析对象"，载《湖北社会科学》2017 年第 7 期。

96. 武晓蓓："法律论辩的落脚点：法律辩护的原型论辩模式"，载《政法论丛》2018 年第 1 期。

97. 徐国栋："佩雷尔曼与提特卡的地方理论和论式理论"，载《学习与探索》2015 年第 7 期。

98. 李杨、武宏志："佩雷尔曼新修辞学的论式系统"，载《政法论丛》2014 年第 1 期。

99. 雷磊："新修辞学理论的基本立场——以佩雷尔曼的'普泛听众'概念为中心"，载《政法论丛》2013 年第 2 期。

100. 张德淼、康兰平："法律修辞的司法运用：案件事实叙事研究"，载《中南民族大学学报（人文社会科学版）》2015 年第 2 期。

101. 刘练军："比较法视野下的司法能动"，载《法商研究》2011 年第 3 期。

102. 范文清："试论个案正义原则"，载城仲模主编：《行政法之一般法律原则（二）》，三民书局 1997 年版。

103. 陈兴良："刑事司法公正论"，载《中国人民大学学报》1997 年第 1 期。

104. 周佑勇："行政裁量的治理"，载《法学研究》2007 年第 2 期。

105. 胡玉鸿："论司法审判中法律适用的个别化"，载《法制与社会发展》2012 年第 6 期。

106. 孔祥俊："论法律效果与社会效果的统一 一项基本司法政策的法理分析"，载《法律适用》2005 年第 1 期。

107. 陈金钊："被社会效果所异化的法律效果及其克服——对两个效果统一论的反思"，载《东方法学》2012 年第 6 期。

108. 吕忠梅："论实现法律效果和社会效果的有机统一"，载《人民法院报》2008 年 11 月 4 日。

109. 公丕祥："坚持司法能动　依法服务大局 对江苏法院金融危机司法应对工作的初步总结与思考"，载《法律适用》2009 年第 11 期。

110. 付玉明、汪萨日乃："刑事指导性案例的效力证成与司法适用——以最高人民法院的刑事指导性案例为分析进路"，载《法学》2018 年第 9 期。

111. 马燕："论我国一元多层级案例指导制度的构建——基于指导性案例司法应用困境的反思"，载《法学》2019 年第 1 期。

致 谢

可能对于读者而言，著作最后的致谢似乎只是一种寒暄，但对于作者而言，在亲历了著作的撰写过程中的各种煎熬、彷徨和兴奋之后，致谢就是出自肺腑之言。对于致谢中所提到的各位师长、家人和朋友，他们对于我完成此部书稿提供了巨大的支持和帮助。倘若没有遇见他们，我的人生将是不完整的。

首先，要感谢的是我的博士生导师陈金钊教授，十年前蒙恩师不弃忝列师门，自此，我有幸进入到法律方法研究领域，并找到了专业学习的自信和乐趣。十年前，在恩师的指引下，我开始研习法律修辞学。对这一陌生的领域，我起初其实是怀着尝试的心态去开始的，但恩师经常为我们创造学习的平台和机会，鼓励和引导我们进入了法律修辞学研究的前沿。记得在攻读博士期间，恩师时常将我们带入黄海之滨的法律方法论研究基地，引导我们展开热烈的学术讨论和批评；从 2011 年起，恩师每年鼓励我们撰文并带领我们参加全国法律修辞学年会，在会议上，他总是尽力给每个学生发表观点的机会，鼓励学生进行学术探索；我们的点滴进步，恩师都了然于心，并不失时机地给予表扬和鼓励。在恩师的引导、鼓励和支持下，我慢慢地品尝到了法律修辞学的魅力和研习它的意义，以至于现在它成了我研究的主要领域和方向。除了在专业学习上的引导和帮助之外，恩师在日常生活中对我的影响也无处不在。一方面，恩师不仅以他宽广的胸怀包容着我的冒失和错误，而且对于我的缺点，恩师总是能以妥当地方式指出来并希冀我改正，即使在毕业之后也一直如此；另一方面，恩师的言行也时常感化着我，记得九年前的一个夏天，法律方法研究基地的藏书在学生毕业之际有些借书无法收回，恩师在偶知此事之后说到，如果这些书真被学生取走阅读属于物尽其用，即使没有归还，也算是有了好的去处。恩师放眼长远，不计局部得失的胸怀深刻地影响了我，自那之后，我在遇到此类事件时也常常以此为标准来要求自己。

其次，还要感谢浙江大学的焦宝乾教授，他对学术的严谨与细致，对资料强大地搜集和占有能力以及对学生的细心关怀深深地印在我的心底，以至于当我遇到资料搜集困难和知识困惑时总会"义无反顾"地去请教他和麻烦他；感谢中南大学的彭中礼教授和华东政法大学的吕玉赞老师，在我撰写文章期间，每每遇到知识上和思路上的问题，我总是对他们进行无休止的"纠缠"，而他们总是不厌其烦地帮我解决或化解；此外还要感谢山东大学威海校区的孙光宁教授、武飞教授、山东社会科学院的李亚东老师及山东师范大学的谢慧老师等，他们或为我提供了相关资料，或提供了智识帮助，或帮助我分担了其他事务。

最后，要特别地感谢我的家人。在撰写文章期间，我的母亲及我的婆婆先后来到我家无私地帮助我承担全部家务，让我摆脱了后顾之忧；我的先生不仅在繁忙的工作之余尽可能多地承担了家务，而且还给予了我最大程度的理解和包容。相对于他而言，我的生活无疑是自由散漫的。尽管如此，他从不对我提出任何生活上和家务上的要求，并对我的任何决定都给予了足够的支持。有了他的"放任"，我才有了一种"闲适"的心来专注于我的工作。爱女小苗苗，陪伴她一路的成长不仅让我体会到了为人母的乐趣，还让我体悟到了人生的很多哲理。最为关键的是，对她放手式的抚养，不仅避免了辅导作业时的"鸡飞狗跳"，还为我赢得了思考和撰写文章的时间。

沈　寨

2019 年小寒